**Responsabilidade
social empresarial**
Teoria e prática

COLEÇÃO **FGV** PRÁTICA

Responsabilidade social empresarial
Teoria e prática

Fernando G. Tenório | coord.

Colaboradores

Fabiano Christian Pucci do Nascimento
José Fares
José Ferrari
Leandro Badini Villar
Raimundo Péricles M. Barros
Sergio de Mattos Hilst
Simone Lazari

2ª EDIÇÃO
Revista e ampliada

ISBN — 85-225-0485-7

Copyright © 2006 Fernando Guilherme Tenório

Direitos desta edição reservados à
EDITORA FGV
Rua Jornalista Orlando Dantas, 37
22231-010 — Rio de Janeiro — Brasil
Tels.: 0800-021-7777 — 21-3799-4427
Fax: 21-3799-4430
e-mail: editora@fgv.br — pedidoseditora@fgv.br
web site: www.fgv.br/editora

Impresso no Brasil / *Printed in Brazil*

Todos os direitos reservados. A reprodução não autorizada desta publicação, no todo ou em parte, constitui violação do copyright (Lei nº 9.610/98).

Os conceitos emitidos neste livro são de inteira responsabilidade dos autores.

1ª edição — 2004; 2ª edição revista e ampliada — 2006; 1ª e 2ª reimpressões — 2007; 3ª reimpressão — 2008; 4ª reimpressão — 2009; 5ª reimpressão — 2010; 6ª reimpressão — 2011; 7ª e 8ª reimpressões — 2012; 9ª reimpressão — 2013; 10ª reimpressão — 2015; 11ª reimpressão — 2018.

Revisão de originais: Luiz Alberto Monjardim
Revisão: Aleidis de Beltran, Andréa Campos Bivar e Fatima Caroni
Capa: Tira linhas studio

Ficha catalográfica elaborada pela Biblioteca
Mario Henrique Simonsen/FGV

Responsabilidade social empresarial: teoria e prática /Organizador Fernando
Guilherme Tenório; colaboradores Fabiano Christian Pucci do Nascimento... (et al.). — 2. ed. rev. e ampl. — Rio de Janeiro: Editora FGV, 2006.
260p. — (Coleção FGV Prática)

Inclui bibliografia.

1. Responsabilidade social da empresa. 2. Responsabilidade social da empresa — Estudo de casos. I. Tenório, Fernando Guilherme. II. Nascimento,
Fabiano Christian Pucci do. III. Fundação Getulio Vargas. IV. Série

CDD-658.408

Sumário

Prefácio   7

Apresentação   9

PARTE I
Revisão da literatura   11

Capítulo 1
Responsabilidade social empresarial: dois momentos   13

Capítulo 2
Algumas formas de atuação social empresarial   27

Capítulo 3
Justificando a responsabilidade social empresarial   33

Capítulo 4
Indicadores de responsabilidade social corporativa   37

Capítulo 5
Responsabilidade social e marketing societário   45

PARTE II
Estudos de casos 49

Capítulo 6
Projeto Peça por Peça 51

Capítulo 7
Marketing social 67

Capítulo 8
Responsabilidade social na cadeia produtiva 129

Capítulo 9
Trabalho voluntário: isonomia ou economia? 193

Capítulo 10
Responsabilidade social: valor corporativo ou individual?
O caso do Consórcio de Alumínio do Maranhão 217

Referências bibliográficas 239

Prefácio

Vive-se hoje um tempo especial, povoado de paradoxos, contrastes, contrapontos, além de profundas e muitas vezes brilhantes discussões acadêmicas. Fortes pulsões de uma violência de Estado ameaçam o mundo na dimensão da política internacional e convivem, entretanto, com novos compromissos de humanização do capitalismo, seja com ênfase de cunho liberal, buscando justificar melhores resultados para a remuneração do capital, seja a partir das mais calorosas aglutinações das correntes humanistas, inclusive as de conteúdo socialista.

As sociedades contemporâneas, entre elas a nossa realidade brasileira, já estão reconhecendo a responsabilidade social como valor destinado à perenidade.

Este é o tema que inspirou e instigou os autores das dissertações de mestrado tão sabiamente reunidas neste livro por seu organizador.

As referências à evolução da sociedade industrial do modelo capitalista ocidental são fundamentais para a compreensão do valor que hoje, nos tempos pós-industriais, se atribui aos compromissos com a consciência da multilateralidade em que se encontram envolvidas as organizações que produzem ou comercializam bens ou serviços.

De qualquer modo, em nome de um surpreendente e alvissareiro ressurgimento da ética como referencial de convívio, a responsabilidade social empresarial, também denominada corporativa, torna-se fator de avaliação e preferência para investidores. Especialmente os investidores institucionais que operam nas grandes bolsas de valores. Além disso, pesquisas diversas revelam outra fonte de pressões sobre as empresas e corporações: o consumidor, que prefere marcas vinculadas a obras admiráveis.

Os relacionamentos com os diversos públicos de interesse serão não apenas salutares ou simpáticos, mas substancialmente comprometidos com efeitos concretos na melhoria da qualidade de vida.

Não é mais aceitável que o convívio com empregados e sua realidade humana e socioeconômica seja limitado ao pagamento dos salários.

A convivência e as relações com as comunidades, de onde as empresas retiram tantas energias e às quais muitas vezes agridem com o seu gigantismo ou com fortes impactos na organização de sua vida, terão que ser objeto de transparentes e legítimas negociações.

Não se cogita, muito menos, admitir como aceitável uma empresa cuja presença, ou por seus efluentes ou pela busca de matérias-primas, produza impunemente a destruição da vida natural.

É o tempo da conectividade social das organizações. Os casos apresentados traduzem bem, pela análise, a consciência da malha de relações de interdependência em que se encontram as empresas.

A esperançosa característica destes tempos não consiste senão no convívio dos tais contrastes de violências com a nascente consciência de uma ética moderna. Não apenas uma ética quase que meramente higiênica nas suas hieráticas formulações, mas uma ética que encampa os conceitos de bem comum no contexto de uma humanidade que já viveu toda uma aprendizagem com a história e tem consciência dos fatos e de seus significados.

Neste tempo de contrastes, vivemos de fato um renascimento da ética. A ética como fundamento do bem comum.

Bem comum que não abre concessões para as sistemáticas exclusões antiquadas, oriundas de um arcaico individualismo egoísta e muito primitivo que está impregnado nas graves imperfeições do capitalismo que vivemos.

Novo tempo de uma ética renascida.

Ética cujo novo nome é inclusão!

Heitor Chagas de Oliveira
(Gerente executivo de Recursos Humanos — Petrobras)

Apresentação

Em sua segunda edição, revista e ampliada, *Responsabilidade social empresarial: teoria e prática* reúne os resultados de sete dissertações de mestrado de alunos da Escola Brasileira de Administração Pública e de Empresas da Fundação Getulio Vargas (Ebape/FGV), onde o estudo da disciplina teorias organizacionais despertou o interesse pelo tema da responsabilidade social empresarial. O texto está estruturado em duas partes. A primeira apresenta a fundamentação teórica do tema, mostrando a construção histórica do conceito, as principais formas de atuação social das empresas e as justificativas para a sua aplicação, além de fazer uma pequena introdução ao marketing social. Fornece também ao leitor informações para melhor compreensão dos casos apresentados.

Na segunda parte são examinados seis estudos de casos que tratam a responsabilidade social empresarial por diversos ângulos. No primeiro discutem-se as ações de responsabilidade social de uma companhia junto à sua comunidade. O segundo caso aborda o tema do marketing social, questionando sua legitimidade e aplicação. O terceiro e quarto estudos foram tratados conjuntamente, pois mostram a aplicação do tema na cadeia produtiva. Já nos dois últimos casos, são analisadas experiências de trabalhos voluntários praticados por empresas de pequeno a grande porte.

O livro visa, pois, contribuir para a discussão sobre o tema, apresentando uma perspectiva crítica da responsabilidade social, esclarecendo conceitos e verificando a sua aplicação na prática empresarial.

Fernando G. Tenório
(Organizador)

PARTE I
Revisão da literatura

Capítulo 1

Responsabilidade social empresarial: dois momentos

A questão da responsabilidade social empresarial é tema recente, polêmico e dinâmico, envolvendo desde a geração de lucros pelos empresários, em visão bastante simplificada, até a implementação de ações sociais no plano de negócios das companhias, em contexto abrangente e complexo. Este livro tem por objetivo apresentar a discussão sobre o tema dentro de um limite histórico, mostrando a interpretação dada pela sociedade a essa questão ao longo do século XX. Dessa forma, a análise da responsabilidade social empresarial foi conduzida sob a ótica dos paradigmas das sociedades industrial[1] e pós-industrial,[2] indicando as possibilidades e os limites no que diz respeito à interpretação do tema.

A abordagem da atuação social empresarial surgiu no início do século XX, com o filantropismo. Em seguida, com o esgotamento do modelo industrial e o

---

[1] A sociedade industrial surgiu com a revolução industrial na Inglaterra, no século XVIII. Essa sociedade caracterizava-se pela evolução tecnológica e pelo predomínio da utilização da razão humana na análise, interpretação e soluções de problemas, "em contraposição a soluções através de um enfoque emotivo, religioso ou fatalista" (De Masi, 2000:41). Na abordagem industrial, o conceito de responsabilidade social deve ser entendido como função econômica, ficando em segundo plano as preocupações com questões ambientais e sociais.

[2] A sociedade pós-industrial provém de conjunto de situações provocadas pelo advento da indústria, tais como o aumento da média de vida da população, o desenvolvimento tecnológico, a difusão da escolarização e a difusão da mídia (Drucker, 2000). O ano de 1956, nos EUA, marca o nascimento simbólico dessa nova sociedade, pois foi quando o "número de trabalhadores do setor terciário superou, pela primeira vez, o número de trabalhadores do setor industrial e agrícola" (Bell, apud De Masi, 2000:78). Nessa nova perspectiva, as empresas devem buscar múltiplos objetivos, não apenas o econômico, e contribuir para a melhoria da qualidade de vida da sociedade.

14 RESPONSABILIDADE SOCIAL EMPRESARIAL

desenvolvimento da sociedade pós-industrial, o conceito evoluiu, passando a incorporar os anseios dos agentes sociais no plano de negócios das corporações. Assim, além do filantropismo, desenvolveram-se conceitos como voluntariado empresarial, cidadania corporativa, responsabilidade social corporativa e, por último, desenvolvimento sustentável.

Para melhor caracterizarmos a responsabilidade social empresarial, dividiremos a análise em dois períodos distintos: o primeiro compreende o início do século XX até a década de 1950; o segundo, que representa a abordagem contemporânea, estende-se da década de 1950 até os dias atuais, com a discussão do conceito de desenvolvimento sustentável.

Primeiro período

Nesse período, a sociedade experimentava a transição da economia agrícola para a industrial, com a crescente evolução tecnológica e a aplicação da ciência na organização do trabalho, mudando o processo produtivo. A ideologia econômica predominante era o liberalismo de Adam Smith, Malthus, David Ricardo e Stuart Mill, baseado no princípio da propriedade e da iniciativa privada. A visão clássica da responsabilidade social empresarial incorporava os princípios liberais, influenciando a forma de atuação social das empresas e definindo as principais responsabilidades da companhia em relação aos agentes sociais na época. De Masi (2000:121) assim descreve esse período:

> Adam Smith (1723-90) será o maior teórico dessa nova economia impregnada de iluminismo e da nascente sociedade industrial marcada pela mecanização. *A riqueza das nações* (1776) decretará definitivamente a superioridade da indústria sobre a agricultura, do lucro e da mais-valia sobre a renda, da moeda sobre a troca, do egoísmo sobre a caridade. "Não é da benevolência do açougueiro, do cervejeiro ou do padeiro que esperamos o nosso almoço, mas do interesse que têm no próprio lucro pessoal." Liberalizando e pondo em concorrência esses interesses, segundo Smith, a indústria floresce e as trocas frutificam.

Pelo liberalismo, a interferência do Estado na economia seria um obstáculo à concorrência, elemento essencial ao desenvolvimento econômico e cujos benefícios seriam repartidos por toda a sociedade. O Estado seria o responsável pelas ações sociais, pela promoção da concorrência e pela proteção da propriedade. Já as empresas deveriam buscar a maximização do lucro, a geração de empregos e o pagamento de impostos. Atuando dessa forma, as companhias exerceriam sua função social. Montoro Filho e colaboradores (2001:37) nos apresentam o pensamento de Adam Smith:

> Para Smith, Deus (ou a natureza) implantou no homem certos instintos, entre os quais o de "trocar": este, mais a tendência de ganhar mais dinheiro e de subir socialmente, conduzem o trabalhador a poupar; a produzir o que a sociedade precisa, e a enriquecer a comunidade. Os homens são "naturalmente" assim. Se o governo se abstiver de intervir nos negócios econômicos, a "ordem natural" poderá atuar.

A respeito da função social empresarial, Friedman (1985:23) escreve:

> Ultimamente um ponto de vista específico tem obtido cada vez maior aceitação — o de que os altos funcionários das grandes empresas e os líderes trabalhistas têm uma responsabilidade social além dos serviços que devem prestar aos interesses de seus acionistas ou de seus membros. Este ponto de vista mostra uma concepção fundamentalmente errada do caráter e da natureza de uma economia livre. Em tal economia só há uma responsabilidade social do capital — usar seus recursos e dedicar-se a atividades destinadas a aumentar seus lucros até onde permaneça dentro das regras do jogo, o que significa participar de uma competição livre e aberta, sem enganos ou fraude.

Como argumenta Galbraith (1982), nesse período o mercado era formado por empresários de pequenas empresas, em regime de concorrência perfeita, com base tecnológica estável e acessível, e com pouco ou nenhum poder de influenciar individualmente o mercado. O patrimônio da companhia se confundia com o patrimônio do dono. A maximização dos lucros era o objetivo da companhia e expressava a vontade dos acionistas, sendo essa a principal contribuição social da empresa.

A alteração do processo produtivo, ocasionada pela evolução tecnológica e pela aplicação da ciência na organização do trabalho, foi outro fator que contribuiu para ampliar a discussão do conceito de responsabilidade social empresarial. Suas consequências afetaram as relações de trabalho existentes na época, gerando debates a respeito das obrigações empresariais em relação a seus empregados.

16 RESPONSABILIDADE SOCIAL EMPRESARIAL

Com a alteração do processo produtivo, substituiu-se o trabalho artesanal — no qual o trabalhador dominava toda as etapas da produção — pela especialização da tarefa. Como resultado desse processo, surgiu a administração científica, com o objetivo de aumentar a produtividade e diminuir o desperdício na produção. Seus principais idealizadores foram Taylor, Ford e Fayol.

A administração científica tentou eliminar o "tempo ocioso" dos trabalhadores e substituir os métodos empíricos pela ciência, aumentando assim a eficiência de produção. Impôs métodos e procedimentos "científicos" para a organização e operação do trabalho, dos quais o mais importante foi o estudo de tempo e movimento, a fim de encontrar "o melhor método" de implementar uma tarefa. A "administração científica" foi uma tentativa de formalizar as experiências e as habilidades tácitas dos trabalhadores em conhecimento científico e objetivo. No entanto, não encarava as experiências e os julgamentos dos trabalhadores como uma fonte de novos conhecimentos. Consequentemente, a criação dos novos métodos de trabalho tornou-se responsabilidade apenas dos gerentes. Os gerentes assumiram a desagradável tarefa de classificar, tabular e reduzir o conhecimento em regras e fórmulas, aplicando-as ao trabalho cotidiano.

(Nonaka e Takeuchi, 1997:42)

Desse modo, a administração científica representou a aplicação da ideologia liberal no chão de fábrica. O objetivo de maximização do lucro estava presente em todos os processos empresariais que buscavam a otimização da produção.

Entretanto, o liberalismo não estimulava a prática de ações sociais pelas empresas e até as condenava, pois entendia que a caridade não contribuía para o desenvolvimento da sociedade nem era de responsabilidade das companhias. Dessa forma, no início do século XX, a responsabilidade social limitava-se apenas ao ato filantrópico, que inicialmente assumia caráter pessoal, representado pelas doações efetuadas por empresários ou pela criação de fundações, como a Ford, a Rockfeller e a Guggenheim. Posteriormente, com as pressões da sociedade, a ação filantrópica passou a ser promovida pela própria empresa, simbolizando o início da incorporação da temática social na gestão empresarial.

Contudo, apesar de a administração científica e o liberalismo econômico terem contribuído para o crescimento da produção e a acumulação do capital,

REVISÃO DA LITERATURA   17

inicialmente a industrialização ocasionou a degradação da qualidade de vida, a intensificação de problemas ambientais e a precariedade das relações de trabalho.

A partir desse momento, a sociedade começou a se mobilizar, pressionando governo e empresas a solucionarem os problemas gerados pela industrialização. Verificou-se, assim, maior controle social da atividade empresarial. Logo, o conceito de responsabilidade social empresarial passou a incorporar alguns anseios dos principais agentes e a ser entendido não apenas como a geração de empregos, o pagamento de impostos e a geração de lucro, mas também como o cumprimento de obrigações legais referentes a questões trabalhistas e ambientais. Esta é a primeira dimensão da responsabilidade social empresarial sugerida por Martinelli (2000).

De Masi (2000:149) apresenta alguns dos problemas sociais e ecológicos gerados pelo processo de industrialização no começo do século XX:

> O crescimento das dimensões urbanas não conheceu um melhoramento na qualidade de vida dos cidadãos: poluição química e fotoquímica, obstrução da circulação, barulho, falta de água e de higiene concorrem para estressar tanto os habitantes quanto a terra. Calcula-se que, no mundo, 280 milhões de habitantes das cidades não disponham de água potável e que, para resolver os problemas ecológicos de uma cidade como Los Angeles, é necessário o suporte de uma área 300 vezes maior do que a própria cidade.

Os problemas trabalhistas referiam-se às longas jornadas de trabalho — que chegavam a durar até 12 horas diárias —, aos baixos salários, à ausência de legislação trabalhista e previdenciária e à mecanização do ser humano. Chiavenato (1999:45) diz a esse respeito:

> A filosofia do taylorismo, destinada a estabelecer a harmonia industrial ao invés da discórdia, encontrou forte oposição desde 1910 entre os trabalhadores e os sindicatos. Muitos trabalhadores não conseguiam trabalhar dentro do ritmo de tempo padrão preestabelecido e passaram a se queixar de uma nova forma de exploração sutil do empregado: a fixação de padrões elevados de desempenho favoráveis à empresa e desfavoráveis aos trabalhadores. O trabalho qualificado e superespecializado passou a ser considerado degradante e humilhante pelos trabalhadores, seja pela monotonia, pelo automatismo,

18 RESPONSABILIDADE SOCIAL EMPRESARIAL

pela diminuição da exigência de raciocínio ou pela destituição completa de qualquer significado psicológico do trabalho.

Portanto, nesse primeiro período, com os problemas decorrentes da industrialização, o entendimento das obrigações da empresa em relação aos agentes sociais começou a se modificar. Ford foi um dos primeiros a entender a natureza dessas transformações, tanto que instituiu salário mínimo e jornada de trabalho máxima de oito horas diárias para seus empregados. Outra manifestação de Ford a respeito do papel da empresa na sociedade pode ser evidenciada em sua declaração a um acionista (Srour, 2000:194):

> Negócios e indústria são, antes de tudo, um serviço público. Estamos organizados para fazer o melhor que pudermos em todos os lugares e para todos os interessados. Não acredito que devamos ter um lucro exorbitante sobre nossos carros. Um lucro razoável está certo, mas não demais. Portanto, minha política tem sido forçar os preços dos carros para baixo assim que a produção o permita e beneficiar os usuários e trabalhadores, o que tem resultado em lucros surpreendentemente grandes para nós.

Logo, até a década de 1950, a responsabilidade social empresarial assume dimensão estritamente econômica e é entendida como a capacidade empresarial de geração de lucros, criação de empregos, pagamento de impostos e cumprimento das obrigações legais. Essa é a representação clássica do conceito.

Segundo período

Depois que Roosevelt implementou o New Deal, em 1933, como forma de superar a depressão econômica dos Estados Unidos, limitando as práticas liberais, a economia americana passou por um processo de crescimento e de acumulação de capital. Esse período é marcado pelo pensamento keynesiano, pela intervenção do Estado na economia, estendendo-se até a década de 1970. Seus efeitos contribuem para a consolidação do modelo industrial e para a sua superação na década de 1950, com o desenvolvimento da sociedade pós-industrial. Esses acontecimentos geraram questionamentos da sociedade quanto ao objetivo de maximização de lucros das empresas e do papel das companhias nessa nova sociedade, além de ampliar o conceito de responsabilidade

Revisão da Literatura

social empresarial. Keynes (2002:20) assim expõe seu pensamento econômico a Roosevelt em carta de 1936:

> O comércio exterior, embora importante, não é o principal problema econômico. É preciso inicialmente aumentar a demanda doméstica. Resolvido isso, o comércio exterior aumentará em volume. Se os países industrializados aumentarem suas demandas domésticas, logo terão seu comércio exterior fortalecido.
>
> A demanda pode aumentar pelo investimento — pela criação de novos bens de capital. Não é preciso depender nem de quedas de preços nem de aumentos salariais. Em última instância, um aumento nos bens de capital implica um aumento em bens de consumo. E o consumo *per capita* crescerá se o equilíbrio entre produção e consumo for mantido. A vantagem de aumentar a demanda por meio de investimentos é a cooperação dos grupos de investimento.
>
> Quando a breve recuperação começar, Wall Street e os banqueiros provavelmente dirão que ela veio por si mesma e teria vindo mais depressa se o governo não houvesse interferido. Eles usarão esse argumento como desculpa para um retorno à completa anarquia. Mas o argumento é falso. A recuperação é, em grande medida, um resultado do que a administração fez, e novas ações governamentais são desejáveis para manter as instrumentalidades que demonstraram seu valor.

Singer (2002:14) analisa a contribuição do pensamento keynesiano para a economia mundial:

> Apesar dessa volta do liberalismo, o panorama teórico da economia nunca mais será o mesmo; tampouco o da política. A razão disso é que a teoria de Keynes foi aplicada no mundo inteiro, dos anos 30 aos 70 do século passado, e deu certo. Durante mais de 30 anos o pleno emprego foi geral, e o comando do Estado sobre a economia capitalista garantiu altas taxas de crescimento do produto, da produtividade, do emprego e dos salários.

Com o keynesianismo e sua política de intervenção do Estado na economia, houve redução gradual das incertezas no mercado, o que gerou condições para as empresas investirem em tecnologia, acumularem capital e consolidarem o modelo de produção em massa. Além disso, a transição do modelo de produção resultou em mudanças nos valores da sociedade. Toffler (1995) demonstra que a sociedade industrial buscava, basicamente, o sucesso econômico; já a sociedade pós-industrial busca: o aumento da qualidade de

20 RESPONSABILIDADE SOCIAL EMPRESARIAL

vida; a valorização do ser humano; o respeito ao meio ambiente; a organização empresarial de múltiplos objetivos; e a valorização das ações sociais, tanto das empresas quanto dos indivíduos.

Dessa forma, a base conceitual contemporânea da responsabilidade social empresarial está associada aos valores requeridos pela sociedade pós-industrial. Nessa nova concepção do conceito, há o entendimento de que as companhias estão inseridas em ambiente complexo, onde suas atividades influenciam ou têm impacto sobre diversos agentes sociais, comunidade e sociedade. Consequentemente, a orientação do negócio visando atender apenas aos interesses dos acionistas torna-se insuficiente, sendo necessária a incorporação de objetivos sociais no plano de negócios, como forma de integrar as companhias à sociedade.

Galbraith (1982) analisa os fatores que proporcionaram o surgimento e o desenvolvimento da sociedade pós-industrial. Segundo ele, o avanço tecnológico levou a mudanças significativas na economia e na forma de organização empresarial, como o surgimento das "companhias amadurecidas". Essas companhias apresentam objetivos amplos, não se limitando à maximização dos lucros, e têm crescente necessidade de capital, planejamento e profissionais qualificados.

Galbraith (1982:15) descreve as principais características das companhias amadurecidas, seu gigantismo e seu poder na sociedade pós-industrial:

> Já se fez menção de máquinas e de tecnologia requintada. Estas, por sua vez, exigem grande investimento de capital. São criadas e dirigidas por homens tecnicamente sofisticados. Envolvem também um lapso de tempo muito maior entre qualquer decisão de produzir e o surgimento de um produto que se possa vender.
>
> Dessas mudanças advêm a necessidade e a oportunidade da organização da grande empresa. Ela sozinha pode empregar o capital que se requer; pode, sozinha, mobilizar as aptidões necessárias. Pode também fazer algo mais. A grande inversão de capital e organização muito antes do resultado requer que haja previsão e que se tomem também todas as medidas exequíveis para impedir que o que se previu se torne conhecido. Dificilmente se poderia duvidar que a General Motors poderia influenciar melhor o mundo em torno de si — os preços e salários pelos quais ela compra, e os preços pelos quais vende — do que um comerciante de armarinho.

REVISÃO DA LITERATURA

Ainda, Galbraith (1982:55) mostra como o conhecimento se tornou o principal fator de produção das companhias amadurecidas na sociedade pós-industrial:

> O poder, na realidade, passou para aquilo que qualquer pessoa em busca de novidades consideraria justificado chamar de novo fator de produção. É a associação de homens de diversos conhecimentos técnicos, experiência ou outro talento que a tecnologia moderna e o planejamento requerem. Ela se estende desde a liderança da empresa industrial moderna até quase próximo da mão de obra e abrange grande número de pessoas e grande variedade de talentos. É da eficiência dessa organização, com o que a maioria das doutrinas econômicas concorda, que depende hoje o êxito da empresa moderna. Fosse essa organização desmembrada ou por algum outro modo perdida, não seria facilmente reunida de novo. Criar uma organização desse tipo para executar uma nova tarefa é um empreendimento difícil, dispendioso e incerto. Assim como ocorreu com a terra e depois com o capital, o poder está naquilo que é difícil, caro e incerto para obter. Está, portanto, na organização — na competência organizada.

Nessa nova perspectiva, com os requisitos da tecnologia, o acionista tem seu poder reduzido, devido à grande necessidade de capital e de conhecimentos técnicos especializados. Assim, com a base do capital diluída e a transferência de poder para a administração, os objetivos perseguidos pelas empresas não se restringem apenas aos objetivos dos acionistas. A continuidade da companhia, no longo prazo, passa a depender da capacidade da administração para atender os anseios da sociedade e incluir as expectativas de outros agentes, além de empregados, acionistas e governo, em seu plano de negócios.

Finalmente, Galbraith (1982:36) argumenta que, dessa forma, nas companhias amadurecidas, os administradores passam a orientar-se por objetivos sociais, como a busca do crescimento contínuo do produto nacional bruto (PNB) e a redução do desemprego. A forma de atingir esses objetivos é por meio do crescimento da empresa, em termos de expansão das vendas.

> Dada a concordância de ser o crescimento econômico um objetivo social, o objetivo da tecnoestrutura tem um forte propósito social. Seus membros podem identificar-se com ela, seguramente cônscios de que estão servindo a uma finalidade maior que a deles. Eles procuram pro-

mover o crescimento da firma. Isso promove o crescimento da economia. A identificação, como motivação, reforça o interesse próprio associado a essa expansão.

Na opinião de Toffler (1995:101), somente a dimensão econômica, representada pelo crescimento econômico, não é suficiente para satisfazer as expectativas dos diversos agentes sociais. No contexto da sociedade pós-industrial, as empresas também devem contribuir para a melhoria da qualidade de vida da sociedade.

> O emergente sistema de valores superindustrial enfatiza o complexo de objetivos englobados em "qualidade de vida", em vez do objetivo unitário de sucesso econômico. Assim, o movimento de consumidores tem desafiado a comunidade dos negócios por causa da segurança dos automóveis, da eficácia dos medicamentos não éticos, das condições de vida em casas de saúde e asilos, da poluição, da política militar, de políticas de contratação de empregados, da responsabilidade empresarial e outras questões em que o componente econômico é essencialmente secundário. (...) os objetivos do movimento são uma sociedade mais sadia e mais civilizada, não necessariamente uma sociedade mais rica.

Em relação ao desempenho de atividades sociais pelas empresas, Toffler (1995:123) escreve:

> Os novos valores pós-econômicos são também evidentes na crescente insistência pública de que as corporações se preocupem também com o desempenho social e não apenas com o econômico, assim como nas tentativas iniciais de criar medidas quantitativas de desempenho social. O movimento dos consumidores e a reivindicação de minorias étnicas e subculturais por representação nos conselhos de administração das corporações também estão ligados à ideia de que as corporações não devem mais se empenhar em um único propósito (o econômico), mas sim em se tornarem organizações de "múltiplos objetivos", ajustando-se ao meio social e ecológico.

Grajew (2001b) não fala explicitamente em sociedade pós-industrial, porém sua visão a respeito da responsabilidade social empresarial possui o mesmo significado discutido por Toffler (1995), De Masi (2000), Drucker (1999a) e Tenório (2000a):

REVISÃO DA LITERATURA

23

Vários fatores têm impulsionado a responsabilidade social empresarial. O desenvolvimento tecnológico propiciou a substituição do trabalho físico e penoso das pessoas por máquinas e equipamentos. As empresas não necessitam mais da força muscular dos seus funcionários, mas do seu talento, criatividade e motivação.

Conceitos preliminares

Os primeiros estudos teóricos sobre a responsabilidade social empresarial, desenvolvidos a partir dos pressupostos conceituais da sociedade pós-industrial, surgem em 1950. Entretanto, é a partir da década de 1970 que os trabalhos desenvolvidos a respeito do tema ganham destaque.

Nesse contexto, Preston e Post (apud Borges, 2001:40) desenvolvem um estudo em que "propõem o termo responsabilidade pública, pois entendem que a responsabilidade social é uma função da gestão das organizações no contexto da vida pública". O principal argumento dessa definição é o reconhecimento de que as companhias têm impacto e interferem na sociedade ao desenvolverem suas atividades, porém há grande dificuldade em se definir onde é o limite entre o público e o privado no campo de atuação empresarial.

O trabalho desenvolvido por Carroll (apud Borges, 2001) amplia o conceito proposto por Preston e Post e propõe a pirâmide de responsabilidade social empresarial. Em seu modelo, Carroll vai além da responsabilidade pública, sugerindo um conjunto de dimensões e relações interdependentes entre as companhias e a sociedade. Em sua visão, a responsabilidade social empresarial é composta pelas dimensões econômica, legal, ética e filantrópica.

Em seguida, surge o conceito de "responsividade" social, que "tem como ideia central que as empresas devem responder às demandas sociais para sobreviver, adaptando o comportamento corporativo às necessidades sociais" (Borges, 2001:44). A partir dessa definição, o conceito de responsabilidade social empresarial passa a ser entendido como questão fundamental para a continuidade dos negócios na sociedade. O principal argumento é que, apesar de a atividade empresarial ser privada, a companhia presta um serviço público e ela deve, necessariamente, atender ao interesse público.

Souza (1995:22) também acredita que as empresas devam atender ao interesse público:

> Toda grande empresa é, por definição, social. Ou é social ou é absolutamente antissocial e, portanto, algo a ser extirpado da sociedade.

24 RESPONSABILIDADE SOCIAL EMPRESARIAL

Uma empresa que não leve em conta as necessidades do país, que não leve em conta a crise econômica, que seja absolutamente indiferente à miséria e ao meio ambiente, não é uma empresa, é um tipo de câncer.

Posteriormente, há o desenvolvimento da teoria do *stakeholder*, que incorpora ao arcabouço teórico da responsabilidade social empresarial a visão sistêmica, segundo a qual as companhias interagem com vários agentes, influindo no meio ambiente e recebendo influência deste. A finalidade é atingir vários objetivos, tanto os da companhia quanto os propostos pelos agentes envolvidos.

Na década de 1980, com a retomada da ideologia liberal e com a globalização, o conceito de responsabilidade social empresarial sofre transformações, revestindo-se de argumentos a favor do mercado.

Nessa acepção do conceito, o mercado é o principal responsável pela regulação e fiscalização das atividades empresariais, impedindo abusos por parte das companhias. Cabe ao consumidor retaliar por meio do boicote ou de protestos os produtos das empresas que não respeitam os direitos dos agentes e que poluam o meio ambiente.

Srour (2000:43) descreve a relação existente entre mercado e responsabilidade social empresarial na atualidade:

> A bem da verdade, em ambiente competitivo, as empresas têm uma imagem a resguardar, uma reputação, uma marca. E, em países que desfrutam de estados de direito, a sociedade civil reúne condições para mobilizar-se e retaliar as empresas socialmente irresponsáveis ou inidôneas. Os clientes, em particular, ao exercitar seu direito de escolha e ao migrar simplesmente para os concorrentes, dispõem de uma indiscutível capacidade de dissuasão, uma espécie de arsenal nuclear. A cidadania organizada pode levar os dirigentes empresariais a agir de forma responsável, em detrimento, até, das suas convicções íntimas.

Singer (2002:14) acredita que houve intensificação dos problemas sociais com a retomada do liberalismo econômico, o que resultou no surgimento de grande número de organizações não governamentais (ONGs) e na consolidação do chamado terceiro setor. Porém, em sua opinião, o mercado e as ONGs somente não são capazes de reduzir as desigualdades, sendo necessária a atuação do Estado como promotor e direcionador das políticas sociais:

REVISÃO DA LITERATURA   25

O predomínio neoliberal ressuscitou o desemprego em massa e de longa duração, excluindo suas vítimas do gozo dos direitos sociais. Além disso, substituiu o assalariamento pela subcontratação e privatizou, onde pôde, redes de seguridade social. Os sindicatos de trabalhadores se debilitaram à medida que o capital, liberado dos controles do Estado nacional, pôde transferir gradualmente milhões de postos de trabalho para países e regiões em que nem direitos sociais nem o gasto social do Estado oneram a compra do trabalho.

Em resposta a esta crise social surgiram organizações não governamentais para atender e mobilizar os sem-trabalho, os sem-teto, os sem--escola, os sem-saúde etc. A mobilização política não desapareceu, mas hoje convive com formas de auto-ajuda coletiva das comunidades carentes, fomentadas pelo esforço solidário de militantes. Mas, este esforço nem de longe atende as necessidades dos empobrecidos pela crise do trabalho, o que exige, no final das contas, o apoio do erário público para que a economia solidária — assim como a defesa do meio ambiente, das populações indígenas, a luta contra o racismo — possa atingir parcelas significativas das populações marginalizadas, dos recursos naturais ameaçados e assim por diante.

Contudo, na década de 1990, a ideologia neoliberal continuou a conduzir o debate a respeito da responsabilidade social empresarial, dando origem ao conceito elaborado pelo World Business Council for Suistainable Development, segundo o qual a responsabilidade social empresarial faz parte do desenvolvimento sustentável.

Nessa abordagem, o desenvolvimento sustentável é composto pelas dimensões econômica, ambiental e empresarial. O objetivo é obter crescimento econômico por meio da preservação do meio ambiente e pelo respeito aos anseios dos diversos agentes sociais, contribuindo assim para a melhoria da qualidade de vida da sociedade. Dessa forma, as empresas conquistariam o respeito e admiração de consumidores, sociedade, empregados e fornecedores; garantindo a perenidade e a sustentabilidade dos negócios no longo prazo.

Uma representação desse conceito é a definição apresentada por Barbosa e Rabaça (2001):

> A responsabilidade social nasce de um compromisso da organização com a sociedade, em que sua participação vai mais além do que apenas gerar empregos, impostos e lucros. O equilíbrio da empresa den-

tro do ecossistema social depende basicamente de uma atuação responsável e ética em todas as frentes, em harmonia com o equilíbrio ecológico, com o crescimento econômico e com o desenvolvimento social.

Em relação ao Brasil, a discussão sobre o tema está associada à transição de valores que o país atravessa, de uma sociedade industrial, onde a responsabilidade social assume conotação econômica, para uma sociedade pós-industrial, onde o tema valoriza aspectos relacionados à melhoria da qualidade de vida.

Ao analisarmos o *Relatório de desenvolvimento humano* elaborado pela Organização das Nações Unidas (ONU), podemos verificar que o Brasil apresenta um conjunto de indicadores econômicos e sociais que são típicos de um país em desenvolvimento, de base industrial. Contudo, os dados do Instituto Brasileiro de Geografia e Estatística (IBGE) indicam que a nossa economia apresenta, atualmente, uma característica de serviços. Esse fato demonstra a transição econômica que o país atravessa, de economia industrial para serviços. Segundo o IBGE (2002), o setor de serviços apresenta uma participação de 59% do total do PIB, e a agricultura e a indústria somam o restante dos 41% do PIB.

De Masi (2000:124) também acredita nessa transição. Segundo ele, o Brasil, apesar de sua condição econômica, reúne características que possibilitariam a sua orientação rumo a uma economia pós-industrial.

> Um país pode ser pobre em riquezas materiais e/ou pobre em cultura industrial. Existem países pobres em tudo, como a Ruanda ou o Sahel. Existem países economicamente ricos, mas culturalmente pobres, como os Emirados Árabes. Existem regiões pobres, mas ricas culturalmente, como o sul da Itália, ou o estado da Bahia, no Brasil. E, por fim, existem países ricos em tudo, em dinheiro e cultura moderna.
>
> Entre todas as áreas subdesenvolvidas, as primeiras a realizarem o salto poderiam ser áreas como o sul da Itália ou como parte do Brasil, materialmente pobres, mas culturalmente ricas. Não têm dinheiro, mas já absorveram ideias do rádio, da televisão, da universidade.

A seguir, descreveremos as principais formas de atuação social empresarial com base nos argumentos teóricos aqui abordados: a filantropia empresarial, a cidadania empresarial e a responsabilidade social corporativa.

CAPÍTULO 2

Algumas formas de atuação social empresarial

Com o crescente interesse empresarial em desenvolver atividades sociais e devido ao reconhecimento da importância desse tema para os negócios, cada vez mais as companhias estão buscando novas formas de agregar valor social às suas atividades.

Esse movimento intensificou-se no Brasil a partir da década de 1990, com o surgimento de diversas organizações não governamentais e com o desenvolvimento do terceiro setor. Instituições como a Fundação Abrinq, o Grupo de Institutos, Fundações e Empresas (Gife), o Instituto Ethos de Responsabilidade Social e a Rede de Informação do Terceiro Setor (Rits) foram criadas com o objetivo de destacar a importância das ações sociais para os negócios e para a sociedade. Assim, termos e expressões como filantropia, cidadania empresarial, ética nos negócios, voluntariado empresarial e responsabilidade social foram incorporados ao vocabulário corporativo.

Schommer (2000) demonstra que a forma como uma empresa atua e dedica seu tempo e recursos no desenvolvimento de atividades sociais está relacionada com os seus valores, cultura e estratégias específicas. Nelson (apud Schommer, 2000:5) destaca três formas básicas de atuação social empresarial:

> Atuando eticamente em suas atividades produtivas (ambiente, políticas adequadas de recursos humanos, cooperação tecnológica, qualidade e gestão ambiental, maximização dos insumos, apoio ao desenvolvimento de empresas locais como fornecedores e distribuidores);

28 RESPONSABILIDADE SOCIAL EMPRESARIAL

mediante investimento social, não apenas através de doações filantrópicas, mas também compartilhando capacidade gerencial e técnica, desenvolvendo programas de voluntariado empresarial, adotando iniciativas de marketing social, apoiando iniciativas de desenvolvimento comunitário;

mediante contribuição ao debate sobre políticas públicas, colaborando no desenvolvimento de políticas fiscais, educacionais, produtivas, ambientais e outras.

Schommer (2000) complementa essa visão apresentando outras formas de atuação social empresarial, como o patrocínio de atividades culturais, o desenvolvimento de campanhas de marketing relacionado a uma causa e a criação de instituições ou fundações.

Mein (2001) acredita que as empresas estão em processo de transição em sua forma de atuação social, de um modelo individualizado para uma atuação coletiva e profissional. Descreve, assim, algumas tendências dessa nova forma de atuação social das corporações. A primeira tendência refere-se à profissionalização do processo como um todo, com a consequente mensuração dos resultados obtidos. A segunda refere-se à gestão da ação voluntária. A última indica uma mudança na forma de atuação empresarial ou do empresário, de uma ação individual em projetos específicos para uma atuação em grupos — com objetivos coletivos e com o desenvolvimento de empreendedores sociais.

Pelo fato de a ação social empresarial ser movimento recente e ter-se incorporado ao modelo de gestão de muitas empresas, expressões como cidadania empresarial, responsabilidade social corporativa e filantropia corporativa estão sendo utilizadas com significados diversos e até mesmo como sinônimos. Assim, torna-se necessário a conceituação dos diversos termos associados à ação social empresarial.

Filantropia empresarial

O termo filantropia significa "amor ao homem ou à humanidade, pressupondo uma ação altruísta e desprendida. É também relacionado à caridade, uma virtude cristã" (Schommer, 2000:2). A ação filantrópica empresarial pode ser caracterizada como uma ação social de natureza assistencialista, caridosa e predominantemente temporária. A filantropia empresarial é realizada por

REVISÃO DA LITERATURA   29

meio de doações de recursos financeiros ou materiais à comunidade ou às instituições sociais. Segundo Martins (2001):

> Os termos filantropia empresarial e solidariedade corporativa parecem remeter à mesma ideia. Tanto o termo filantropia — de cunho mais religioso — quanto o termo solidariedade traduzem-se numa mesma coisa: a ideia de que a qualidade de vida da sociedade depende do grau em que cada um de seus integrantes genuinamente se preocupa com o bem-estar de seu próximo. No entanto, a filantropia seria a ação ou a atitude daqueles que são solidários, expressando-se sob a forma de doação ou caridade. O termo solidariedade, mais do que caridade ou doação, possui em seu seio a ideia de reciprocidade de uns para com os outros, em direitos e obrigações.

Na opinião de Azambuja (2001):

> O ato de filantropia ou assistencialismo, por mais meritório que seja, é voluntário, circunstancial e se esgota em si mesmo. Pode criar, ainda, expectativas para o futuro que não venham, necessariamente, a se realizar, dado o caráter episódico e gratuito de muitos atos filantrópicos.

É importante ressaltar que a filantropia não garante que as empresas, ao praticarem o ato filantrópico, estejam respeitando o meio ambiente, desenvolvendo a cidadania ou respeitando os direitos de seus empregados. Azambuja escreve a esse respeito:

> A filantropia não pode nem deve eximir a empresa de suas responsabilidades. Por mais louvável que seja uma empresa construir uma creche ou um posto de saúde na sua comunidade, a sua generosidade em nada adiantará se, ao mesmo tempo, estiver poluindo o único rio local ou utilizando matéria-prima produzida em fábricas irregulares, que empregam trabalho infantil em condições insalubres ou perigosas.

Cidadania empresarial

A expressão cidadania empresarial é muito utilizada para demonstrar o envolvimento da empresa em programas sociais de participação comunitária, por meio do incentivo ao trabalho voluntário, do compartilhamento de sua capa-

30 RESPONSABILIDADE SOCIAL EMPRESARIAL

cidade gerencial, de parcerias com associações ou fundações e do investimento em projetos sociais nas áreas de saúde, educação e meio ambiente. Atualmente, o conceito de voluntariado empresarial começa a ser utilizado como se fosse sinônimo de cidadania empresarial. É importante destacar que o voluntariado é uma forma de atuação específica da empresa junto à comunidade, enquanto o conceito de cidadania empresarial representa uma atuação social bem mais ampla. Ou seja, a ação voluntária contribui para a cidadania empresarial. Szazi (2001b) assim define o papel do voluntariado:

> O voluntariado empresarial pode ser definido como o conjunto de ações empresariais para incentivar os funcionários a engajarem-se em atividades voluntárias na comunidade. Tais ações são variadas e podem consistir em cessão de espaço e recursos da companhia para o desenvolvimento de atividades voluntárias, dispensa de certo número de horas da jornada de trabalho para ações voluntárias e aproximação de funcionários e entidades interessadas em tal colaboração.

Na opinião de Azambuja (2001), o conceito de cidadania empresarial decorre

> antes da constatação de que os agentes econômicos não atuam no vazio e que, ao procurar a eficiência da empresa e buscar o máximo retorno sobre o capital em benefício dos acionistas, os seus responsáveis devem também levar em conta as dimensões social, ambiental e ética de suas atividades.

Fischer e Schommer (2000:103) ampliam o conceito apresentado acima. Em sua opinião, uma empresa, por possuir personalidade jurídica distinta da de seus acionistas e proprietários, pode ser considerada um cidadão:

> Cidadania empresarial pode ser entendida, então, como uma relação de direitos e deveres entre empresas e seu âmbito de relações e participação ativa empresarial na vida de suas cidades e comunidades, participando das decisões e ações relativas ao espaço público em que se inserem.

Já Martinelli (2000) propõe uma perspectiva evolutiva do conceito de cidadania empresarial. No estágio inicial, a empresa é vista unicamente como um negócio visando a retornos financeiros imediatos. A preocupação social é

REVISÃO DA LITERATURA   31

mínima e se restringe ao cumprimento das obrigações legais. No segundo estágio, a empresa é vista como uma organização social que aglutina os interesses
de vários grupos — os agentes sociais —, o que nos remete ao conceito de responsabilidade social corporativa. No último estágio, a empresa "opera sob uma
concepção estratégica e um compromisso ético", tornando-se, assim, uma em-
presa-cidadã.

Melo Neto e Fróes (2001:99) afirmam que o conceito de "cidadania empresarial é resultante das ações internas e externas de responsabilidade social
desenvolvidas pelas empresas". Como vimos, alguns autores utilizam a expressão cidadania empresarial para destacar um conjunto de ações sociais nos
âmbitos interno (trabalhadores e acionistas) e externo (comunidade, meio ambiente, governo). Nesse sentido, essas definições não seriam as mais apro-
priadas, pois se confundem com o conceito de responsabilidade social corporativa.

A responsabilidade social corporativa pressupõe um compromisso ético
com os diversos agentes sociais participantes da cadeia produtiva. Para Srour
(1998:294), "a responsabilidade social remete à constituição de uma cidadania
organizacional no âmbito interno da empresa e à implementação de direitos sociais no âmbito externo". Dessa forma, já estão englobadas no conceito de responsabilidade social corporativa as duas dimensões de atuação social de uma
corporação: a interna e a externa.

Responsabilidade social corporativa

Atualmente, a literatura a respeito da responsabilidade social corporativa nos
sugere três interpretações distintas para esse conceito. Em visão mais simplificada, pode significar o cumprimento das obrigações legais e o comprometimento com o desenvolvimento econômico. Essa é uma abordagem industrial
do conceito, como vimos anteriormente.

Uma segunda abordagem sugere o uso da expressão designar o envolvimento da empresa em atividades comunitárias. Nesse ponto ocorrem algumas
divergências entre os autores, pois o melhor significado para essa expressão seria cidadania empresarial.

De acordo com essa abordagem, na opinião de Frei Betto (2001),

> Uma empresa convencida de sua responsabilidade social não se res-
> tringe a cumprir rigorosamente as leis trabalhistas. Ela avança na
> direção de constituir-se numa comunidade. Transformar a empresa

numa comunidade não consiste apenas em recusar mão de obra infantil e oferecer aos funcionários condições dignas de trabalho e benefícios. É, sobretudo, inserir no quadro de alcance da empresa o tendão de Aquiles de todo ser humano: a família.

No entendimento de D'Ambrósio e Mello (apud Melo Neto e Fróes, 2001:78),

> A responsabilidade social de uma empresa consiste na sua decisão de participar mais diretamente das ações comunitárias na região em que está presente e minorar possíveis danos ambientais decorrentes do tipo de atividade que exerce.

Nessa perspectiva, o conceito de responsabilidade social corporativa é entendido como um compromisso da empresa com a sociedade na busca da melhoria da qualidade de vida da comunidade.

Finalmente, numa última abordagem, entende-se por responsabilidade social corporativa uma série de compromissos da empresa com a sua cadeia produtiva: clientes, funcionários, fornecedores, comunidades, meio ambiente e sociedade (Schommer, 2000).

Essa abordagem é a mesma do Instituto Ethos de Responsabilidade Social (2000:13):

> A noção de responsabilidade social empresarial decorre da compreensão de que a ação empresarial deve, necessariamente, buscar trazer benefícios para a sociedade, propiciar a realização profissional dos empregados, promover benefícios para os parceiros e para o meio ambiente e trazer retorno para os investidores. A adoção de uma postura clara e transparente no que diz respeito aos objetivos e compromissos éticos da empresa fortalece a legitimidade social de suas atividades, refletindo-se positivamente no conjunto de suas relações.

Para Jaramillo e Angel (apud Ashley, 2002:7),

> Responsabilidade social pode ser também o compromisso que a empresa tem com o desenvolvimento, bem-estar e melhoramento da qualidade de vida dos empregados, suas famílias e comunidade em geral.

Essa abordagem é a mais atual do conceito e já existe certo consenso em relação à sua utilização. Ela representa uma dimensão de atuação social da empresa em que a ação social está presente em todos os aspectos dos negócios.

CAPÍTULO 3

Justificando a responsabilidade social empresarial

Existem vários elementos que podem motivar as empresas a atuar de forma socialmente responsável. Isso pode ocorrer por pressões externas, pela forma instrumental ou por questões de princípios.

As pressões externas se referem às legislações ambientais, aos movimentos dos consumidores, à atuação dos sindicatos em busca da elevação dos padrões trabalhistas, às exigências dos consumidores e às reivindicações das comunidades afetadas pelas atividades industriais. Esses argumentos, como vimos anteriormente, são inerentes à sociedade pós-industrial, cujos valores são representados pela melhoria da qualidade de vida da sociedade e não apenas pelo sucesso econômico.

Ainda como outro argumento externo, a globalização exerce forte pressão para a prática da responsabilidade social corporativa. Organismos internacionais como a Organização Mundial do Comércio (OMC) e a própria Organização das Nações Unidas (ONU), através do programa chamado Global Compact, estão incentivando empresas de todo o mundo a adotar códigos de conduta e princípios básicos relacionados à preservação do meio ambiente, às condições de trabalho e ao respeito aos direitos humanos. Azambuja (2001) observa a esse respeito:

> A maioria dos países em desenvolvimento ainda não está — ou não acredita estar — totalmente habilitada a cumprir esses exigentes padrões. Existe ainda o temor de que a globalização, com sua ênfase na racionalização da atividade econômica, na privatização de ativos produtivos e na busca de competitividade, acentue ainda mais as desigualdades sociais e econômicas nos países em desenvolvimento, com graves consequências políticas.

34 RESPONSABILIDADE SOCIAL EMPRESARIAL

Nesse caso, a principal justificativa para a prática da responsabilidade social corporativa é de natureza econômica. Nessa ótica, empresas oriundas de países desenvolvidos competem em desvantagem no mercado internacional com empresas oriundas de países em desenvolvimento, por apresentarem custos sociais, trabalhistas e ambientais mais elevados que os de suas concorrentes. Assim, torna-se necessário observar padrões sociais, trabalhistas e ambientais mínimos no comércio internacional. Azambuja (2001) menciona a necessidade de uma evolução progressiva dos padrões sociais dos países em desenvolvimento:

> É melhor para um grande país emergente como o Brasil defender a governança progressiva, mediante a adoção de instrumentos internacionais flexíveis ou até voluntários, do que ser obrigado a aceitar normas vinculatórias impostas por organismos multilaterais — como a OMC — no âmbito social e ambiental. Essas normas, que ainda estão em discussão, poderão distorcer o comércio internacional em favor dos países altamente desenvolvidos e em detrimento dos em desenvolvimento.

Outro fato que justifica a prática de ações sociais por parte das empresas é a forma instrumental, como meio de obtenção de algum tipo de benefício ou vantagem. A natureza do benefício não precisa ser necessariamente econômica, e as vantagens podem se traduzir, entre outras, no aumento da preferência do consumidor e no fortalecimento da imagem da empresa.

Uma forma de benefício concedido pelos governos é o incentivo fiscal. Esses incentivos destinam-se à promoção do "equilíbrio do desenvolvimento sócio-econômico entre as diferentes regiões do país" (art. 151, inciso I da Constituição Federal). Esse é o caso da Lei nº 9.440, de 14 de março de 1997, que se aplica exclusivamente às empresas instaladas ou que venham a se instalar nas regiões Norte, Nordeste e Centro-Oeste, e que sejam montadoras e fabricantes de veículos automotores. Outro tipo de incentivo fiscal é a Lei Rouanet (Lei nº 8.313, de 23 de dezembro de 1991), que autoriza patrocínios e doações de pessoas jurídicas em projetos de natureza cultural.

Nos dois casos, as empresas obtêm redução ou isenção da carga tributária por determinado período, com o objetivo de promover o desenvolvimento da comunidade local e como forma de incentivo às atividades culturais e esportivas da região.

Dessa forma, com esses incentivos, os benefícios obtidos pelas empresas são elevados. As companhias utilizam-se de recursos que originariamente seriam públicos para a promoção de sua imagem. O grande problema das duas abordagens apresentadas anteriormente — pressões externas e a forma instrumental — é que elas, ao que parece, não garantem a continuidade de investimentos sociais a longo prazo. Como consequência, se houver diminuição das pressões das comunidades em relação às questões ambientais, sociais e trabalhistas ou se as leis de incentivos fiscais forem revogadas, as empresas poderão diminuir o montante de investimentos destinados a essas áreas.

Finalmente, quando a responsabilidade social corporativa é motivada por questões de princípios, o risco de descontinuidade dos investimentos sociais são reduzidos, pois esses valores estão inseridos na cultura da empresa, orientando todas as suas ações e norteando as relações com fornecedores, clientes, governo, acionistas, meio ambiente, comunidades, entre outros. Esse é também o ponto de vista de Grajew (2002a):

> A responsabilidade social como cultura da gestão empresarial, abarcando todas as relações da empresa, suas práticas e políticas, deve nortear a organização em todo os momentos, nas crises e em épocas de expansão econômica. E é exatamente em momentos de crises e incertezas que ela retorna mais importante e estratégica. É nesta hora que é testado o real compromisso dos dirigentes com os valores da empresa.

Grajew (2002b) também demonstra os riscos referentes a atitudes oportunistas de empresas que ainda não internalizaram ou não compreenderam o verdadeiro sentido da responsabilidade social corporativa:

> Ao flexibilizar seus valores na primeira dificuldade, ao não estar preparada para tomar decisões que implicam perdas, a empresa corre enormes riscos de perder sua credibilidade e distorcer o entendimento por parte da sociedade sobre a cultura da responsabilidade social. Apenas decisões pautadas em critérios éticos, e não vantagens ou desvantagens de curto prazo por parte de empresas, sindicatos, organizações sociais, organismos internacionais, partidos políticos e governantes, poderão construir um mundo melhor.

Logo, quando as empresas atuam de maneira socialmente responsável, por questões de princípios, diminuem os riscos referentes a greves, contingências ambientais e fiscais e vinculação da imagem da empresa a escândalos. Dessa forma, mesmo com investimentos e custos maiores que os de seus concorrentes, a lógica da responsabilidade social corporativa demonstra que essas ações são fundamentais para o negócio e para o sucesso da companhia no longo prazo, não havendo justificativas para a eliminação desses investimentos, mesmo em períodos de crise ou recessão.

CAPÍTULO 4

Indicadores de responsabilidade social corporativa

Os indicadores de responsabilidade social corporativa são sistemas de avaliação que permitem às empresas verificar o seu nível de envolvimento com questões sociais.

Além de auxiliar a administração, os indicadores possibilitam a comunicação transparente da organização com seus diversos agentes. Dessa forma, as corporações reforçam seu compromisso com a ética nos negócios e com a melhoria da qualidade de vida da sociedade.

Atualmente, os indicadores de responsabilidade social corporativa mais utilizados pelas empresas são: o balanço social, a demonstração do valor adicionado e as certificações de responsabilidade social.

Balanço social

O balanço social surgiu com a crescente demanda, por parte da sociedade, de informações a respeito dos impactos que as atividades empresariais exercem sobre os trabalhadores, a sociedade, a comunidade e o meio ambiente. Os relatórios tradicionais priorizam informações de ordem financeira, econômica e patrimonial e não abordam elementos qualitativos ou o fazem superficialmente, sendo portanto insuficientes para a avaliação do desempenho empresarial. Segundo Ribeiro e Lisboa (1999:19), o balanço social

> é um instrumento de informação da empresa para a sociedade, por meio do qual a justificativa para sua existência deve ser explicitada. Em síntese, esta justificativa deve provar que o seu custo-benefício é positivo, porque agrega valor à economia e à sociedade, porque res-

38 RESPONSABILIDADE SOCIAL EMPRESARIAL

peita os direitos humanos de seus colaboradores e, ainda, porque desenvolve todo o seu processo operacional sem agredir o meio ambiente.

Kroetz (2000:78) identifica quatro fases para a implementação do balanço social:

1. fase política — traduzida na tomada de consciência, por parte do corpo diretivo da entidade, da necessidade do balanço social como um instrumento gerencial e de relações públicas; tomada de consciência da responsabilidade social da entidade. Também inclui-se nesse estágio a "venda" da proposta para todo o quadro funcional, pois a construção de um bom balanço social depende do engajamento da totalidade do grupo organizacional;

2. fase operacional — etapa em que se busca implantar de forma operacional a demonstração do balanço social, exigindo, muitas vezes, o aperfeiçoamento da estrutura sistêmica organizacional e de seus vários subsistemas, viabilizando a coleta, o tratamento e a geração de informações;

3. fase de gestão — mediante a integração dos novos objetivos sociais no negócio, durante a qual o balanço social passa de simples instrumento de informação para instrumento de apoio a gestão. Nessa fase, adicionam-se os objetivos sociais e ecológicos aos objetivos econômicos, afetando o processo da tomada de decisão nos diversos níveis da entidade, transformando-se em subsídio para o planejamento estratégico;

4. fase de avaliação — etapa em que são avaliados os procedimentos utilizados na preparação e comunicação das informações, bem como a influência que as mesmas exerceram na tomada de decisão e implementação de novas posturas administrativas, identificadas com a responsabilidade social e ecologicamente corretas. É a fase da retroalimentação do sistema, reavaliando todos os procedimentos, informações, implementações e resultados, oriundos da análise do balanço social.

Finalmente, entre os benefícios proporcionados pela implantação do balanço social destacam-se:

Revisão da Literatura

- a identificação do grau de comprometimento social da empresa com a sociedade, os empregados e o meio ambiente;
- a evidenciação, através de indicadores, das contribuições à qualidade de vida da sociedade;
- a avaliação da administração através de resultados sociais, e não somente financeiros;

Em 1997 foi elaborado o Projeto de Lei nº 3.116, pelas deputadas Marta Suplicy, Maria da Conceição Tavares e Sandra Starling, com o objetivo de tornar obrigatória a elaboração do balanço social para as empresas com mais de 100 empregados, mas até o momento o projeto não foi votado.

O modelo de balanço social proposto pelo Instituto Brasileiro de Análises Sociais e Econômicas (Ibase) é apresentado no quadro 1.

Quadro 1
Modelo de balanço social

1. Base de cálculo			
1.1 Faturamento bruto			
1.2 Lucro operacional			
1.3 Folha de pagamento			
2. Indicadores laboriais	**Valor R$**	**% sobre folha de pagamento bruta**	**% sobre lucro operacional**
2.1 Alimentação			
2.2 Encargos sociais compulsórios			
2.3 Previdência privada			
2.4 Saúde			
2.5 Educação			
2.6 Participação dos trabalhadores nos lucros ou resultados			
2.7 Outros benefícios			
Total — Indicadores laboriais (2.1 a 2.7)			

continua

3. Indicadores sociais	Valor R$	% sobre lucro operacional	% sobre faturamento bruto
3.1 Impostos (excluídos encargos sociais)			
3.2 Contribuições para a sociedade/ investimentos na cidadania			
3.3 Investimentos em meio ambiente			
Total — Indicadores sociais (3.1 a 3.3)			
4. Indicadores do corpo funcional	**Número de empregados**		
4.1 Número de empregados ao final do período			
4.2 Número de admissões durante o período			

Fonte: Kroetz, 2000:72.

Demonstração do valor adicionado

A demonstração do valor adicionado (DVA) é um relatório que permite identificar quanto de valor uma empresa agrega à sociedade e de que forma ele é repartido entre os agentes. Para Ribeiro e Lisboa (1999:18) o DVA reflete:

> Quem são os beneficiados com o desempenho da empresa, como: empregados, governo, terceiros, acionistas, os quais estão representados pela remuneração de pessoal e encargos sociais; impostos sobre vendas, produção de serviços, taxas e contribuições, juros sobre capital de terceiros e próprio, dividendos, aluguéis de móveis e imóveis e, por fim, retenções a título de reinvestimento na organização.

Martins (1997) dá uma definição mais ampla:

> A DVA é uma explanação de como a empresa criou riqueza e como a distribuiu entre fornecedores de capital, recursos humanos e governo. Vê-se, então, a parte da riqueza criada que cabe aos primeiros na forma de financiadores (via juros e aluguéis), de sócios (via dividendos e lucros retidos) e de detentores de tecnologia (via *royalties*); aos recursos humanos via seus salários, gratificações,

honorários, participações nos resultados etc.; e, finalmente, ao governo via impostos, diretos e indiretos.

Ainda, segundo Ribeiro e Lisboa (1999:18), a análise do DVA permite identificar a contribuição que a empresa gera para a sociedade da seguinte forma:

A análise da distribuição do valor adicionado identifica a contribuição da empresa para a sociedade e os setores por ela priorizados. Este tipo de informação serve para avaliar a *performance* da empresa no seu contexto local, sua participação no desenvolvimento regional e estimular ou não a continuidade de subsídios e incentivos governamentais. E, em um contexto maior, pode servir de parâmetro para definição do comportamento de suas congêneres.

O modelo da demonstração do valor adicionado sugerido pela Fundação Instituto de Pesquisas Contábeis, Atuariais e Financeiras da Universidade de São Paulo (Fipecafi/USP) consta do quadro 2.

Quadro 2
Modelo da demonstração do valor adicionado

Descrição	R$ mil
1. Receitas	
1.1 Vendas de mercadorias, produtos e serviços	
1.2 Provisão para devedores duvidosos – Reversão/(Constituição)	
1.3 Não operacionais	
2. Insumos adquiridos de terceiros (inclui ICMS e IPI)	
2.1 Matérias-primas consumidas	
2.2 Custo das mercadorias e serviços vendidos	
2.3 Materiais, energia, serviço de terceiros e outros	
2.4 Perda/recuperação de valores ativos	
3. Valor adicionado bruto (1 – 2)	
4. Retenções	
4.1 Depreciação, amortização e exaustão	
5. Valor adicionado líquido produzido pela entidade (3 – 4)	
6. Valor adicionado recebido em transferência	
6.1 Resultado de equivalência patrimonial	
6.2 Receitas financeiras	

continua

Descrição	R$ mil
7. Valor adicionado total a distribuir (5 + 6)	
8. Distribuição do valor adicionado*	
8.1 Pessoal e encargos	
8.2 Impostos, taxas e contribuições	
8.3 Juros e aluguéis	
8.4 Juros sobre capital próprio e dividendos	
8.5 Lucros retidos/prejuízo do exercício	
* O total do item 8 deve ser exatamente igual ao item 7	

Fonte: Moreira, 2002.

Certificação de responsabilidade social corporativa

A certificação de responsabilidade social corporativa é questão recente no Brasil e no mundo. No exterior, algumas normas, como a Social Accountability 8000 (SA 8000), a Occupational Health and Safety BS 8800 (BS 8800) e a AccountAbility AA1000 (AA1000), surgiram visando padronizar um conjunto mínimo de indicadores referentes aos aspectos éticos e de responsabilidade social na condução dos negócios.

A norma BS 8000 aborda questões referentes às condições de segurança e saúde dos trabalhadores. A norma SA 8000, elaborada pela Council on Economic Priorities Accreditation Agency (Cepaa), foi desenvolvida com base nos preceitos da Organização Internacional do Trabalho (OIT) e concentra-se no respeito aos direitos humanos e trabalhistas. Já a norma AA1000 (2000) procura avaliar e analisar as relações existentes entre empresa e comunidade.

Como podemos observar, as normas existentes abordam parcialmente as dimensões da responsabilidade social corporativa. Assim, para uma análise mais detalhada, torna-se necessário obter informações adicionais e até mesmo certificações complementares, como a ISO 9000 (referente à qualidade dos produtos) e a ISO 14000 (referente às questões ambientais).

No Brasil, as empresas estão buscando alternativas para demonstrar seu envolvimento e preocupação com as questões sociais. A forma mais simples de envolvimento é por meio da associação a uma entidade comprometida com os princípios da responsabilidade social. Assim, as empresas associadas se

REVISÃO DA LITERATURA   43

comprometem a seguir um código de conduta que visa normatizar as ações empresariais entre os agentes sociais. Esse é o caso, por exemplo, do Instituto Gife, que possui cerca de 65 fundações e institutos associados.

Algumas entidades criaram selos de certificação social que são conferidos aos associados que patrocinam projetos sociais, como ocorre com a fundação Abrinq, que combate a exploração do trabalho infantil.

Também existem entidades que procuram disseminar a prática da responsabilidade social corporativa, como o Instituto Ethos (2000), que desenvolveu metodologia própria de avaliação das ações sociais praticadas pelas corporações. A avaliação consiste na aplicação de questionário que é modelo único aplicável a todas as empresas e composto por conjunto de indicadores qualitativos e quantitativos que abordam sete dimensões da responsabilidade social corporativa: valores e transparência, público interno, meio ambiente, fornecedores, consumidores, comunidade, governo e sociedade.

Como ferramentas de análise, os demonstrativos do balanço social e do valor adicionado e os indicadores Ethos de responsabilidade social permitem identificar o nível de atuação e o grau de comprometimento empresarial com as questões sociais, ambientais e éticas. Dessa forma, esses demonstrativos são complementares à análise de desempenho financeiro empresarial, dando uma dimensão social de sua atuação e identificando o grau de adesão da administração aos valores éticos que a sociedade pós-industrial demanda.

Capítulo 5

Responsabilidade social e marketing societário

A responsabilidade social corporativa surge com a mudança de valores proposta pela sociedade pós-industrial: a valorização do ser humano, o respeito ao meio ambiente, a busca de uma sociedade mais justa e uma organização empresarial de múltiplos objetivos. Os novos valores pós-econômicos são também evidentes na crescente insistência pública de que as corporações se preocupem com o desempenho social e não apenas com o econômico.

Dessa forma, a sobrevivência empresarial num ambiente competitivo passou a depender de como a estratégia de negócios lida com essas variáveis, de maneira a se obter eficiência e lucratividade com a preservação da imagem e da reputação das companhias no mercado e na sociedade. Logo, nessa perspectiva, torna-se necessária a agregação de valor social ao negócio, além da redefinição dos objetivos de marketing da empresa.

Tradicionalmente, marketing significa "administrar mercados para chegar a trocas, com o propósito de satisfazer as necessidades e desejos do homem" (Kotler e Armstrong, 1995:7). Vejamos outra definição, segundo a American Marketing Association (segundo Schiavo, 1999):

> Marketing é o desempenho das atividades de negócios que dirigem o fluxo de bens e serviços do produtor ao consumidor. É o processo de planejamento e execução da criação, estabelecimento de preço, promoção e distribuição de ideias, produtos e/ou serviços, com vistas a criar intercâmbios que irão satisfazer as necessidades dos indivíduos e organizações.

46 RESPONSABILIDADE SOCIAL EMPRESARIAL

Essas perspectivas não abordam o tema da responsabilidade social ou o fazem de forma simplificada ao ampliar a definição do conceito de satisfação das necessidades dos indivíduos e/ou consumidores. O uso de recursos naturais não renováveis, a produção de produtos que contribuem para o aumento da degradação ambiental e a poluição causada pelas embalagens de alguns produtos estão sendo questionados pelos consumidores e pelo governo, obrigando as empresas a tomarem decisões visando minimizar esses aspectos negativos. Sheth e colaboradores (1988:6) escrevem a esse respeito:

> Ativistas sociais estão preocupados com o uso excessivo de embalagens pelo marketing, o que torna difícil e custoso a coleta de resíduos. Adicionalmente, o uso de garrafas e latas não retornáveis foi criticado porque essa prática de marketing supostamente encoraja os consumidores a espalharem resíduos nas rodovias.

> Talvez a maior preocupação em relação à remoção de produtos seja o impacto negativo nos recursos hídricos, com os rios tornando-se gradativamente poluídos e as águas subterrâneas impróprias devido à contaminação dos depósitos de lixo.

Alguns estudos recentes estão abordando essa temática. Wilkie e Moore (1999:215) demonstram evolutivamente a contribuição do marketing para a sociedade e para os indivíduos, em termos de desenvolvimento econômico, aumento da qualidade de vida e satisfação de necessidades psicológicas dos consumidores. Os autores também discutem a abordagem que o marketing deve ter perante essa nova sociedade e qual deve ser a estratégia de negócio da empresa para conciliar os objetivos dos *stakeholders* com os objetivos da empresa:

> Podem surgir problemas na tentativa de se equilibrar os objetivos dos diferentes *stakeholders*. Questões ilustrativas são apresentadas em três tópicos. Primeiro, os limites da influência persuasiva da propaganda e das vendas: as empresas devem focar as políticas e os níveis de controles diários dessas ações. Segundo, problemas específicos podem surgir com certos produtos ou mercados que possuem grande repercussão social e quando se buscam resultados no curto prazo: espera-se um aumento de conflitos com a sociedade nas ações de marketing provocadas pela globalização. Terceiro, são necessárias ações responsáveis por todos os membros da organização: aqui se incluem o desenvolvimento de sistemas para ajudar os consumidores

com problemas e a formalização da presença de vozes influentes de todos os *stakeholders*, incluindo empregados, consumidores e a sociedade como um todo (tradução livre dos autores).

Podemos verificar essa crescente importância da questão social nas empresas pela dimensão que a atividade de relações públicas vem assumindo nas companhias. Lambin (2000: 649) assim conceitua os objetivos das relações públicas nas empresas:

> A atividade de relações públicas reúne um conjunto de ferramentas de comunicação desenvolvidas pelas empresas para promover as atividades, os objetivos e os valores corporativos, para criar uma imagem empresarial positiva no público em geral e mais especificamente entre os principais agentes do mercado, distribuidores e parceiros institucionais, financeiros e comerciais.

A percepção, por parte do empresariado nacional, da relevância da questão da responsabilidade social para o negócio está crescendo e pode ser demonstrada pelo resultado de pesquisa realizada pelo Instituto de Pesquisa Econômica Aplicada (Ipea, 2000), onde se constatou que 67% das empresas pesquisadas da região Sudeste realizam algum tipo de atividade social para a comunidade. Constatou-se também que 49% das grandes empresas pesquisadas dessa região declararam sua intenção de ampliar suas atividades sociais.

O marketing, assim como a sociedade, está se desenvolvendo e abordando novas questões, como a sociedade do conhecimento, onde problemas relativos a meio ambiente, escassez de recursos naturais e ética no relacionamento com o consumidor estão cada vez mais presentes e influenciando as ações gerenciais. Eis como Kotler e Armstrong (1995:11) definem o marketing com responsabilidade social:

> O conceito de marketing societário sustenta que a organização deve determinar as necessidades, desejos e interesses dos mercados-alvo e então proporcionar aos clientes um valor superior, de forma a manter ou melhorar o bem-estar do cliente e da sociedade. (...) este conceito questiona se o conceito tradicional de marketing é adequado a uma época com problemas ambientais, escassez de recursos naturais, rápido crescimento populacional, problemas econômicos no mundo inteiro e serviços sociais negligentes. Pergunta se a empresa que per-

cebe, serve e satisfaz desejos individuais está sempre fazendo o melhor para os consumidores e para a sociedade a longo prazo.

Sheth e colaboradores (1988:7) acrescentam a essa visão do marketing societário o surgimento de um novo campo de estudo, o macromarketing, que visa principalmente estudar a interação do sistema marketing com os agentes sociais:

> . O desenvolvimento mais recente e significativo na área do marketing e de relacionamento com a sociedade foi o surgimento de um novo campo no pensamento do marketing chamado macromarketing. (...) o macromarketing basicamente analisa os impactos e as consequências das interações entre sistemas de marketing e sistemas sociais.

Também Hunt procura demonstrar a importância do impacto das ações de marketing na sociedade e suas consequências para o negócio. Propõe uma definição para o campo de estudo do macromarketing e os seus limites:

> O macromarketing é uma construção multidimensional, e uma especificação completa poderia (ou deveria) incluir o seguinte: macromarketing se refere ao estudo de a) sistemas de marketing; b) impacto e consequências dos sistemas de marketing na sociedade; e c) impacto e consequências da sociedade nos sistemas de marketing.

> (apud Sheth et al., 1988:140).

PARTE II

Estudos de casos

CAPÍTULO 6

Projeto Peça por Peça

Na era da informação e da nova economia globalizada, são profundas as mudanças no modo de a sociedade se organizar. Redefine-se a noção de cidadania, e, por consequência, há um crescimento acentuado do chamado terceiro setor, com a proliferação das organizações não governamentais. A gestão empresarial, por sua vez, que tinha como referência apenas os interesses dos acionistas, revela-se insuficiente nesse novo contexto. Ela requer uma gestão balizada pelos interesses e as contribuições de um conjunto maior das partes interessadas. O desafio empresarial de conquistar níveis cada vez mais altos de competitividade as leva a uma preocupação crescente e irreversível com a legitimidade social de sua atuação. A busca da excelência pelas empresas passa a ter como objetivos a qualidade nas relações e a sustentabilidade econômica, social e ambiental.

A sociedade brasileira espera que as empresas cumpram um novo papel no processo de desenvolvimento, que elas sejam agentes de uma nova cultura, atores de mudança social e construtoras de uma sociedade melhor. A classe empresarial tem demonstrado essa preocupação, interessando-se em fazer parte desse processo gradual que vem ao encontro das expectativas da sociedade brasileira.

Para engajar pessoas, acredita-se ser prioritário atender suas necessidades sociais no local de trabalho e na comunidade em que a empresa está inserida. Assim, a nova visão da gestão social passou nos últimos anos a influenciar significativamente as relações empresariais e sua gestão dos negócios.

No cenário de grandes transformações com que se deparam as organizações nas últimas décadas, a mudança é algo que faz parte da rotina de nossa sociedade. No Brasil, como país emergente, a segunda metade dos anos 1980

52 RESPONSABILIDADE SOCIAL EMPRESARIAL

correspondeu ao aprofundamento da globalização, impondo a busca de novas formas de inserção no sistema internacional.

Ao longo da década de 1990, promoveram-se programas de estabilização da moeda e reformas orientadas para o mercado, tais como privatização, liberação econômica e abertura ao mercado externo, havendo sinais evidentes de que as questões sociais e ambientais passaram a fazer parte das prioridades dessa nova ordem mundial.

Também no que se refere às relações de trabalho, historicamente as práticas na área trabalhista e sindical no Brasil basearam-se num estilo assistencialista em que a participação sindical é muitas vezes reconhecida mais por suas conquistas assistenciais básicas do que por seu poder de mobilização da categoria que representa. A remuneração direta, em alguns casos, é um somatório do salário e de outras formas de recompensa assistencial para minimizar problemas sociais emergentes (cesta básica, vale-mercado, vale-transporte, doações etc.).

As empresas, principalmente as de grande porte, acabaram assumindo um papel, que originariamente cabia ao poder público, no tocante à concessão de benefícios ligados às áreas de educação e saúde. Dessa forma, em questões sociais, muitas vezes o papel da empresa confunde-se com o do Estado.

O objetivo deste estudo foi analisar uma dessas empresas, mais especificamente, uma de suas unidades, localizada no Paraná. Procurou-se analisar o processo de desenvolvimento de ações sociais e trabalho voluntário que demonstram a preocupação da empresa com o seu papel social, através de uma participação mais ativa, concreta e efetiva, contribuindo para as mudanças de que a sociedade tanto necessita.

A empresa analisada, através da implementação de um programa de ação social baseado principalmente no desenvolvimento sustentável e na educação, pretendeu criar condições para que a comunidade de um bairro da periferia de Curitiba pudesse identificar oportunidades de desenvolvimento econômico e social.

A relevância deste estudo está associada ao redesenho de funções tradicionalmente exercidas pelas diferentes instâncias do governo para a iniciativa privada e a sociedade civil organizada, em decorrência da crise financeira do Estado brasileiro, da manipulação de vários serviços sociais, da predominância do modelo político e econômico adotado nos últimos anos e do crescimento acelerado do chamado terceiro setor.

Estudos de Casos   53

A partir da conscientização de todas as partes envolvidas nesse redesenho da responsabilidade social, abre-se a possibilidade do desenvolvimento e da implementação de programas sociais que beneficiam diretamente as organizações e comunidades envolvidas.

Além de um enfoque ético na busca da ampliação do raio de atuação empresarial, os investimentos sociais da iniciativa privada vêm sendo vinculados às estratégias competitivas das organizações, principalmente por seus efeitos nas políticas de recursos humanos e no fortalecimento das marcas, produtos e serviços associados a posturas socialmente responsáveis. Observa-se atualmente um envolvimento de significativa parcela do empresariado nacional com questões e práticas relacionadas ao exercício da responsabilidade social corporativa. O interesse por estudos e experiências nesse assunto cresce a cada dia.

Em outra vertente, tipicamente acadêmica, este trabalho contribui para a construção de um referencial teórico no campo de estudo da responsabilidade social da educação e do desenvolvimento sustentável no Brasil.

Dada a demanda crescente de projetos voltados para a responsabilidade social, aqui se propõe desenvolver uma série de ações comunitárias realizadas por um grupo de trabalhadores voluntários e também através de parcerias com instituições diversas.

A ampliação das condições de cidadania na comunidade se dá através da educação em função da organização social da população para tratar de seus interesses e preocupações. Esse conceito também se aplica à empresa como comunidade e aos trabalhadores como população.

O projeto

A ideia central do projeto foi implantar um modelo de gestão social baseado em ações que possibilitem o desenvolvimento social autossustentado de uma comunidade específica.

Para que o projeto seja caracterizado de acordo com as concepções de organização socialmente responsável, ele deve ser gerido por empresas públicas ou privadas e por entidades ligadas ao terceiro setor, com a participação efetiva dos funcionários atuando como voluntários.

Outro aspecto relevante do projeto é que ele está fundamentado na educação como fonte geradora de conhecimento e principal referência para qualquer modelo de desenvolvimento.

54 RESPONSABILIDADE SOCIAL EMPRESARIAL

O projeto, portanto, deverá utilizar uma escola da comunidade onde será implementado, e desse espaço físico surgirão todas as atividades planejadas para que a escola assuma seu papel num contexto mais ampliado.

Em geral, os investimentos sociais não são mensurados ou, quando o são, nem sempre refletem a realidade, pois as mudanças de comportamento, além de serem essencialmente subjetivas, estão ligadas a uma série de outras variáveis interdependentes.

Dessa forma, Peça por Peça simboliza que os resultados das ações que estimulam a mudança de comportamento não devem ter um prazo final preestabelecido: as pequenas conquistas devem ser mensuradas e contabilizadas passo a passo, servindo como direcionamento para ações futuras.

Logo, o projeto está fundamentado em pesquisas de ação e reação, bem como em indicadores quantitativos e qualitativos. Para tanto a amostra deve ser bem definida e adequada conforme a dimensão do projeto. Nele deve haver a participação de uma empresa e de seus colaboradores como voluntários numa escola situada na comunidade envolvida. Como atores complementares, sugerem-se diversos tipos de parcerias, com instituições públicas, universidades, ONGs, entre outras que porventura detenham algum tipo de conhecimento que possa ser útil naquela comunidade.

A fase inicial do projeto é procurar identificar, por meio de pesquisa, os principais problemas, carências e estigmas sociais da comunidade. A partir desse levantamento, definem-se as prioridades, as áreas de ação, os recursos necessários e as instituições e entidades participantes. Para cada ação planejada devem-se estabelecer indicadores quantitativos e qualitativos, além das metas, com plano de ação, responsáveis e prazos.

A empresa envolvida elegerá um coordenador para o projeto, e a escola terá um responsável pelo desenvolvimento das atividades. Eventualmente, pode-se criar um conselho gestor para acompanhar, monitorar e deliberar sobre a sequência do projeto.

O Projeto Peça por Peça caracteriza-se, portanto, por sua flexibilidade, focalizando os resultados, a valorização do papel da educação e o estímulo ao trabalho cooperativo entre empresas, instituições públicas e comunidade, além de priorizar ações concretas e metas desafiadoras porém atingíveis.

Pequenas ações de melhoria, realizadas de forma contínua e planejada, são o diferencial desse projeto sustentado, efetivo, mensurável e compartilhado — passo a passo, *peça por peça*.

Estudos de Casos

Sistematização de um programa de responsabilidade social

Breve histórico da empresa

A fábrica de Curitiba foi instalada em 1975, provisoriamente num prédio da avenida Marechal Floriano, enquanto eram construídas as instalações definitivas na Cidade Industrial.

A fábrica foi inaugurada em 1978 e ocupa uma área de 587.000m^2, dos quais 70 mil são de área construída. Desde a fundação, a empresa adotou políticas sociais e comunitárias. Mas foi somente a partir de 1999 que implantou um projeto envolvendo a comunidade interna (colaboradores), com estímulo ao voluntariado para implantar projetos na cidade.

Em 2000, após um ano de atividades em diversos locais de Curitiba, a empresa decidiu centralizar suas atividades numa única comunidade em busca de resultados mais efetivos e de um desenvolvimento sustentável dos beneficiados, através da educação.

Foi então criado o Projeto Peça por Peça, que hoje já produz impactos positivos da empresa na comunidade de Vila Verde, bairro próximo e onde estão concentradas as ações sociais.

Com esse projeto, a empresa foi pioneira no desenvolvimento e aplicação de projetos voluntários que demonstram não apenas sua preocupação com a responsabilidade social, mas também sua participação ativa nas mudanças culturais necessárias ao desenvolvimento da cidadania.

Peça por Peça

O desenvolvimento da comunidade através da educação pressupõe a organização da população, visando um processo de reflexão e ação sobre a sua realidade cotidiana. Ela se organiza para descobrir o que fazer para aprimorar seu desempenho nos enfrentamentos necessários ao seu crescimento como cidadãos.

Nesse processo se inserem crianças, adolescentes, adultos e idosos, cada qual exercendo um papel na transformação e no desenvolvimento da comunidade. Esse público, desde que esteja comprometido e participando ativamente das etapas desses projetos específicos, é que dará sustentação ao desenvolvimento da comunidade.

O Projeto Peça por Peça foi dividido em subprojetos denominados Peças, cada qual com parcerias externas e a coordenação dos voluntários da em-

56 RESPONSABILIDADE SOCIAL EMPRESARIAL

presa. Todas as Peças a serem desenvolvidas têm como principais agentes transformadores os alunos das duas escolas municipais de 1º grau e os alunos do Colégio Estadual de 2º grau.

Eis as peças do projeto:

- educação pelo ensino;
- educação pelo esporte;
- educação na saúde pelo meio ambiente;
- educação pela comunicação;
- educação pelo lazer;
- educação pela cultura;
- educação para geração de renda.

Vila Verde, a comunidade escolhida pela empresa para implantar o projeto, tem hoje uma população de mais de 12 mil habitantes, dos quais, 3.467 são crianças de 0 a 14 anos de idade (dados da Unidade de Saúde Vila Verde). Um dos principais problemas é a baixa renda, decorrente do desemprego e/ou do subemprego, que traz como sequela a desnutrição infantil e outros males que acometem as comunidades em desenvolvimento.

Há carência de creches e, mesmo com três equipamentos públicos que atendem à população infantil (Projeto Piá Vila Verde, Projeto Piá do Bosque e Piá Ambiental), ainda não existem opções de atividades para o período fora do horário de aulas e para as crianças em idade pré-escolar.

O controle da natalidade é um trabalho desenvolvido pela unidade de saúde, porém é grande a quantidade de filhos resultantes de gravidez precoce, bem como de famílias com muitos filhos.

A inobservância dos preceitos básicos de proteção ao meio ambiente, por parte da comunidade, é evidenciada pelo acúmulo do lixo e pelos problemas de saúde daí decorrentes.

Os equipamentos públicos de Vila Verde

Vila Verde possui diversos equipamentos públicos, mas, ao que parece, não em quantidade suficiente para atender à demanda da comunidade:

- unidade de saúde;
- Escola Municipal América da Costa Saboia;
- Escola Municipal João Cabral de Melo Neto;

ESTUDOS DE CASOS

- ☐ Colégio Estadual Rodolpho Zaninelli;
- ☐ Projeto Piá Vila Verde;
- ☐ Projeto Piá do Bosque;
- ☐ Projeto Piá Ambiental;
- ☐ Farol do Saber;
- ☐ Armazém da Família;
- ☐ Refeição Solidária;
- ☐ Casa da Comunidade;
- ☐ Creche Sol do Amanhã;
- ☐ Creche Vila Verde;
- ☐ Barracão da Comunidade.

Outros grupos na comunidade

Clube de Mães Coração de Maria

Consiste em um grupo de mulheres, liderado por uma irmã da Igreja Católica de Vila Verde, que costuram em máquinas doadas por voluntários. Seu objetivo é atender idosos e doentes carentes da comunidade, doando alimentos e roupas, promovendo bazares e ensinando corte e costura. Os voluntários estão desenvolvendo um projeto de sustentabilidade para que elas ofereçam cursos mais elaborados e produzam com maior qualidade e diversidade, visando atender uma possível demanda por parte do comércio e das empresas da Cidade Industrial de Curitiba.

Cooperativa de Panificação de Vila Verde

Reúne moradores hipertensos com dificuldades de acesso ao mercado de trabalho devido à sua formação profissional, idade e saúde. Ligados inicialmente à Unidade de Saúde, encontraram na fabricação de pães, doces e salgados uma maneira de solucionar alguns de seus problemas. Os voluntários desenvolveram um projeto de autossustentação mediante aquisição de equipamentos de panificação industrial e apoio para a concretização de uma cooperativa que hoje atende o comércio e as empresas da Cidade Industrial de Curitiba.

Cooperativa das Costureiras

Consiste em um grupo de moradoras hipertensas com dificuldades de acesso ao mercado de trabalho devido à sua formação profissional, idade e saúde.

58 · RESPONSABILIDADE SOCIAL EMPRESARIAL

Ligadas inicialmente à unidade de saúde, encontraram na costura e na confecção de roupas uma maneira de solucionar alguns de seus problemas. Os voluntários desenvolveram um projeto de autossustentação mediante aquisição de equipamentos de costura e apoio para a concretização de uma cooperativa.

Associação de Moradores de Vila Verde I, II, III, IV

A Associação de Moradores de Vila Verde IV é a mais comprometida com trabalhos que favorecem o desenvolvimento da comunidade. As outras mostraram um caráter mais político, estando atreladas a vereadores e outras lideranças políticas. O apoio da comunidade não é dos maiores nessas associações.

Associação de Pais e Mestres da Escola Municipal América C. Saboia

Esse grupo de pais e professores da escola mais antiga da vila procura desenvolver, embora timidamente, o relacionamento permanente entre pais e professores. Alguns pais também estudam nessa escola no período noturno, vivendo duplo papel na relação com ela. Percebe-se a comunhão de interesses das partes: a instituição escolar e o desenvolvimento do cidadão.

Primeiras ações para a base do trabalho desenvolvido em Vila Verde

Pesquisa socioeconômica: levantamento de dados sociais e econômicos da população, feito por alunos e professores do Colégio Estadual Rodolpho Zaninelli e voluntários da empresa. A pesquisa abrangeu 30% da população de Vila Verde e abordou os seguintes temas: nível de escolaridade, documentação para exercício da cidadania, educação, família na escola, ocupação profissional, habitação, saúde, hábitos alimentares, cultura e lazer, utilização de recursos da comunidade. Foi possível identificar várias situações de risco e suas possíveis causas, as quais, após tratamento pelos voluntários, profissionais da área e parceiros, serão identificadas como "Peças" a serem desenvolvidas em vários subprojetos.

Rally Social: para estimular ações voluntárias dos colaboradores da empresa em questão, comemorar o Ano Internacional do Voluntariado e aproximar os voluntários e a comunidade de Vila Verde, criou-se o Rally Social Somos Herdeiros de Nossas Ações, realizado em Vila Verde e dividido em 10 etapas

Estudos de Casos   59

sociais, uma por mês, de março a dezembro de 2001. Durante o *rally*, os voluntários e a comunidade puderam contribuir de maneira mais concreta e objetiva para a elaboração, implantação, manutenção e avaliação dos subprojetos de cada Peça.

Com os dados obtidos na pesquisa e com a participação organizada dos voluntários, foram identificadas as ações prioritárias a serem desenvolvidas nessa comunidade. Para todas as ações propostas foi estabelecido um plano de ação, com metas, metodologias, prazo e responsáveis pelos projetos. As Peças desenvolvidas em 2001 e que tiveram continuidade em 2002, foram:

- Peça Educação na Saúde pelo Meio Ambiente;
- Peça Educação pelo Esporte;
- Peça Educação pela Cultura;
- Peça Educação pela Geração de Renda.

A Peça Educação na Saúde pelo Meio Ambiente foi a primeira a ser implantada, tendo realizado 3 mil exames nas crianças e adolescentes das duas escolas municipais e da escola estadual de Vila Verde. Com esses exames, clínicos e laboratoriais, a empresa pretende, trabalhando com parcerias, promover ações de melhoria dos índices, nos aspectos educativo e preventivo.

Foi elaborado um plano de ação que inicialmente dá prioridade às doenças ligadas ao problema do lixo e da higiene. No aspecto preventivo, em todas as disciplinas das três escolas já foram introduzidos trabalhos referentes ao tema, com foco em Vila Verde. Grupos de alunos do 2º grau, monitorados pelos professores, montaram trabalhos sobre os principais problemas levantados e os apresentaram às crianças de 1º grau das escolas. Além disso, estão sendo realizados debates e palestras para pais de alunos das três escolas, focalizando o problema do lixo na comunidade.

No início de 2002, os professores se envolveram no projeto de uma maneira mais efetiva: elaboraram diversos subprojetos que seriam implantados durante o ano com o apoio dos alunos das escolas e dos voluntários da empresa. Eram projetos simples, com necessidades levantadas pela própria comunidade.

Outra Peça desenvolvida em 2001 foi Educação pelo Esporte. As crianças das escolas realizaram atividades esportivas e oficinas de aprendizagem, e receberam lanche no contraturno de seus estudos. O destaque dessa Peça foi que, durante as férias, período em que geralmente as crianças ficavam sem ter o que fazer, a escola ficou aberta, promovendo campeonatos e atividades recreativas e esportivas. Em 2002, coordenados pelos professores de educação física das três escolas, os alunos deram continuidade à Peça Educação pelo Esporte nos mesmos moldes do início de sua implantação.

Na Peça Educação pela Cultura, a primeira ação foi a construção de um teatro, chamado Peça por Peça, no terreno da Escola Municipal Professora América Saboia (base do projeto). O teatro tem capacidade para 250 pessoas e será utilizado pelas escolas municipais e estaduais e pela vizinhança, sob administração conjunta da Associação de Pais, Professores e Funcionários e da comunidade. O espaço servirá para apresentações de peças de teatro, oficinas, palestras e outras atividades culturais e educativas, atendendo assim a uma das principais reivindicações identificadas na pesquisa inicial feita na comunidade. A empresa está elaborando parcerias com a Fundação Cultural de Curitiba para trazer programas culturais e oficinas artísticas para o teatro. Através da Lei Rouanet, há incentivo para as atividades culturais que aí serão apresentadas.

Na Peça Educação pela Geração de Renda, os voluntários da empresa implantaram e acompanham dois casos de sucesso: a Cooperativa de Panificação e a Cooperativa de Costureiras de Vila Verde.

Todas essas atividades contam com diversos parceiros, como a Prefeitura Municipal de Curitiba (e todas as secretarias municipais), a Fundação de Ação Social, o Instituto Pró-Cidadania, o Serviço Social da Indústria (Sesi), universidades, equipamentos de Vila Verde, voluntários e líderes da comunidade.

Esse projeto social não é direcionado para atividades assistencialistas. Ao contrário, busca exercer efetivamente a responsabilidade social, não sendo o fator tempo a principal referência de sucesso do empreendimento, e sim pequenas ações de melhoria, realizadas de forma contínua, planejada, autossustentada, mensurável e compartilhada. Além disso, espera-se que esse modelo venha a ser, de alguma maneira, socializado com a comunidade, com outras empresas e organizações voltadas para esse tema.

Resultados gerais do projeto observados desde o início das ações

O Projeto Peça por Peça parte do pressuposto básico de que o desenvolvimento social de uma comunidade carente terá na educação, ou melhor, no contexto educacional, sua principal alavanca. Procura, pois, conscientizar os envolvidos de que as mudanças necessárias só serão efetivas se houver maior

ESTUDOS DE CASOS

grau de comprometimento, ou seja, se a população for capaz de se organizar para defender seus interesses e anseios, desenvolvendo seu papel natural no exercício da cidadania e de uma convivência social que assegure os direitos fundamentais para qualquer processo de evolução de uma sociedade.

Cabe salientar que, pela própria característica do projeto, não há indicadores de resultados já auferidos, mas, pelas observações e monitoramentos que vêm sendo realizados, a etapa inicial está consolidada, ou seja, a comunidade percebe e valoriza essa intervenção, já emitindo alguns sinais que denotam a consistência das ações até aqui desenvolvidas.

A empresa, por sua vez, reconhece a efetividade do projeto, tanto assim que ele servirá de parâmetro para as ações sociais de todas as plantas do grupo no Brasil e na América do Sul. A política social do grupo está agora com um foco mais voltado para o desenvolvimento sustentável através da educação.

Quanto à participação voluntária dos funcionários, conforme pesquisa interna realizada, pode-se inferir que há uma percepção positiva do objetivo do projeto. Com a realização de atividades internas na fábrica, como o Rally Somos Herdeiros de Nossas Ações e a Copa do Voluntariado 2002, nota-se um melhor relacionamento entre a chefia da empresa e seus subordinados e entre as seções da fábrica.

> Os benefícios das ações voluntárias foram de grande monta se considerarmos que as pessoas puderam se integrar de formas diferentes daquelas referentes ao ambiente de trabalho. Após essas atividades sociais, os grupos de trabalhos técnicos dentro da empresa se tornaram mais humanos e complacentes, sem perder o foco nos resultados, que é a política adotada no empresariado (depoimento de um voluntário Bosch).

A comunidade curitibana, representada pelo poder público municipal, entidades de classe especializadas, universidades e outros parceiros do projeto, também manifesta formalmente seu interesse em continuar apoiando e participando mais ativamente do planejamento e das ações dele decorrentes.

A empresa em questão, citada como *benchmarking* pela Prefeitura Municipal de Curitiba, é constantemente consultada por outras empresas e convidada a promover palestras para divulgar o projeto, e assim vão surgindo novos parceiros para contribuir com as iniciativas promovidas em Vila Verde.

62 RESPONSABILIDADE SOCIAL EMPRESARIAL

As universidades também estão sendo importantes parceiras no projeto e vêm apoiando as atividades em Vila Verde. Estagiários de cursos como pedagogia, educação física, enfermagem e outros podem aplicar na prática os ensinamentos adquiridos, levando também para dentro das universidades o tema da responsabilidade social.

Em Vila Verde, a transformação também já é percebida pelos moradores. Conforme pesquisa realizada, existe um bom entendimento do programa na comunidade.

Com a Cooperativa de Panificação, 22 famílias estão se sustentando e dando exemplo para outros moradores. A empresa compra diariamente mil pães para oferecer aos seus funcionários, mas a cooperativa também fornece para outras empresas e para a própria comunidade.

A Cooperativa de Costureiras (25 famílias) começa a fornecer uniformes para a comunidade, e a loja dos voluntários da empresa também vende camisas, camisetas e outros produtos confeccionados por esse grupo.

Além da venda de produtos, as cooperativas contam com os voluntários para organizar a parte administrativa e receber treinamento para o desenvolvimento de novos produtos.

Alguns adolescentes, inspirados no grupo de funcionários voluntários, criaram no Colégio Estadual Rodolpho Zaninelli o Grupo Harmonia, que promove apresentações musicais, palestras e outras atividades, sempre divulgando temas ligados à prevenção para os jovens da comunidade.

Nesse mesmo colégio, outro grupo criou um grêmio cujos membros se mostram preocupados com a conservação da escola. Para o mural de notícias, os alunos estão usando como modelo o jornal da empresa, divulgando semanalmente notícias e novidades.

Com as atividades realizadas durante as férias, através da Peça Educação pelo Esporte, diminuíram as depredações nas escolas, muito comuns no retorno às aulas. Durante o *rally*, os voluntários e a comunidade reformaram, pintaram e modificaram os diversos equipamentos públicos de Vila Verde. Graças a uma parceria entre a empresa e a Associação de Pais e Mestres, as atividades desenvolvidas na escola são divulgadas na comunidade. No Clube de Mães, voluntários ensinam costura, crochê e tricô para que as beneficiadas possam vender seus produtos e criar novas peças.

Nesse processo de desenvolvimento em busca da autossustentação, ainda são necessárias algumas doações de recursos para a comunidade. Nada é doado sem que haja um fundo de desenvolvimento, mas a empresa e seus volun-

Estudos de Casos 63

tários acreditam que esse tipo de ação assistencialista se torne cada vez menos necessário.

O grupo de voluntários já doou a Vila Verde 17 mil peças de roupas (algumas delas para venda no bazar), material para pintura e reforma, material de artesanato para o Piá Ambiental (jornais, revistas, potes de margarina, garrafas plásticas e meias de náilon), 1.500 litros de sopão durante o inverno de 2001, madeira para construção e reforma de casas, livros e revistas para o Farol do Saber e para as bibliotecas escolares, mudas de árvores e flores para as ruas da vila, além de colaborar na limpeza de bosques e áreas comunitárias e distribuir cartilhas ecológicas.

No final de 2001, a empresa disponibilizou para Vila Verde serviços de cidadania (nos moldes da Ação Global realizada pela Rede Globo de Televisão), tais como carteira de trabalho, corte de cabelo, exames de pressão, vista, diabetes e colesterol, carteira de identidade, educação sobre DST e aids, apresentação de talentos da comunidade e realização de casamentos.

> Sim, percebi resultados do projeto: envolvimento e participação das crianças. Nas férias, elas tinham um lugar para desenvolver atividades na Peça Educação pelo Esporte. Além disso, as atividades trouxeram inovação para a equipe de trabalho e tornaram a comunidade mais ativa na busca de seus direitos (depoimento de uma diretora de escola).

Para avaliar de modo consistente os resultados das ações empreendidas e verificar se os recursos despendidos estão trazendo o efeito esperado, foi realizado um acompanhamento por meio de pesquisa. Com a ajuda de uma pesquisadora, foram definidos os seguintes indicadores: nível de participação da comunidade escolar; percentual dos membros da comunidade que têm vida associativa; grau de participação nos eventos; número de parcerias efetivadas; grau de participação nas atividades programadas; nível de satisfação dos membros da comunidade com as ações educativas; nível de participação na solução dos problemas sociais da comunidade; problemas resolvidos com a participação da comunidade; nível de satisfação das necessidades sociais do bairro, a saber: percentual de domicílios com ambiente físico/externo limpo, percentual de locais públicos com ambiente físico/externo limpo, incidência de doenças evitáveis e relacionadas ao meio ambiente, taxa de abandono escolar etc. As informações colhidas na pesquisa servirão de base para a definição de futuras metas, planos de ação e parcerias.

Considerações finais

Mais do que criar soluções inovadoras, um programa de responsabilidade social busca consolidar o pressuposto de que a maioria das atividades sociais implementadas, sejam elas de cunho filantrópico ou não, dificilmente consegue se manter sem um trabalho sistemático de planejamento estratégico e monitoramento de ações a curto, médio e longo prazos.

O objetivo geral do Projeto Peça por Peça foi desenvolver um programa de ação social utilizando principalmente a educação para viabilizar o crescimento social sustentável da comunidade envolvida — no caso, um bairro da periferia da cidade de Curitiba, próximo à empresa responsável pelo programa.

Acredita-se, portanto, que uma empresa interessada em atuar de forma socialmente responsável, com ações planejadas, envolvendo seus funcionários como voluntários, buscando o desenvolvimento sustentável e tendo no contexto educacional sua base de sustentação, poderá colaborar para o surgimento de uma comunidade cidadã, onde as pessoas sejam capazes de refletir e agir sobre sua realidade cotidiana.

McIntosh (1998) defende essa ideia quando afirma que muitas empresas consideram a responsabilidade social coorporativa um exercício de doação de dinheiro. Embora a caridade seja louvável, o segredo é como operar um negócio de modo que sua contribuição à comunidade se faça através de seus funcionários e produtos, e não simplesmente através de filantropia.

As ações do Projeto Peça por Peça são cuidadosamente discutidas e compartilhadas, procurando-se evitar a prática assistencialista, muito comum em nossa realidade e que é fácil de ser conduzida, com resultados aparentemente favoráveis no curto prazo.

Talvez as ações assistencialistas ainda possam ser consideradas, principalmente nos países em desenvolvimento, mas somente como parte da estratégia de um modelo sistematizado de ação social. Mas o fato é que elas apenas postergam ou inibem soluções mais inteligentes e construtivas e contribuem para a manutenção do *status quo* de países subdesenvolvidos que convivem com essa contradição, adotando soluções e políticas que estimulam a filantropia, na ilusão de que assim os problemas sociais básicos serão resolvidos. Na verdade, trata-se de uma situação perversa, pois a ação filantrópica não educa, cria falsas expectativas, não traz a consciência da realidade e gera um perigoso viés no processo de construção de um modelo de gestão social com contribuições mais consistentes e mensuráveis, que signifiquem mudanças efetivas nas relações sociais.

Vale também ressaltar que em geral as instituições públicas brasileiras têm-se mostrado incapazes de reverter esse cenário, por diversas razões que não constituem objeto desta análise, mas que muitas vezes comprometem a formação do cidadão, pois ultrapassam as questões meramente comportamentais e atingem a essência da convivência social, que deve ser justa, coerente e baseada em princípios éticos bem delineados.

Essa é a visão que conduz a um senso de justiça social capaz de garantir que as pessoas se tornem suficientemente fortes e engajadas para poder defender seus direitos, respeitar suas obrigações, gerar mudanças benéficas para seu ambiente, ser capazes de sonhar e de sentir-se realizadas.

CAPÍTULO 7

Marketing social

Não há como discorrer sobre marketing social sem mencionar as ações de responsabilidade social praticadas pelas organizações, pois são elas que servem de base para quaisquer projetos ou ações que envolvam a área social. Cumpre também examinar os conceitos de "responsabilidade social" e "marketing social", suas correspondências e inter-relações.

Este capítulo apresenta dois estudos de caso com base nos resultados de um trabalho de campo que contou com detalhada pesquisa documental e bibliográfica e uma série de entrevistas, além da observação direta.

Primeiro descrevem-se sucintamente as atividades desenvolvidas pelas empresas, mostrando sua evolução, situação atual, escala e áreas de atuação. A seguir, de acordo com a base teórico-empírica, apresentam-se os dados obtidos na pesquisa documental (confirmados pelas entrevistas e pela observação direta), referentes ao efetivo exercício da responsabilidade social da empresa e à sua atual prática do marketing social. Por fim, mostram-se as diferentes opiniões e perspectivas, colhidas junto aos entrevistados, com o objetivo de elaborar um quadro referencial representativo das percepções dos diferentes atores internos em relação à responsabilidade social e, principalmente, em relação ao marketing social. Tal ordem permite igualmente a confrontação

68 RESPONSABILIDADE SOCIAL EMPRESARIAL

entre a ação empresarial e seu discurso. Também são feitas considerações a respeito da gestão social.

Na unidade de Curitiba da empresa A foram realizadas ao todo 15 entrevistas com sete diferentes pessoas, totalizando mais de 10 horas de gravação, sem contar os inúmeros e-mails e telefonemas para revisão e confirmação de dados. Na empresa B foram realizadas 10 entrevistas com seis diferentes pessoas, totalizando mais de oito horas de gravação, além dos e-mails e telefonemas. Procurou-se entrevistar os principais atores envolvidos na condução, coordenação e/ou direção das ações sociais da empresa, contemplando os diferentes níveis, da alta direção às funções operacionais. A partir de entrevistas semiestruturadas, objetivou-se não só verificar a real compreensão desses atores quanto aos temas da responsabilidade social e do marketing social, mas principalmente identificar as implicações dessas diferentes visões, o envolvimento com tais práticas e as bases motivadoras para tais ações.

No caso da unidade de Curitiba da empresa A, as atividades que envolvem a prática da responsabilidade social estão centralizadas no Departamento de Recursos Humanos, incluindo a comunicação e o marketing social. Assim, a escolha dos entrevistados se fez com base nas informações iniciais obtidas nesse departamento. Já no caso da empresa B, tais atividades estão centralizadas nos projetos desenvolvidos pela Fundação B com base nas diretrizes do Projeto B1. A comunicação interna também está a cargo dessa fundação, enquanto a comunicação externa é desenvolvida pelo Departamento de Marketing Corporativo. A escolha dos entrevistados se fez com base nas informações iniciais obtidas na Fundação B.

Os entrevistados foram divididos em três níveis em função dos cargos exercidos dentro da empresa. Tal subdivisão objetiva também a uniformização dos dados obtidos nos dois diferentes estudos. Assim, adotaram-se as seguintes denominações: 1º nível (diretores); 2º nível (chefias e/ou gerências); 3º nível (auxiliares administrativos e assistentes responsáveis pela operacionalização das práticas sociais). Os depoimentos aqui transcritos não serão diretamente identificados, não só para preservar seus autores de eventuais críticas, mas também para garantir maior transparência e imparcialidade, tanto da parte do entrevistado quanto do pesquisador.

Os quadros 3 e 4 mostram o cargo/função e a formação dos entrevistados, bem como o tempo de atuação em cada empresa.

ESTUDOS DE CASOS

Quadro 3
Entrevistas na empresa A

Nível	Nome	Cargo/função	Formação	Tempo na empresa
1º	J. C. K.	Diretor administrativo	Administrador de empresas	27 anos
	G. M. V.	Gerente de recursos humanos e relações institucionais*	Psicólogo	20 anos
2º	F. C. J.	Chefe de seção do Núcleo de Qualidade de Vida	Psicólogo	20 anos
	C. R.	Jornalista responsável	Jornalista/marketing	2 anos e 9 meses
	S. R. F. L.	Assistente social	Serviço social	3 anos
3º	S. F. N.	Presidente do Conselho de Voluntários (distribuidora de serviços)	3º grau incompleto/ processamento de dados	8 anos e 6 meses
	D. S. B.	Vice-presidente do Conselho de Voluntários (oficial em máquinas CNC)	2º grau/técnico em mecânica	13 anos

* G. M. V. também acumula o cargo de diretor de assuntos corporativos da empresa A em todo o Brasil.

Quadro 4
Entrevistas na empresa B

Nível	Nome	Cargo/função	Formação	Tempo na empresa
1º	M. P. M.	Diretor corporativo	Administrador	28 anos
	F. P. L.	Presidente da Fundação B	Engenheiro	26 anos
2º	F. A. C.	Gerente de marketing corporativo	Jornalista/marketing	4 anos e 6 meses
	J. C. R. C.	Consultor em operações	Engenheiro	10 anos
3º	A. P. D.	Assistente da presidência da fundação	Relações públicas e direito	3 anos
	C. D. P.	Assistente administrativo	Relações públicas	1 ano

Empresa A

Atividades da empresa A

A empresa A é uma multinacional que iniciou suas atividades no final do século XIX, na Europa. Hoje está presente em mais de 100 países e conta com mais de 200 mil funcionários em suas diversas unidades espalhadas por todo o mundo. Basicamente, é uma indústria produtora de componentes e equipamentos elétricos e eletrônicos, além de fabricar equipamentos hidráulicos e pneumáticos para a indústria.

No Brasil, a empresa tem cinco unidades instaladas. A matriz, localizada no estado de São Paulo, emprega cerca de 4 mil pessoas. Outras três unidades, duas no Sudeste e uma no Nordeste, empregam respectivamente 800, mil e 500 trabalhadores.

A empresa A instalou-se em Curitiba em meados da década de 1970. Atualmente a unidade de Curitiba, objeto desta análise, reúne pouco mais de 3 mil funcionários, sendo uma das maiores empregadoras da região.

A empresa A é uma indústria de capital fechado, ligada a uma fundação internacional (entidade sem fins lucrativos) com sede na Europa. Junto à fábrica de Curitiba está instalada a associação de funcionários, organização corporativa também sem fins lucrativos com representação em todas as unidades da empresa no Brasil e sede na matriz, em São Paulo.

O exercício da responsabilidade social

As ações de responsabilidade social desenvolvidas pela unidade de Curitiba da empresa A podem ser melhor compreendidas a partir de sua evolução cronológica. Quando de sua instalação no final da década de 1970, a empresa procurou dirigir suas ações prioritariamente para o público interno, focalizando os temas de saúde, meio ambiente, segurança do trabalho e segurança externa. Até o final da década de 1980, porém, esses benefícios constituíam algo discretamente acima dos oferecidos pelo mercado, basicamente de acordo com o previsto na legislação brasileira em vigor.[3] Já então a empresa desenvolvia algumas ações de filantropia. Tratava-se, porém, de ações pontuais a partir de solicitações da comunidade, uma vez que nunca houve

---

[3] Segundo informações fornecidas pelo chefe de seção do Núcleo de Qualidade de Vida.

Estudos de Casos

internamente a formalização de um programa que contemplasse iniciativas filantrópicas.[4]

Nacionalmente, a primeira ação de maior repercussão, estendida à comunidade, foi desenvolvida pela associação de funcionários da fábrica de São Paulo, que em parceria com um hospital da cidade criou um programa de conscientização e combate à aids. O programa resultou na publicação de um livro e promoveram-se palestras em todas as fábricas da empresa no Brasil.

No início da década de 1990, a questão da responsabilidade social externa ganhou maior dimensão na fábrica de Curitiba, inicialmente como uma preocupação de caráter ambiental. A partir de uma orientação da direção de recursos humanos, pôde-se então implementar programas e projetos sociais. Em 1992, os funcionários da fábrica de Curitiba criaram o Programa de Meio Ambiente — especificamente para a unidade paranaense. De início, o programa procurou levantar os diversos interesses internos em relação ao meio ambiente. A partir daí a empresa, em parceria com a Universidade Livre do Meio Ambiente,[5] mobilizou todo o corpo gerencial da fábrica curitibana, que passou a frequentar um curso especialmente organizado para esse fim. A empresa liberava seus gerentes na metade do expediente, sendo as demais horas do curso retiradas do tempo livre de cada um. A partir daí estabeleceu-se uma parceria

---

[4] A diretoria avaliava pedidos isolados da comunidade, que eram atendidos conforme a disponibilidade de recursos à época. Foram solicitados, por exemplo, um curso de graduação de engenharia da UFPR e um equipamento de hemodiálise para um hospital da cidade. Essas duas solicitações foram analisadas e atendidas. Não há registro documental da maioria das ações filantrópicas desse período.

[5] A Universidade Livre do Meio Ambiente (Unilivre), sediada em Curitiba, é uma organização que tem como objetivo a disseminação de práticas, conhecimentos e experiências relacionadas às questões ambientais e urbanas, com vistas a criar e consolidar nos cidadãos uma consciência e uma postura que efetivamente contribuam para o aprimoramento da qualidade de vida global. O ponto de partida de sua estratégia operacional é promover a educação ambiental como um processo individual e coletivo de aquisição de conhecimentos, atitudes e habilidades que possam contribuir para a compreensão dos fenômenos ambientais e favorecer a participação da população na melhoria da qualidade do meio ambiente. A Unilivre, na condição de sociedade civil sem fins lucrativos, conta com um Conselho Diretor, um Conselho Fiscal e uma Diretoria Executiva. Esta última se desdobra em duas unidades operativas: a Coordenadoria de Ensino e a Coordenadoria de Projetos. A Unilivre foi declarada de "utilidade pública" pela Lei Municipal nº 8.332, de 8 de dezembro de 1993, e pela Lei Estadual nº 11.349, de 17 de janeiro de 1996. Aberta a todos os interessados, tanto para o público em geral quanto para técnicos e administradores públicos e privados, a Unilivre tem demonstrado que a parceria entre as instituições públicas, a iniciativa privada e a comunidade torna possível realizar ações relevantes e efetivas em favor do desenvolvimento sustentado.

72 RESPONSABILIDADE SOCIAL EMPRESARIAL

funcionário/empresa na qual os gerentes se incumbiam de transmitir às suas respectivas equipes os conhecimentos obtidos.

Esse programa mobilizou e integrou toda a empresa. Gerou internamente nove grandes grupos de trabalho, cada qual responsável pelo desenvolvimento de um tema específico, como segurança, comunidade, lazer etc. O programa mereceu a atenção de toda a diretoria e do corpo gerencial, além das autoridades públicas locais, e seu lançamento coincidiu com a realização da ECO-92.[6] Plantaram-se mudas de árvores, o chão da fábrica foi reformado, houve apresentações de coral e orquestra sinfônica, entre outras ações. Externamente, porém, persistiam as ações isoladas de caráter filantrópico e sem continuidade. Os grupos de trabalho mantinham uma estruturação vertical, realizando suas atividades sob a orientação de um gerente.

Em 1994, a empresa A desenvolveu o Projeto Empresa na Escola, visando melhor integrar a empresa à comunidade, através do apadrinhamento de uma escola, e levar aos alunos e suas famílias programas que pudessem ser trabalhados com o conteúdo curricular de cada disciplina. Optou-se por uma escola municipal, localizada numa vila próxima à fábrica, não só por sua proximidade, mas também porque havia entre seus alunos muitos filhos de funcionários da empresa. O primeiro programa aí desenvolvido levou funcionários da própria empresa para palestras expositivas sobre as diversas profissões, informando, incentivando e motivando os alunos na escolha de suas atividades futuras. No segundo ano passou-se à elaboração conjunta (funcionários da empresa, diretores e professores da escola) de um cronograma para a promoção de campanhas educativas relacionadas aos conteúdos disciplinares. Dentro desse projeto, através do setor de medicina do trabalho da empresa, a empresa A criou na escola uma brigada de primeiros socorros, formada por alunos de 6ª série.[7] Ainda na escola municipal realizaram-se campanhas de proteção ao meio ambiente, prevenção e combate às drogas, informação sobre doenças sexualmente transmissíveis e aids, sobre relacionamento entre pais e filhos, todas elas conduzidas por profissionais da empresa A.

---

[6] A ECO-92, como ficou conhecida a Conferência das Nações Unidas sobre Meio Ambiente e Desenvolvimento, foi realizada no Rio de Janeiro em junho de 1992. Durante o evento, que discutiu as perspectivas e os rumos ambientais do planeta, foi realizada a maior reunião de chefes de Estado da história e também o Fórum Global de Organizações Não Governamentais e Movimentos Sociais. Segundo estimativas, participaram do evento 22 mil pessoas e 9 mil organizações.

[7] Além de treinamento, os alunos recebem uma maleta de primeiros socorros e equipamentos como maca, ataduras, luvas etc.

Estudos de Casos

73

Em 2000, as nutricionistas da empresa promoveram uma campanha contra o desperdício da merenda escolar. A partir dessa iniciativa os alunos conseguiram a alteração de alguns itens do cardápio elaborado pela empresa terceirizada pela Prefeitura Municipal de Curitiba. Outro trabalho derivado do projeto foi o curso de trabalhos manuais para os alunos da escola, visando capacitá-los para tarefas que reforcem o orçamento doméstico. Os alunos também participam de algumas atividades da associação de funcionários, podendo frequentar a sede nas tardes recreativas e de aprendizagem ou escolinhas de diversas modalidades esportivas. No segundo ano do projeto, o Sesi passou a participar, divulgando a iniciativa, que obteve reconhecimento internacional.[8] Nos seus 84 meses de duração, o projeto contou com o envolvimento de 60 professores e beneficiou mais de 1.500 alunos.

Em 1995, procurando estimular a criação e o desenvolvimento interno, foram catalogados os talentos da empresa nas mais diferentes áreas.[9] Essa iniciativa gerou a 1ª Mostra Interna de Talentos, realizada na sede da associação de funcionários e depois levada ao Sesi. Na comemoração dos 20 anos da empresa A em Curitiba, foi organizada uma grande exposição nas dependências de um dos maiores *shoppings* da cidade. Alguns dos talentos revelados descobriram em seus *hobbies* novas profissões e mais tarde optaram por desligar-se da empresa para dedicar-se a elas.

Em meados da década de 1990, houve um problema mais grave de produção envolvendo a fábrica de Curitiba. Chegou-se a questionar se as iniciativas do Departamento de Recursos Humanos não poderiam estar afetando negativamente a produção. Assim, o departamento preferiu repensar o modelo adotado. Foi então criado o Conselho de Qualidade, do qual derivaram a programação do 5S[10] e a obtenção das certificações QS 9000 e QS 9001 e da

---

[8] O projeto foi destaque no I Seminário Internacional de Parceria em Educação, realizado em Foz do Iguaçu em maio de 2001.

[9] Os funcionários eram incentivados a demonstrar seus talentos em música, canto, escultura, pintura, artes cênicas, artes gráficas etc.

[10] O programa 5S consolidou-se no Japão a partir da década de 1950, e seu nome provém de palavras que, em japonês, começam com S: *seiri, seiton, seisou, seiketsu* e *shitsuke*. No Brasil, os 5S foram interpretados como "sensos", não só para manter o nome original, mas porque refletem melhor a ideia de profunda mudança comportamental. É preciso "sentir" a necessidade de fazer. Assim, adotou-se senso de utilização para *seiri*; senso de ordenação para *seiton*; senso de limpeza para *seisou*; senso de saúde para *seiketsu*; e senso de autodisciplina para *shitsuke* (Silva, 1994:14).

74 RESPONSABILIDADE SOCIAL EMPRESARIAL

ISO/TS 16949. Também por iniciativa própria, a unidade de Curitiba enxugou e reduziu seus níveis hierárquicos para tornar a empresa mais horizontalizada. Em 1996 foi organizado um grande retorno dos funcionários após as férias coletivas, com o objetivo de mobilizar 100% da força de trabalho. Uma pesquisa de clima interno permitiu uma série de constatações e sugeriu mudanças. Três anos mais tarde, optou-se pelo estímulo ao trabalho voluntário. Novamente, a empresa reuniu todos os funcionários para ouvi-los a respeito das prioridades a serem adotadas. Foram apontados os temas criança, educação, meio ambiente e terceira idade. Assim, a evolução de todos os projetos desenvolvidos pela empresa A culminou com o lançamento do programa Ações A1, que tem por objetivo "estimular a consciência e a responsabilidade social nos colaboradores e seus dependentes, desenvolvendo atividades que estimulem o trabalho voluntário e que valorizem a importância da qualidade nas relações profissionais e pessoais." Ao todo, o programa já envolveu mais de 3.200 pessoas trabalhando em caráter voluntário. As atividades se realizam fora do horário de trabalho, sem nenhuma remuneração, e as pessoas são estimuladas a doar seu tempo e talento. O programa já atendeu a 106 entidades, e entre as atividades desenvolvidas merece destaque a coleta de 280 toneladas de lixo reciclável que, comercializadas, garantiram a compra de mil cobertores e 400 cestas básicas distribuídas à comunidade carente, que recebeu ainda 89 computadores resultantes de um *upgrade* na fábrica da empresa A. Vale mencionar também a implantação do programa 5S nas escolas municipais. Essa ação, em parceria com a Secretaria Municipal de Educação de Curitiba, contou com a participação de 560 voluntários que atuaram em 28 escolas municipais, atingindo 18.800 alunos e envolvendo 56.400 pessoas da comunidade.

O programa Ações A1 deu origem ao Conselho de Voluntários da empresa A e ao Projeto A2. O Conselho de Voluntários administra os grupos que implementam as ações sociais, como o Projeto A2, por exemplo. Já no seu primeiro ano os voluntários realizaram uma série de ações, como reforma, pintura e manutenção em creches e asilos, doações de alimentos, roupas e medicamentos para mais de 20 entidades, tendo por isso recebido dois prêmios externos.[11] Atualmente são mais de 600 funcionários voluntários que junto com seus dependentes totalizam mais de 2 mil pessoas envolvidas nessas atividades. A mis-

---

[11] Prêmio Dignidade Solidária 1999, por suas ações junto à comunidade, e Prêmio Paraná Ambiental 1999, pela campanha de reciclagem do lixo.

ESTUDOS DE CASOS

são dos voluntários, presente no estatuto, enfatiza o desenvolvimento sustentável através de ações voluntárias visando a melhoria da qualidade de vida da comunidade e a conscientização de que todas as pessoas herdarão os resultados de suas ações. A organização de seu estatuto e a intensificação de suas atividades levaram à criação, em 2001, de uma ONG denominada Grupo do Terceiro Setor.

O Projeto A2 constitui o mais representativo e ambicioso conjunto de ações sociais desenvolvido pela unidade curitibana da empresa A, tanto em termos de planejamento quanto do número de beneficiários externos e da continuidade das ações a médio e longo prazos. Através de eleição, a comunidade interna escolheu como foco a educação. Tal opção reflete o entendimento, por parte da empresa A, de que "o desenvolvimento da comunidade define-se como um processo educativo em função da organização social da população comunitária para enfrentamento dos seus interesses e preocupações, com a consequente ampliação das suas condições de cidadania". Escolheu-se o bairro vizinho da Vila X[12] para tais ações. O projeto divide-se em sete subprojetos,[13] todos coordenados pelo Conselho de Voluntários, que tem nos alunos das duas escolas municipais de 1º grau e da escola estadual de 2º grau da vila seus principais agentes de transformação. Todos os subprojetos contam com parcerias externas e um acompanhamento rigoroso permitirá a medição de seus resultados. No rol de parceiros externos incluem-se órgãos públicos, representantes da sociedade civil e empresas privadas.[14] Entre os resultados de maior destaque cabe citar, além da melhoria do visual das vias públicas da Vila X, a melhoria nos índices de saúde e violência, a criação (e consolidação) da Cooperativa de Panificação e da recém-formada Cooperativa de Costurei-

---

[12] A Vila X surgiu em decorrência de processos de invasão numa área vizinha à fábrica da empresa A em Curitiba. Hoje conta com uma população carente de 11.896 habitantes vivendo em situação precária. Destes, 3.467 são crianças de 0 a 14 anos, de acordo com dados da Unidade de Saúde da Vila X.

[13] A saber: Projeto Educação pelo Ensino, Projeto Educação pelo Esporte, Projeto Educação pela Proteção ao Meio Ambiente, Projeto Educação pela Comunicação, Projeto Educação pela Saúde, Projeto Educação pela Cultura e Projeto Educação para Geração de Renda.

[14] Por exemplo, Secretaria Municipal de Educação, Centro de Ginástica Olímpica de Curitiba, Orquestra Sinfônica de Curitiba, Secretaria Municipal de Saúde, Fundação Cultural de Curitiba, Sesi, Senai, Senac, Sebrae, estudantes de administração, pedagogia, educação física, jornalismo e belas-artes de diversas faculdades e universidades de Curitiba, bem como inúmeros artistas nacionais, além de outras indústrias, diversos cursos pré-vestibular de Curitiba, escolas de informática, academias de dança etc.

76 RESPONSABILIDADE SOCIAL EMPRESARIAL

ras. A Cooperativa de Pães reúne senhoras moradoras da vila, antes sem ocupação, que receberam treinamento e equipamentos fornecidos pelo Conselho de Voluntários. Hoje a cooperativa comercializa seu produto por toda a região, fornecendo diariamente mais de mil pães somente para a fábrica da empresa A.

Atualmente, a responsabilidade social interna é exercida primeiramente a partir do cumprimento das responsabilidades previstas em lei. Além disso, todos os funcionários e seus dependentes possuem planos de assistência médica e odontológica gratuitos. Através do Programa Supletivo, a empresa A já formou 1.200 funcionários no 1º e no 2º graus. A empresa dispõe de uma ampla biblioteca, de livre acesso a todos os funcionários, com acervo de livros, fitas de vídeo e material de apoio do supletivo e pós-médio. Para auxiliar nas despesas escolares, a empresa concede uma subvenção escolar que varia de acordo com a média das notas. O Programa de Idiomas garante auxílio de até 40% dos custos dos cursos de idiomas estrangeiros. Há também o Programa de Auxílio à Educação de Crianças Especiais, que custeia 50% das despesas com escolas especiais e o transporte especial de dependentes de funcionários.

Ao final de cada ano, a empresa A distribui cestas de Natal e material escolar para todos os funcionários e seus dependentes. Além disso, o Programa de Participação nos Lucros e Resultados beneficia todos os funcionários, quando são alcançadas as metas e os resultados estabelecidos. O pagamento desse benefício é feito em duas etapas: um adiantamento e uma complementação.

Alguns setores da fábrica fazem diariamente a ginástica laboral, que atua de maneira preventiva na redução dos índices de doenças ligadas ao trabalho. O Programa Sugestões incentiva os funcionários a apresentar propostas, recompensando com dinheiro e prêmios as ideias aprovadas.

Através do Programa Menores Aprendizes Administrativos, em parceria com a Guarda Mirim de Curitiba, 30 menores carentes, entre 16 e 18 anos, cursando no mínimo a 4ª série de ensino fundamental, recebem ensino profissionalizante e têm seus direitos trabalhistas assegurados. Ao final do curso, alguns deles são contratados.

Ao lado da fábrica está a sede da associação de funcionários, que proporciona aos seus frequentadores diversas atividades esportivas, como futebol, ginástica, capoeira e caminhadas ecológicas. A associação também organiza colônias de férias, bailes, festas e demais eventos. Desde 1984 a empresa promove cursos de habilidades manuais para esposas e filhas de

ESTUDOS DE CASOS   77

funcionários.[15] Em parceria com a Secretaria Municipal de Abastecimento, através do Programa Roça, a empresa A fornece frutas e verduras para seus funcionários a preços abaixo dos praticados pelo mercado. O Grupo de Teatro, em atividade há oito anos, monta peças baseadas no cotidiano da empresa.

É notória a preocupação com o meio ambiente. A empresa mantém na entrada da fábrica latões para depósito de lixo perigoso,[16] incentivando entre seus funcionários essa prática de seleção dos resíduos. A água utilizada dentro da fábrica retorna limpa ao meio ambiente. A empresa fornece diariamente a alimentação de uma creche e desenvolve, em sistema de parceria, o Programa de Treinamento para Aprendizes do Senai, no qual menores passam meio período na empresa e meio período no Senai recebendo treinamento técnico e comportamental.

A prática do marketing social

Como a estruturação das atividades, programas e projetos envolvendo ações sociais está a cargo do Departamento de Recursos Humanos, este acaba acumulando também a função de marketing social.

A área de comunicação da unidade de Curitiba, subordinada ao setor de RH, está a cargo de uma jornalista que conta com a ajuda de uma estagiária. Há ainda o suporte de uma pequena agência local de comunicação externa, que é acionada esporadicamente em casos de maior complexidade. Quando se trata de assuntos corporativos, porém, nada é feito em Curitiba. Matérias referentes à empresa e anúncios em jornais, revistas, rádio e TV competem somente à matriz paulista, não sendo autorizadas iniciativas locais.

A comunicação interna com os funcionários segue o *Regulamento interno* e o *Manual de integração,* distribuídos a todos os que ingressam na empresa. O regulamento, válido para todas as unidades da empresa do Brasil, é elaborado em São Paulo. Já o manual, por tratar de assuntos locais, é elaborado em Curitiba, com o auxílio da agência externa. A agência também participa da elaboração das notícias veiculadas através dos murais, da intranet e de um informativo

---

[15] Por exemplo, corte e costura, tricô, crochê, bordado, pintura em tecido, produção de chinelos, produção de sachês etc.

[16] Lâmpadas, baterias, remédios com prazo de validade vencido, tintas, solventes e demais substâncias tóxicas.

78 RESPONSABILIDADE SOCIAL EMPRESARIAL

mensal de circulação interna. Todo o material de divulgação dos projetos internos é submetido à apreciação da diretoria.

Como a unidade de Curitiba é a mais avançada no trabalho voluntário e na implantação de programas sociais, os materiais internos[17] de incentivo à participação nesses projetos são desenvolvidos com maior liberdade, juntamente com a agência local. Esses materiais, devidamente aprovados pela gerência de RH, têm circulação exclusivamente interna.

Mesmo não havendo um setor específico de marketing social, a unidade de Curitiba trata de disseminar sua prática social. O gerente de RH e outros colaboradores participam ativamente de debates e palestras sobre o tema da responsabilidade social, divulgando as ações da empresa. Nesse sentido, buscam-se também parcerias com universidades e faculdades.

Por suas ações sociais, a unidade curitibana da empresa A já recebeu diversos selos e premiações: Selo Abrinq — Empresa Amiga da Criança, Prêmio Paraná Ambiental, Prêmio Dignidade Solidária — Empresa Socialmente Responsável, Prêmio Destaque em Cidadania da ABRH, Título da Amigos da Apae, Prêmio Sesi de Qualidade de Vida e Produtividade (fase municipal), Menção Honrosa do Instituto Pró-Cidadania, Selo Empresa Socialmente Responsável da ACP etc.

Externamente, a empresa A não utiliza regularmente a mídia de massa para a divulgação de suas ações sociais. Toda a ação publicitária, como já vimos, está concentrada na sua matriz em São Paulo. Esta conta com um departamento de marketing que, entretanto, não trata das questões sociais.

A empresa, porém, já percebeu a importância de divulgar suas ações. Sistematicamente, a unidade de Curitiba realiza encontros com seus fornecedores, colocando em pauta questões que envolvem qualidade e cidadania corporativa, exigindo não somente excelência técnica de seus parceiros como também ética e responsabilidade social perante suas comunidades internas e externas. Em 2001, em virtude de alguns excelentes resultados conquistados no campo das ações sociais, o gerente de Recursos Humanos e Relações Institucionais da fábrica de Curitiba passou a acumular o cargo de diretor de Assuntos Corporativos da empresa no Brasil, incumbindo-se de estender a experiência paranaense às outras unidades nacionais. Assim, o Programa Ações A1 passou a ser corporativo. Também no final de 2001, contratou-se uma agência

---

[17] Convites, *banners*, *frontlights* na área da fábrica, faixas, cartazes, camisetas etc.

ESTUDOS DE CASOS

paulista para desenvolver a comunicação externa das ações sociais, agregando-as à imagem corporativa. Assim, em dezembro daquele ano, publicou-se num caderno especial da *Gazeta Mercantil* o primeiro anúncio corporativo enfocando a prática social.

Na unidade de Curitiba, com a transformação do grupo de voluntários em ONG, no final de 2001, os voluntários instalaram uma loja que comercializa produtos para os públicos interno e externo. São canecas, canetas, blocos, faqueiros, chaveiros, camisetas etc. que trazem o nome do Conselho de Voluntários, resultado de uma parceria com fornecedores de brindes que atendem a empresa. A verba arrecadada reverte para o Conselho de Voluntários, que a utiliza de acordo com as necessidades das ações sociais propostas.

Por fim, vale ressaltar que, embora bem aceito pela comunidade interna, apenas 600 funcionários participavam das atividades do grupo de voluntários da empresa A, ou seja, apenas 19% de todo o pessoal da unidade de Curitiba. Também, por motivos específicos, a empresa A não elaborava (nem publicava) seu balanço social.[18]

A visão de responsabilidade social

A empresa A não especifica claramente sua visão e missão, mas adota a chamada política da qualidade, assim definida no *Manual de integração:*

> A Empresa A — Fábrica de Curitiba — assume o compromisso de praticar, em todos os níveis da empresa e por todos os colaboradores, os seguintes princípios:
>
> ❑ atender às solicitações dos clientes;
>
> ❑ atingir as metas de qualidade, melhorando continuamente;
>
> ❑ estimular o treinamento e desenvolvimento.

---

[18] Por ser de capital fechado e ligada a uma fundação mundial, a empresa não é obrigada a publicar balanços financeiros ao final de seus exercícios fiscais. Assim°, sua direção optou por não realizar balanços sociais, que poderiam gerar questionamentos indevidos sobre a inexistência de balanços financeiros.

80 RESPONSABILIDADE SOCIAL EMPRESARIAL

A compreensão da responsabilidade social por parte dos diferentes atores que conduzem as ações sociais da empresa decorre em parte da visão de seu fundador, expressa nas *Regras para a Administração Patrimonial da Empresa A*, publicadas em 1935: "Meu objetivo é, além do alívio de necessidade, atuar, acima de tudo, na elevação das forças morais, sanitárias e mentais. (...) Serão promovidas: saúde, educação, formação, promoção de talentos, reconciliação dos povos e tais (...)".

No livro contendo o histórico da empresa (material interno), especificamente no capítulo dedicado à memória de seu fundador, encontram-se algumas citações que sinalizam o conjunto de ideias resgatado na empresa:

> Fui criado democraticamente. Trabalhei como mecânico e cresci entre o povo. O movimento socialista que poderosamente e energicamente começou nos anos 70 do século passado me atraiu muito. A municipalidade, tendo medo do socialismo com sua postura divisória, era cada vez mais incapaz de entender o que seria justo no socialismo, que criou a lei socialista. Em vez de criar válvulas de segurança social, ela fechou as aberturas que apareceram inevitavelmente e que poderiam deixar ter escapado a fumaça perigosa. (...) Introduzi já cedo — no ano de 1906 — o horário de trabalho de oito horas porque considerei mais econômico e mais suportável para a conservação da mão de obra humana.[19]

Essa visão formou a cultura da empresa A, amplamente disseminada em suas diversas unidades instaladas em diferentes países. Tal orientação, reforçada pelas práticas da empresa, contribui para que haja uma perspectiva comum ou uma visão quase consensual a respeito da responsabilidade social da empresa.

A visão do 1º nível

Na visão da alta administração, a responsabilidade social de uma empresa está alicerçada em seu envolvimento responsável e ético com as comunidades internas e externas, incluindo desde suas responsabilidades econômicas até suas dimensões mais amplas (filantrópicas ou discricionárias). Nessa perspec-

---

[19] No seu país de origem, o horário de trabalho de oito horas diárias foi consolidado somente em 1919.

Estudos de Casos   81

tiva, as ações sociais devem contemplar as características de autossustentação e contribuir para mudanças na sociedade.

> Responsabilidade social de uma empresa é a realização completa do papel para o qual a entidade existe, ou seja, a realização do objetivo econômico para o qual ela é criada através de produtos e serviços que contribuam para a solução de problemas/necessidades da sociedade, realizando essa atividade de forma a contribuir com a sociedade sob sua influência (público interno e externo).

Também é evidente a crescente importância atribuída à responsabilidade social nos meios acadêmicos e empresariais, bem como a necessidade de se adequar o discurso à prática. Na verdade, a responsabilidade social é vista aqui como algo essencial na concepção de uma empresa, sobretudo nos dias de hoje, quando o agravamento das disparidades sociais impõe um maior envolvimento da organização com as comunidades próximas. O caráter assistencialista ou puramente filantrópico cede lugar a uma visão de longo prazo, de caráter educacional, envolvendo a formação de cidadãos.

> Eu compreendo [a responsabilidade social] como um papel que *antes era um papel secundário, mas sempre foi um papel da empresa a sua ação externa*. (...) Hoje isso toma uma forma mais básica, é uma necessidade premente que as empresas têm de dar a sua contribuição social para a comunidade onde elas estão. *Isso não é demagógico, isso é uma necessidade do mercado*, uma necessidade que se impõe às empresas. Ao fazer isso, as empresas devem tentar se organizar para que não fique uma coisa muito assistencial, muito a curto prazo, para que elas não entendam que fazem responsabilidade social fazendo pequenas doações, pequenos projetos, sem focar uma linha de médio e longo prazos. *Entendo que responsabilidade social da empresa, portanto, é ela ensinar a comunidade a evoluir, é dar autonomia para essa comunidade. Assim, as ações de responsabilidade social devem gerar desenvolvimento sustentável*. Isso é responsabilidade social. A partir do momento em que as empresas ajudam a ensinar a comunidade a crescer. Qualquer outra coisa, qualquer outro foco de ação, ou pode ser uma estratégia para se chegar a esse fim, ou é simplesmente uma visão assistencialista — e hoje há muitas dúvidas se isso é pior ou melhor.

82 RESPONSABILIDADE SOCIAL EMPRESARIAL

Com relação ao exercício da responsabilidade social pela empresa, a alta direção acredita que, no caso da empresa A, isso se dá a partir de uma produção adequada e de uma valorização do elemento humano.

> Acredito que a nossa empresa exerce sua responsabilidade social baseada em três elementos principais. Primeiro, *por oferecer produtos/ serviços que buscam solucionar demandas da sociedade com conteúdo tecnológico adequado ao meio ambiente* (consumo de energia, consumo de combustível, poluição ambiental, nível de ruídos dos veículos etc.). Segundo, por fazer isso *respeitando as regras de boa conduta profissional e de negócios.* Terceiro, por propiciar nesse processo *o crescimento profissional, pessoal e social de seus colaboradores, levando à comunidade externa os benefícios de seu conhecimento e poder econômico.* Na prática significa: programas de treinamento e desenvolvimento, ações beneficentes (quando adequadas), incentivo ao trabalho voluntário etc.

A alta direção reconhece que uma vocação socialmente responsável decorre da postura de seu fundador como valor incorporado na empresa.

> Nossa empresa começou a fazer esse trabalho — na verdade *ela faz esse trabalho — há muitos anos, porque seu fundador era uma pessoa voltada para a questão social.* Evidentemente em outros níveis ou de outras formas, porque, em países que evoluíram mais rapidamente que o nosso, a ação social é concentrada de outra maneira. *De qualquer maneira, ele sempre manifestou-se favorável ao exercício dessa ação externa. Então, isso é um valor incorporado na empresa.*

Também a evolução do conceito e da aceitação da responsabilidade social, tanto interna quanto externamente, fica evidenciada com a constatação de que as ações da empresa mudaram de rumo nos últimos anos. A substituição do caráter assistencialista por projetos de autossustentação ratifica o comprometimento de longo prazo, ressaltando a importância da existência de um foco e da aferição de resultados.

> Aqui em Curitiba, começamos um grande projeto em 1994, no sentido de estimular nossos funcionários a trabalharem como voluntários, a desenvolverem ações de maior efetividade. Não fomos bem-sucedidos. Os funcionários não entenderam, nem a própria comunidade entendeu bem o que a empresa tinha a ver com isso. Então, foi muito in-

Estudos de Casos

teressante esse processo. *O que hoje é uma necessidade, oito anos atrás era uma coisa estranha, mal compreendida.* (...) Então, o que aconteceu: não conseguimos levar esse projeto para a frente. Criamos uma estrutura e acabamos desenvolvendo ações mais assistencialistas, trabalhando em creches, asilos. Tivemos uma etapa com uma ação social bem básica, bem assistencial. A partir de 1999, resolvemos mudar esse conceito, tentar já incorporar essa natureza da responsabilidade social, que se refere a uma influência de maior impacto na sociedade. Havia portanto um ambiente favorável, tanto externo quanto interno. Esse tema já estava bem assimilado pela sociedade. Então, começamos a fazer um trabalho um pouco mais elaborado. *Hoje estamos num estágio em que posso dizer que nossa empresa pratica a sua responsabilidade social com um foco efetivo de autossustentação. Não estamos fazendo mais ações de curto prazo.* Não queremos mais fazer. Às vezes você faz uma ou outra. Mas não precisamos mais fazer, não queremos mais fazer isso. *Queremos que a comunidade tenha autonomia, estamos indo para a Vila X, mas estamos indo para lá para sair de lá. Nosso objetivo é entrar na Vila X para sair de lá o mais rápido possível. Sair de lá o mais rápido possível significa dar condições para que aquele lugar evolua por si.* Hoje, todas as ações, ou melhor, 90% das nossas ações se concentram na Vila X. Isso é uma premissa importante das ações sociais, *não dá para dispersar muito, você tem que concentrar mais as ações, fazer projetos, medir projetos, avaliá-los.*

A visão do 2º nível

Nos níveis intermediários percebe-se também que a visão de responsabilidade social tem um amplo raio de ação e está bastante caracterizada pelo desenvolvimento sustentável. O esforço conjunto de sociedade civil, governo e empresas também é reconhecido como um instrumento legítimo para que as ações sejam desenvolvidas.

Entendo que a responsabilidade social de uma empresa é bem abrangente. Não fica apenas na questão da preocupação com o resultado do seu produto ou o que ele vai trazer em termos de conforto para a sociedade. Ela vai além, *nas ações que a empresa poderá estar implementando, seja com impacto nos órgãos públicos, seja na própria comunidade, com ações culturais, ações educativas e até, em menor escala, com alguma ação filantrópica, desde que essa ação filantrópica seja uma preparação para ações que vão gerar a sustentabilidade dessa sociedade ou dessa comunidade.* As possibilidades de se atuar com responsabilidade social são bem abrangentes. Tudo aquilo que vá trazer um determinado benefício para a comunidade pode ser visto como responsabilidade social, desde que seja em conformidade com a atitude ética da empresa perante a sociedade; caso contrário, não tem nenhuma validade.

Nesse nível também se reconhece que o movimento da responsabilidade social está em fase inicial no Paraná, ficando evidente uma preocupação com sua continuidade. Rechaça-se aqui mais uma vez o caráter puramente filantrópico e descompromissado.

Eu vejo assim esse início do movimento pela responsabilidade social: hoje, eu acho que as empresas estão ainda bem devagar, principalmente aqui no Paraná. São ainda empresas com ações pontuais, somente empresas grandes. A gente vê que em São Paulo e no Rio tudo isso é muito mais divulgado e trabalhado. *Então, aqui a gente ainda tem algumas restrições na questão de abrir um pouco mais o balanço da empresa, na questão de doação mesmo. As empresas muitas vezes doam, mas não querem nem saber para onde foi o dinheiro. Nisso tem que haver mais responsabilidade.*

Reconhece-se a prática da responsabilidade social a partir da compreensão dos anseios internos, do incentivo à educação, da atuação junto à comunidade objetivando melhorias na sociedade e a valorização do trabalho voluntário.

A unidade de Curitiba da empresa A vem exercendo [sua responsabilidade social] de forma bem abrangente. Vem buscando junto à comunidade uma forma de sempre estar realizando essa responsabilidade social, observando e entendendo as informações que a comunidade vai emitindo. Mas não só a comunidade externa; também a comunidade interna, os colaboradores, o que eles vêm trazendo é muito bem utilizado pela empresa. Então, pode-se chamar de uma parceria. *Nossa empresa acaba traduzindo os anseios internos em ações externas, ela tem capitalizado isso de uma maneira positiva, que aparece principalmente no trabalho voluntário.* Mas não fica nisso o trabalho que a empresa faz. Ela vem fazendo um esforço muito grande na área da educação, junto com a grande maioria das faculdades e universidades do Paraná. Outra coisa é o papel dos quadros gerenciais e mais espe-

ESTUDOS DE CASOS

cializados, que passam a ter facilidade para organizar grupos informais, o que é também uma forma de estarem contribuindo com seu know-how interno para a melhoria da sociedade.

O planejamento e a mensuração são destacados como essenciais para o efetivo exercício da responsabilidade social. Também é valorizada a utilização de programas próprios, concebidos internamente.

Eu acho que a empresa A está exercendo hoje, em Curitiba, sua responsabilidade social com muita clareza. *Trata-se de um projeto que teve um início e que tem todo um planejamento para ter um resultado. Isso está sendo muito estudado.* Não é uma coisa do tipo "vamos fazer para ver no que vai dar". Esse Projeto A2, que na minha opinião é o que melhor caracteriza a nossa responsabilidade social, *tem um foco: a educação. E dentro desse foco a gente tem todo um planejamento, as ações são sempre muito bem planejadas, a gente quer trabalhar com indicadores, trabalhar com metas.* Então, eu acho que o projeto da empresa vem com bastante cautela e vai-se desenvolvendo a partir das ações. Cada intervenção é estudada e repensada, se necessário. E um diferencial grande que eu vejo na empresa é essa coisa do investimento empresarial. *A empresa A, ao contrário de outras, está envolvendo cada vez mais seus colaboradores nesse projeto. Isso faz com que ele fique muito mais amarrado. As pessoas ficam mais comprometidas com o trabalho. Não é algo externo, como quando vem uma consultoria e vende um produto. Aí o público interno nem sabe o que está acontecendo, o setor de RH não está nem aí para isso. Aqui, não: tem um setor da empresa que está trabalhando especificamente com isso.* E todas essas ações são vistas por todos que estão aqui dentro. Isso torna a coisa mais forte, é um diferencial importante que está fortalecendo ainda mais o trabalho.

No setor responsável pela comunicação da empresa, a responsabilidade social é vista como um conjunto de ações que deve gerar ganhos para todos os *stakeholders*, aliando responsabilidade a melhores resultados comerciais e, pela primeira vez, a ganhos de imagem.

A responsabilidade social de uma empresa é a forma com que ela busca o sucesso e a sustentação de seu negócio. São atitudes que exigem o mínimo de comprometimento e cumplicidade com as aspirações da sociedade, dos funcionários, dos clientes e dos acionistas. *São ati-*

86 RESPONSABILIDADE SOCIAL EMPRESARIAL

tudes que despertam a admiração do mercado, o respeito da sociedade. São os melhores resultados que um negócio pode esperar para si próprio.

A visão do setor de comunicação em relação ao exercício da responsabilidade social da empresa A sintetiza os principais elementos presentes nos depoimentos anteriores:

A unidade curitibana da empresa A, desde a sua fundação, realiza atividades sociais, voltadas tanto para seus funcionários quanto para a comunidade. Antes de 1999, as ações tinham mais um cunho filantrópico e assistencialista, não se pensava no desenvolvimento sustentável e na educação continuada. A partir daí, com o Programa Ações A1, conseguimos modificar o pensamento dos funcionários, *e a empresa aprendeu que o desenvolvimento e a autossustentação através da educação são um bom modelo de responsabilidade social.*

A visão do 3º nível

Nos níveis operacionais,[20] a visão de responsabilidade social também ultrapassa os limites da empresa, estendendo-se à comunidade.

Empresas com responsabilidade social eu entendo que são empresas que colaboram com creches, orfanatos, que ajudam, como a nossa, em trabalhos de autossustentação para instituições. Também ajudam na conservação da Mata Atlântica, dos rios... Tudo isso constitui a responsabilidade social de uma empresa.

Quanto ao exercício da responsabilidade social por parte da empresa A, valoriza-se especificamente a responsabilidade social externa.

A empresa A vem exercendo sua responsabilidade social através de ações como as da Vila X, onde trabalhamos com escolas, fazendo exames médicos em crianças que nunca fizeram um exame, ajudando ou simplesmente dando ideias para melhorar as instituições, entre outras coisas. Basicamente trabalhando com crianças, porque elas são o futuro. Lógico que temos que ajudar também o adulto, mas os investimentos maiores devem ser nas crianças.

---

[20] Foram entrevistadas pessoas do nível operacional que participam da coordenação das ações sociais na administração das atividades do Conselho de Voluntários.

ESTUDOS DE CASOS

O pleno exercício da responsabilidade social externa só se obtém com respaldo da empresa.

Na minha opinião, ela vem exercendo a sua responsabilidade através do Projeto A2 e de outros projetos desenvolvidos dentro da empresa com os colaboradores, como os *rallies* de ações sociais ou os *rallies de coletas de alimentos e arrecadação de roupas, enfim, tudo o que a gente faz com suporte da empresa.*

A visão de marketing social

Contrariamente à noção quase consensual a respeito da responsabilidade social, a visão de marketing social é bastante diversificada, não só entre os diferentes níveis, mas também entre as pessoas de um mesmo nível. Isso se explica em parte pelas diferentes formações e vivências dos entrevistados, em parte pelas escassas, variadas e até mesmo contraditórias abordagens do tema por parte da literatura e da comunidade empresarial.

A visão do 1º nível

A alta administração trata a questão de maneira cautelosa, acreditando que o marketing social é pouco utilizado pela empresa A. Nessa perspectiva, o marketing social não está vinculado a uma estratégia do negócio.

A empresa tem por cultura uma atitude de pouca exposição na mídia *(low-profile)* e, *portanto, não faz do marketing social um instrumento de negócios.* Normalmente a empresa divulga suas ações com o objetivo de torná-las uma referência externa (para clientes, fornecedores etc.) e interna (orgulho, motivação dos colaboradores etc.).

Na visão da alta direção, o marketing social é uma estratégia de marketing voltada basicamente para a construção ou ganhos de imagem. Reconhece-se a inexistência de uma estratégia de marketing para fins sociais.

Não entendo que nós pratiquemos o marketing social como estratégia do negócio da empresa. Temos ações pontuais, isoladas, de alguma área da organização que, percebendo algumas oportunidades, tenta aproveitá-las. *Mas não é uma estratégia da empresa, ela não tem uma estratégia de marketing social.*

88 RESPONSABILIDADE SOCIAL EMPRESARIAL

Admite-se que, para os programas e projetos ganharem maior dimensão e notoriedade, é preciso optar por uma política de comunicação adequada.

> *Falta* a empresa *decidir divulgar* suas ações e sua postura já existentes. Quando isso for feito, talvez os resultados sejam ainda melhores, mais expressivos... Mas teria que ter alguém, um grupo com essa incumbência.

Tal reconhecimento sugere perspectivas para a evolução do marketing social como instrumento de divulgação das ações sociais desenvolvidas pela empresa.

> Hoje, aqui em Curitiba, nós temos uma aceitação, uma visibilidade importante, acredito, no cenário empresarial da região. *Somos reconhecidos como uma empresa focada no social, com uma política de recursos humanos diferenciada. Isso é o que a gente ouve. Internamente, podemos dizer que esse tema trouxe uma relação de trabalho mais consistente, as pessoas se respeitam mais, dificilmente nós temos algum clima de mobilização, acontecimentos inesperados.* Temos problemas, mas a essência da relação permanece, as pessoas se respeitam. *Eu acho que a empresa deveria ter como parte de sua estratégia saber ganhar mais com isso. Hoje ela tem tudo isso sem investir em nada. Se ela fizesse um pequeno investimento em alguma ação de marketing social, como forma de colocar essas atividades, enfatizando mais o que acontece, acredito que os resultados seriam muito melhores. Se ela estiver estruturada também para esse fim, ela conseguirá um grande retorno de imagem. Se ela fizesse um pequeno investimento, acredito que esse retorno seria fantástico.*

Juntamente com a preocupação com uma divulgação maior, destaca-se a importância de uma mensuração dos resultados das ações sociais, sugerindo assim a necessidade de estruturação de um modelo de marketing social. Segundo essa visão, os temas da responsabilidade social e do marketing social devem ser tratados como prioritários na agenda dos dirigentes.

> *Quando você não mensura uma coisa dentro de uma empresa, você sempre tem a sensação de estar fazendo mais do que deve. Tem muita gente que atua na área social que não quer medir porque se fizer isso a empresa não libera mais nenhum recurso.* Quando na verdade deveria ser o contrário. Isso deveria ser medido para a empresa ver como é

ESTUDOS DE CASOS

barato. O custo disso é pequeno comparado ao efeito. *Então, um ponto fraco ainda é essa postura, essa visão secundária que o empresário tem desse tema. A falta de mensuração é questionada por todos.* Qualquer coisa que você faz na sua vida e que você não mensura fica inconsistente. Em algum momento alguém vai questionar. Evidente que a alta direção está mais próxima disso porque ela tem essa meta de resultados. Mas eu tive surpresas muito agradáveis agora com essa minha nova função, ao ouvir o diretor-geral da empresa [referindo-se à matriz de São Paulo] liberar, por conta dele, um valor que eu nem havia pedido. Então a gente percebe que há resultados. Quando você deixa a coisa mais consistente, quando você trata a responsabilidade social como um projeto da empresa, ligado a estratégia, o que vamos ganhar, quais as oportunidades e ameaças, os pontos fracos e fortes, ela se mantém. Corre-se mais riscos, mas ela se mantém. *A ação social não pode ser escondida. Ela tem que transparecer. Tem muita gente que trabalha escondido. Não mostra para a empresa que está fazendo isso porque eles não vão gostar. Isso é bobagem.*

A visão do 2º nível

Nos níveis intermediários, percebe-se uma postura mais enfática. Nega-se o marketing social porque este é visto unicamente como ações de comunicação externa (publicidade e propaganda) na mídia de massa. No entanto, a ética é colocada como base para as ações de responsabilidade social, sendo o marketing social entendido como uma consequência desse processo.

> *Eu digo que a fábrica Curitiba não pratica o marketing social* baseado na seguinte questão: nossos produtos aqui da Curitiba, que é uma fábrica de equipamentos e componentes, são produtos muito específicos. Nós temos um grupo pequeno de clientes, 70% estão no exterior. Então você não vai ver na nossa mídia propaganda do produto que é fabricado em Curitiba. São propagandas bem especializadas para aquele grupo de empresas. Assim, não teríamos por que fazer alguma coisa apenas para ajudar a vender o nosso produto. *Eu digo assim: a fábrica Curitiba realiza ações de responsabilidade social pelo verdadeiro sentido ético da responsabilidade social empresarial. Se surge algum entendimento, algum trabalho, alguma ação que se caracterize como marketing social, ela é pura consequência de uma atitude ética, de uma postura ética da fábrica Curitiba.*

90 RESPONSABILIDADE SOCIAL EMPRESARIAL

Outro entrevistado, também do nível intermediário, embora admitindo conhecer pouco o tema, acredita na necessidade de estruturar uma política de marketing social, de ver nisso um processo, o que revela um entendimento do conceito em seu sentido mais amplo.

> *Eu não entendo bem o que seja marketing social.* Eu acho assim: a empresa tem toda uma estrutura, o trabalho tem toda uma estrutura, até em marketing também. Só que *eu acho que isso ainda não é desenvolvido da maneira que deveria ser. A gente tem a visibilidade. Existe isso. Mas não da maneira que deveria ter.* Esse foco na educação no trabalho ainda não está muito evidente. *As próprias pessoas que se beneficiam desse trabalho ainda não têm essa visão adequada.* Nem mesmo os nossos funcionários. Os que estão mais perto, que são os voluntários, que sabem qual é a nossa missão e quais são os nossos objetivos, esses entendem. Mas eu acho que ainda é necessário muito trabalho nessa questão de marketing. *Ainda não se trabalha isso como um processo* — estou falando do A2. Outra coisa é saber de fato o que é marketing social. *A gente precisava ter uma definição talvez mais estudada ou elaborada do marketing social. Só assim poderíamos entender um pouco mais e trabalhar o marketing social. Eu confesso que não sei se faço ou não marketing social no A2.*

Nesse nível, a compreensão das possibilidades de desenvolvimento de um programa de marketing social ultrapassa os limites da unidade de Curitiba. Também ressalta-se o oportunismo de muitas ações de marketing que determinam ações sociais.

> Na fábrica Curitiba nós temos tido, como consequência das próprias ações, um reconhecimento muito forte da comunidade curitibana. Fala-se muito a respeito do que a nossa empresa está fazendo, mesmo ela não se preocupando com a divulgação permanente do que está fazendo. Ela não está fazendo isso como marketing social, hoje ela não faz. *Acredito que, se a empresa, não só Curitiba, quiser ter um impacto mais forte na sociedade brasileira com o que ela faz de responsabilidade social — e eu acho que isso já está sendo desenvolvido pela empresa —, será preciso um comprometimento maior da área de marketing, mas com o verdadeiro entendimento do que é responsabilidade social, dando ênfase ao social, e não ao marketing, usando o marketing apenas como uma ferramenta.* O que a

Estudos de Casos 91

gente vê hoje no mercado, nos outros locais, é o contrário. Cria-se uma ferramenta de marketing e então vai-se buscar alguma ação social para encaixar ali. O marketing determina a ação. E deve ser o contrário. A ação social é que deve ter estrutura para mostrar o que ela é realmente, e sua consequência será mais positiva porque ela terá mais consistência, será mais permanente. Não vai ficar como uma coisa efêmera, só do marketing, como uma propaganda que veio, fez sucesso e passou.

Outro entrevistado, queixando-se do pouco envolvimento da comunidade interna, também fala da necessidade de estruturar um marketing social que contribua para maior mobilização das partes.

Muitas ações já apresentaram bons resultados. Mas parece que ainda não tocou. *Eu não sei o que falta, talvez mais marketing, mais visão, mais sensibilidade. Ainda não pegou todos.* Porque a gente já trabalha com ações sociais desde 1999, e foram ações grandiosas. *Você vai numa palestra onde tem um gerente da empresa falando, ou numa faculdade onde tem um aluno que é chefe da empresa, a gente sempre escuta ele falar daquilo que é feito pela empresa. Mas nem sempre você vê que eles estão ali. Eles levam para fora, mas nem sempre participam. Eu vejo que já tem uma notoriedade externa maior do que interna, infelizmente.* As parcerias que a gente fez nesse projeto social são grandes porque envolvem todo o poder público, as universidades, o Sesi, que é uma instituição muito grande e poderosa do Paraná. Então essas parcerias dão notoriedade, mas a gente precisa trabalhar um pouco mais internamente para que isso saia daqui, de dentro para fora.

Ao contrário dos setores que não identificam a prática do marketing social, o setor responsável pela comunicação reconhece claramente a sua existência, embora evidencie suas limitações no caso da empresa A. Reconhece que o aprendizado das questões sociais tem mostrado a importância da divulgação de tais ações e que o marketing social, ainda que de maneira empírica, tem procurado se estruturar dentro da empresa.

Sim [respondendo à questão sobre a prática do marketing social], *mas não com todas as suas facetas. Na hora de planejar, somos bons nas ações e extremamente criativos, mas não temos verba programada e definida.* Na hora de fazer, os funcionários e a empresa dão um *show*, e

92 RESPONSABILIDADE SOCIAL EMPRESARIAL

acredito que poucas empresas no Paraná tenham tantos programas e benefícios para funcionários e comunidade. *Na hora de divulgar, pecamos um pouco, porque não é da cultura da empresa falar sobre o que faz. Desde 1999 estamos quebrando um pouco esse paradigma e mostrando que é bom divulgar. Desde então nosso corpo gerencial realiza mais palestras, atende com mais frequência a imprensa, obtém melhor feedback dos funcionários e outros.* Só que essa divulgação peca em alguns aspectos, sendo o endomarketing muito melhor que a divulgação externa. Como a nossa empresa está aprendendo a não ter medo de divulgar o que faz, é provável que nessa área ainda tenhamos muita evolução. *Só acredito que não fazemos marketing social totalmente porque isso que expliquei não é programado na sua totalidade e ainda não existem políticas definidas sobre a responsabilidade social.*

A visão do 3º nível

No nível operacional percebe-se uma visão simples, que acredita na prática do marketing social, embora reconhecendo um limitado entendimento do termo.

Pratica, sim, o marketing social porque, onde temos encontros, sempre se ouve falar do grupo de voluntários, dos trabalhos e dos projetos que a empresa vem fazendo. Isso é uma divulgação tanto da marca como também do nome e dos seus produtos. E para o cliente isso também vai gerar uma visão diferente porque ele vai comprar um produto de uma empresa que pratica a responsabilidade social.

Embora não haja aqui preocupação com o planejamento e com a implementação das ações sociais, os ganhos de imagem estão atrelados à percepção do marketing social.

Eu não entendo muito sobre o marketing social, mas acredito que a empresa o pratica, pois, quando sai o nome da empresa em algum evento, eu acredito que isso é marketing social.

Na minha opinião pessoal, eu acredito que as empresas que no futuro não fizerem um trabalho social serão cobradas pela população. À medida que a população vai-se conscientizando — aquela empresa ganha tanto e não é capaz de plantar uma árvore, de ajudar um asilo —, isso vai diminuir a aceitação dos produtos daquela empresa. *Eu acho que a*

ESTUDOS DE CASOS

empresa optou por isso. Pela falta que havia de um maior envolvimento. Eu acho que eles queriam se envolver e ajudar mais as pessoas. No futuro, isso será excelente para a marca A.

No nível operacional, percebe-se a intensificação do marketing interno com a consequente valorização do local de trabalho e do sentimento de pertencer à organização por parte de seus funcionários.

Hoje, em qualquer lugar que você entre, se você fala que trabalha na empresa A, alguém já ouviu sobre algum trabalho que a gente fez, ou já liga com a Vila X, porque a repercussão da Vila X é muito grande. Já houve pessoas perguntando quando a empresa ia terminar com a Vila X e ir lá para o Tatuquara,[21] por exemplo. Já há uma divulgação grande. Eu vejo o impacto assim, eu digo por mim, que *me sinto muito orgulhosa, quando chego lá fora e alguém vem me falar que a empresa A está fazendo um trabalho bonito. Me sinto orgulhosa de trabalhar aqui.*

A gestão social

A questão da gestão social mereceria outro estudo mais aprofundado, uma vez que a observação direta constitui a principal forma de sua avaliação e para tanto exige um relacionamento mais intenso e uma participação mais efetiva no dia a dia da organização. Por ser um tema menos debatido do que a responsabilidade social, as observações e afirmações referentes à gestão social precisam ser identificadas nas entrelinhas das entrevistas. Entretanto, alguns posicionamentos interessantes podem ser destacados.

A capacitação dos profissionais da empresa A e o incentivo dado por ela na educação de seus funcionários sem dúvida permitem um avanço nas questões que necessitam ou envolvem maior poder de argumentação. Também a recente restruturação da empresa, reduzindo seus níveis hierárquicos, permite uma troca maior de informações.

A alta direção avalia a gestão social e o trabalho de responsabilidade social, tanto no ambiente interno quanto no externo.

---

[21] Bairro da região sul de Curitiba onde boa parte da população vive em precárias condições econômicas e sociais.

Tudo isso contribui [referindo-se às práticas da empresa] para um clima interno favorável, que resulta também em melhoria de *qualidade no trabalho* e, por fim, em melhoria no negócio. Estabelece, no mínimo, um padrão de decisão/pensamento que vai além daquele unicamente dos negócios (foco no resultado monetário, curto prazo etc.), permitindo *uma visão mais holística do papel da empresa na sociedade* e uma postura receptiva por parte de instituições, governo etc. na discussão de temas polêmicos, em vista da atitude socialmente responsável que a empresa apresenta. (...) A gestão social da nossa empresa tem-lhe garantido, perante a comunidade, a imagem de empresa séria, ética e responsável. Esses atributos têm garantido o respeito da comunidade, instituições e órgãos governamentais.

Os funcionários são apontados como os principais beneficiados pela adoção do modelo de gestão social.

Considero que os empregados são os maiores beneficiados porque eles têm a *chance também de crescer como pessoas e desenvolver um papel social mais amplo* num processo crescente.

A diretoria destaca a integração dos funcionários como o grande avanço proporcionado pelas novas medidas e o melhor entendimento do papel da empresa por parte de seus membros. Ressalta-se novamente a dificuldade de mensuração.

Internamente tem uma grande vantagem: você consegue estabelecer uma certa *integração natural das pessoas,* você não "força a barra", as pessoas se integram entre elas e com a empresa. Elas entendem mais o que a empresa faz ou deixa de fazer, por que se tomam algumas decisões. Entre os pontos fracos, como é uma atividade ainda não mensurável, ela é sempre muito questionada.

O 2º nível destaca a gestão social como um instrumento de maior aceitação e eliminação de barreiras.

Eu diria que um dos pontos fortes, quando você trabalha numa gestão focada no social, é a fácil aceitação da comunidade, seja interna ou externa. *O apelo do social elimina possíveis resistências quando os argumentos são outros.* Então, isso é um ponto forte que favorece o encaminhamento. Um ponto fraco que pode também advir daí é a di-

ESTUDOS DE CASOS

ficuldade de manter esse tipo de gestão. Você tem que estar se atualizando permanentemente, ter uma grande força de criatividade para ir gerando isso e uma rede forte. Ainda *é necessário um trabalho forte na área da comunicação* para que isso seja realmente compartilhado, divulgado, multiplicado, para transformar num ponto forte toda essa ação que você está realizando.

Um comentário da assistente social a respeito da melhora nos relacionamentos internos evidencia a importância do comprometimento das chefias para a evolução das ações sociais. Também o confronto entre discurso e prática é exposto nas suas argumentações.

> *Outro ponto que eu vejo melhorar a cada ano é a questão dos relacionamentos, das relações internas. As pessoas ficam muito mais abertas para as relações, começam a discutir e a conversar mais, a colocar seus pontos de vista e a ter seu espaço.* Quando entrei aqui na empresa, ouvia que tudo era muito democrático, que as pessoas falavam o que achavam etc. *Mas aí a gente vê que não é bem assim, é uma empresa, tem toda uma hierarquia.* Com todo esse trabalho, não só dos voluntários, a gente consegue facilitar as relações. A gente vai, a gente conversa. *À mesma mesa sentam-se todas as pessoas que queiram trabalhar naquela ação, seja chefe, gerente ou operador.* Isso vem se fortalecendo cada vez mais dentro da empresa. As conquistas também. Aos poucos, esse pessoal que trabalha mais nas ações sociais vem conquistando muita coisa e, pelo que percebo — e eu só tenho três anos aqui nesta empresa —, tem-se conseguido muita coisa. Coisas que sempre se quis há muito tempo. Essas conquistas estão ficando muito fortes. A empresa vem valorizando as ações que o pessoal faz. Isso fortalece ainda mais o pessoal. Tanto na questão do trabalho da empresa como pelo fato de ser da empresa. (...) *Na questão dos pontos fracos, ainda falta comprometimento das lideranças, das chefias, dos gerentes.* A empresa infelizmente ainda não fez com que esse pessoal percebesse todo esse movimento. Eles até perceberam, mas ainda ficam de fora. Parece que esperam para ver no que vai dar, pensando que pode ser que isso acabe, e nesse caso a pessoa não se comprometeu. Isso ainda dificulta muito o trabalho.

O apoio da diretoria é destacado, especialmente no tocante à divulgação dos projetos e à necessidade de maiores investimentos no público interno.

96 RESPONSABILIDADE SOCIAL EMPRESARIAL

Sabemos que em muitas empresas os programas não conseguem decolar porque a chefia da empresa não apoia, mas aqui o apoio é grande. Como pontos fracos cito o medo de divulgar números e dados importantes para o projeto caminhar. Também sempre faço críticas porque não nos inscrevemos em órgãos que podem dar apoio tanto nos projetos quanto na divulgação, como é o caso do Ethos e similares. Até hoje não consegui me convencer por que não participamos dessas instituições. *Outro ponto fraco é a falta de mais programas que visem o desenvolvimento do funcionário e de sua família.* No ano que vem, estaremos com o Programa Amanhã, que tem como objetivo dar formação técnica básica para filhos de funcionários.

Também no nível operacional (3º nível), o espaço dado ao funcionário é reconhecido.

Um dos pontos fortes é o espaço que a empresa dá para a gente participar, fazer o nosso trabalho. E o fraco ainda é conseguir voluntários para o nosso grupo, para o nosso trabalho. Nós temos poucos voluntários hoje que participam disso. É difícil você chegar até a pessoa, porque nem todos têm o espírito de voluntário. Só que para você desenvolver esse espírito é difícil. Você tem que conseguir chegar até a pessoa ou fazer com que ela acompanhe uma ação social. E ela tem que ir, tem que participar para poder sentir-se atuante.

A prática e o discurso: análise e considerações

A responsabilidade social da empresa A pode ser identificada no discurso e na prática. Quanto ao discurso, os principais atores apresentam visões similares e complementares a respeito do tema de acordo com as definições contemporâneas, principalmente aquelas apresentadas por D'Ambrósio e Mello (1998), Melo Neto e Fróes (1999), McIntosh e colaboradores (2001) e Ashley (2002). O exercício da responsabilidade social extrapola as dimensões econômicas e legais destacadas por Ferrel e coautores. (2001) atingindo os níveis éticos e filantrópicos. Na empresa, a compreensão da responsabilidade social deriva da ética empresarial e da postura de seu fundador, na busca da cidadania empresarial. Tal concepção parece ter sido comprovada na unidade de Curitiba, estendendo-se às demais unidades da empresa.

O exercício da responsabilidade social na unidade de Curitiba baseou-se inicialmente na filantropia, evoluindo mais recentemente para ações menos as-

Estudos de Casos 97

sistencialistas e de autossustentabilidade. Essa mudança coincide com o maior destaque dado ao tema nas discussões empresarias e acadêmicas e na literatura específica a partir dos anos 1990. Naquela unidade, a responsabilidade social da empresa contemplou primeiramente a gestão social interna, para em seguida valorizar a gestão social externa, plenamente de acordo com o gráfico de estágios da responsabilidade social corporativa proposto por Melo Neto e Fróes (2001). Assim, a empresa A já está passando para o terceiro estágio, o da gestão social cidadã. Na avaliação da responsabilidade social interna, a empresa parece ter priorizado a gestão de benefícios e remuneração, a gestão dos direitos dos empregados, a gestão do ambiente de trabalho e a gestão do crescimento pessoal dos empregados. Vale mencionar aqui o trabalho de valorização dos talentos internos, das habilidades individuais de cada funcionário. Como o trabalho externo ainda está em franco desenvolvimento, devem ficar para um futuro próximo as etapas de avaliação do relacionamento com a comunidade e do impacto exercido pelas ações da empresa.

Quanto às 14 diferentes visões de responsabilidade social expostas por Melo Neto e Fróes (2001), foi possível identificar na empresa A as seguintes: a responsabilidade social como atitude e comportamento empresarial ético e responsável; como estratégia de relacionamento; como estratégia de agregação de valor; como estratégia de recursos humanos; como estratégia social de inserção na comunidade; como estratégia social de desenvolvimento da comunidade; como promotora da cidadania individual e coletiva; como exercício da consciência ecológica; como exercício da capacitação profissional; e, finalmente, como estratégia de integração social.

É difícil dizer se a motivação para o exercício da responsabilidade social deriva principalmente da linha instrumental ou da linha ética, como propõe Ashley (2002). Se por um lado as ações e o discurso apontam mais especificamente para a linha instrumental, de uma prática social objetivando maior consciência corporativa e de um desempenho econômico aliado à diferenciação da empresa A perante as demais, por outro não há como ignorar o componente ético nos registros centenários da empresa. De fato, nesse caso, não há como dissociar a responsabilidade social da lógica econômico-financeira da organização. A unidade de Curitiba parece realmente ter encontrado uma identidade própria (ainda em formação), servindo inclusive de modelo para as demais unidades nacionais. Cabe lembrar, porém, que as características dos públicos interno e externo, bem como as necessidades sociais, variam sensivelmente nas diferentes regiões.

98 RESPONSABILIDADE SOCIAL EMPRESARIAL

Vale ressaltar também a democratização das relações, na medida em que a escolha do tema educação como foco das ações envolveu todos os funcionários. Também com relação à gestão social, se de início o Departamento de Recursos Humanos conduzia estrategicamente as ações sociais, tal como destacado por Lewis e Littler (2001), agora boa parte dessas ações, principalmente as externas, compete aos funcionários através da ONG do Conselho de Voluntários. Constata-se, pois, a transferência de responsabilidade na condução das ações sociais. A empresa A optou por projetos próprios, e não pelo patrocínio de projetos de terceiros. Algumas parcerias têm sido feitas com órgãos do Estado, com a sociedade civil e entidades não governamentais, mas a empresa tem valorizado o potencial criativo interno no desenvolvimento de projetos e na implementação de soluções sociais. Nas entrevistas, todos os níveis valorizaram a maior integração e a maior liberdade de diálogo promovidas na empresa. O trabalho voluntário, muito mais que uma estratégia localizada de recursos humanos, tem servido de base para as demais atividades da empresa.

A questão do marketing social demanda um cuidado maior. As diferentes visões a respeito do tema comprometem seu claro entendimento, revelando uma percepção difusa. A empresa A pratica o marketing social, ainda que não intensivamente, mas o discurso muitas vezes não condiz com a prática. Muitos entrevistados negaram a existência de marketing social, temendo associá-lo a uma conduta oportunista ou afastada da ética. Outros, porém, entendem que a falta de uma política de marketing social põe a perder os resultados já obtidos nas práticas sociais, revelando assim uma percepção da necessidade de estruturar esse setor. Na prática, as ações até aqui desenvolvidas estão adequadas ao conceito de marketing social exposto por Kotler e Roberto (1992).

Ainda não há uma estrutura capaz de atender a todas as etapas de administração do marketing social, principalmente no que se refere a mensuração, planejamento de diferentes projetos simultâneos e ações de comunicação externa. Entre as modalidades de marketing social citadas por Melo Neto e Fróes (1999), a empresa A pratica o marketing de filantropia, o marketing de patrocínio de projetos sociais próprios e, em menor grau, o marketing de relacionamento com base em ações sociais. Se por um lado o trabalho social até aqui desenvolvido gerou resultados positivos e até inesperados, por outro a falta de mensuração já originou alguns questionamentos. A opção pela não estruturação de um balanço social parece estar sendo revista, ainda que de maneira cautelosa. Viu-se que a falta do balanço social diminui a exposição na mídia e enfraquece os resultados das ações, que não ultrapassam em muito o

ESTUDOS DE CASOS   99

âmbito da empresa. Graças à participação em palestras e eventos específicos, a empresa A já é destaque regional no tema da responsabilidade social, mas isso poderia ser intensificado com uma condução mais efetiva do marketing social, tornando-a modelo para muitas outras organizações interessadas em contribuir socialmente.

No caso da empresa A, as entrevistas comprovam que a imagem da marca não é apenas um valor externo, ligado ao alto grau de identificação do público interno com a causa social. Percebe-se também que não há intenção deliberada de associar o nome da empresa às ações sociais como objetivo estratégico, uma vez que a marca do grupo de voluntários predomina sobre a marca da própria empresa A nos projetos de cunho social. Além da necessidade de ampliar a compreensão do conceito de marketing social nos diferentes setores da empresa, seria interessante conferir maior liberdade de comunicação à unidade de Curitiba, uma vez que a distância da assessoria de imprensa de São Paulo ou da agência externa implica maior demora no desenvolvimento das mensagens e a perda de valores relevantes vivenciados naquela unidade.

Especificamente no projeto desenvolvido na Vila X, a empresa A estabeleceu um genuíno envolvimento com a comunidade, transferindo a todos os participantes daquelas ações sociais — funcionários, dependentes e membros da comunidade — um alto grau de comprometimento com a causa social. Internamente, ainda será necessário promover maior estímulo entre os gerentes e as lideranças para que a prática social seja mais disseminada, já que muitas áreas ainda não participam ou não se sentiram motivadas para tanto.

Empresa B

Atividades da empresa B

O Grupo K, denominação dada aqui à *holding* de que faz parte a empresa B, é um conjunto de empresas de capital aberto com uma unidade sediada em Curitiba. O Grupo K iniciou suas atividades no final da década de 1960, e a empresa B, somente em meados da década de 1970.

Ao longo de mais de 30 anos, mediante aquisição e venda de unidades industriais, *joint ventures,* alianças estratégicas e participação em projetos e consórcios, o Grupo K experimentou um acelerado crescimento que alterou bastante

100 RESPONSABILIDADE SOCIAL EMPRESARIAL

sua configuração.[22] No final da década de 1980, o Grupo K adquiriu as instalações industriais de uma fábrica de componentes em Curitiba, onde atualmente está localizada a empresa B. Em meados da década de 1990, com a compra de unidades industriais em outros estados brasileiros e com a participação em alguns consórcios, quando das privatizações então ocorridas, a empresa B deixou de ser uma empresa regional, passando a atuar em todo o país. Hoje o Grupo K tem negócios em diferentes países e conta com aproximadamente 4 mil funcionários.

A empresa B tem atualmente quatro diferentes unidades instaladas, mas este estudo refere-se especificamente à unidade de Curitiba, que conta com cerca de 500 funcionários e está mais adiantada em relação às demais na implantação de programas sociais. A empresa B tem alianças estratégicas com diversas empresas multinacionais e lida com projetos de engenharia, fornecimento de equipamentos e sistemas elétricos, bens de capital, construções e montagens. Sendo assim, presta serviços, integrando soluções nos setores de energia, transporte, estruturas e telecomunicações. Especial atenção será dada aqui ao trabalho desenvolvido pela Fundação B (pertencente ao Grupo K e sem fins lucrativos), que atua nas questões sociais internas e externas.

O exercício da responsabilidade social

O exercício da responsabilidade social da empresa B está ligado ao programa de qualidade e produtividade implantado no início da década de 1990, visando a mobilização e o envolvimento de todas as pessoas da empresa. Dele se originaram diversos projetos[23] que foram reunidos em três subprogramas prioritários: Compromisso, Informação e Transmissão de Conhecimentos, e Costumes e Valores. Juntos, os três subprogramas formaram um processo global denominado Programa B1.

Com o objetivo de fortalecer ainda mais as ações propostas pelo Programa B1, foi criada no final da década de 1980 a Fundação B, entidade sem

---

[22] Em 1990, o Grupo K optou por uma política de crescimento agressiva, visando aumentar substancialmente o seu faturamento anual (US$10 milhões) nos cinco anos seguintes. Quatro anos depois, esse faturamento era superior a US$80 milhões.
[23] De fato, foi no final da década de 1970 que a empresa B começou a implantar seu Sistema de Garantia da Qualidade. Atualmente, a maioria das unidades de negócio da empresa B tem seu sistema da qualidade certificado também através do sistema ISO.

ESTUDOS DE CASOS   101

fins lucrativos ligada a todo o Grupo K e responsável pelos programas internos e externos.

No exercício da responsabilidade social interna foram instituídos vários benefícios que vão além das responsabilidades legais e econômicas. No início da década de 1990 foi implantado o plano de assistência médica, um sistema de autogestão em saúde. Agregada ao plano de benefícios de saúde, uma cooperativa de serviços odontológicos presta atendimento interno, somente para os funcionários, e externo, através de consultórios conveniados, para os funcionários e seus familiares. Além disso, um programa de assistência, conduzido por uma equipe multidisciplinar e supervisionado por uma consultoria externa, atende os funcionários com problemas relacionados a álcool, drogas, estresse e desequilíbrio emocional.

A empresa B oferece bolsas de estudos a seus funcionários, cobrindo até 50% de suas despesas com cursos de idiomas ou cursos de ensino básico e superior. Em 2000 foram concedidas quase 300 bolsas — 20% a mais do que em 1999. Recentemente, a Fundação B criou uma universidade corporativa, a Universidade B (UB), para atender os funcionários da empresa e também a comunidade. A UB tem parcerias externas, mas conta igualmente com instrutores internos, valorizando assim o potencial educador dos funcionários do Grupo K. Ainda através do programa de benefícios, o compromisso da empresa B com a educação se estende aos filhos dos funcionários, que podem receber bolsa de estudos desde a pré-escola até a universidade, incluindo pré-vestibular. Os alunos que obtêm maior média anual são premiados com uma caderneta de poupança.

Um projeto de assistência especial ao ensino e à saúde atende os filhos de funcionários portadores de deficiência mental e/ou física, concedendo-lhes uma bolsa mensal baseada num valor de referência e variável conforme a faixa salarial, o tempo de serviço e a assiduidade do funcionário. Há também o vale-creche, que concede um auxílio mensal para as despesas com educação, alimentação e vestuário dos dependentes com idade entre 0 e seis anos. Esse programa é desenvolvido em parceria com a Prefeitura Municipal de Curitiba. A empresa B contribui mensalmente com o valor necessário para manter uma creche municipal, podendo aí dispor de 140 vagas para crianças de dois a seis anos. Esse benefício é gratuito para os funcionários.

No final da década de 1990 foi lançado um projeto de participação acionária através do qual todos os funcionários registrados na empresa recebem ações preferenciais em quantidades que variam de acordo com o tempo

102 RESPONSABILIDADE SOCIAL EMPRESARIAL

de casa e a avaliação de desempenho. Também com o objetivo de aumentar a motivação e o comprometimento de seus funcionários, a empresa divide com eles seu lucro no final do exercício.

Para incentivar a cultura e a integração dos funcionários, a empresa B criou na fábrica um espaço cultural com biblioteca e painel informativo, aí promovendo também diversas manifestações culturais, como apresentações e encontros.

Externamente são desenvolvidos vários projetos, tanto para a comunidade em geral quanto para os dependentes dos funcionários. Os projetos direcionados à comunidade dão prioridade às áreas de educação e saúde. A Fundação B administra o Departamento de Ação e Promoção Social, instituição filantrópica que presta serviços de assistência social para comunidades carentes de Curitiba. Em 1995, esse departamento começou a promover diversos cursos profissionalizantes em parceria com a prefeitura de Curitiba e de outros municípios da região metropolitana.[24] Através de filantropia, a Fundação B ajuda várias instituições carentes e organizações não governamentais.

Merecem destaque os projetos Profissões B e Capacitação B e a Campanha do Agasalho. O primeiro é um bate-papo quinzenal sobre as diversas profissões com grupos de até 20 alunos de uma escola pública do subúrbio de Curitiba, contando com a participação voluntária dos funcionários da empresa B, os quais são entrevistados pelos estudantes sobre suas atividades profissionais no espaço cultural da empresa. O Capacitação B, outro projeto inovador, é desenvolvido pela Fundação B em parceria com a Secretaria Municipal de Educação e nele os funcionários da empresa B transmitem noções de gestão aos diretores das escolas públicas municipais. Por fim, os funcionários do Grupo K promovem anualmente uma campanha para arrecadar cobertores e agasalhos, que são distribuídos aos hospitais e albergues de Curitiba.

A empresa B mantém um coral e um grupo de teatro internos, criados com a participação dos funcionários. A associação de funcionários dispõe de cantina, salão de festas, churrasqueiras, salas de musculação e quadras de futebol, basquete e vôlei, onde são promovidos diversos torneios.

---

[24] São oferecidos cursos de higiene e beleza, limpeza de pele e maquiagem, auxiliar de cabeleireiro, corte e costura geral, recepcionista, auxiliar administrativo, *office-boy*, pintura em tecido, tapeçaria e bordados, arranjos natalinos e de Páscoa, informática, telemarketing, vendedor lojista, contabilidade, artesanato e culinária geral. Além dos cursos profissionalizantes, são ministradas palestras sobre relacionamento interpessoal, doenças sexualmente transmissíveis, alcoolismo etc.

ESTUDOS DE CASOS   103

O balanço social, publicado anualmente pela empresa B, permite uma fácil leitura dos indicadores de responsabilidade social. Em 2000, o Grupo K apresentou uma receita líquida de mais de R$500 milhões, dos quais R$100 milhões se destinam à sua folha de pagamento. Embora apresentando uma receita operacional negativa, os indicadores sociais internos[25] totalizaram aproximadamente R$50 milhões em investimentos; os indicadores sociais externos,[26] outros R$40 milhões; e os indicadores ambientais,[27] aproximadamente R$700 mil. Do total de empregados, 10% têm mais de 45 anos; 3% dos cargos de chefia são ocupados por mulheres; e a relação maior/menor remuneração está em 45. A distribuição dos lucros da empresa e o plano de previdência privada contemplam todos os empregados. Vale ressaltar que os dados apresentados no balanço social de 2000 referem-se ao Grupo K, e não somente à empresa B.

A prática do marketing social

Para melhor desenvolver, disseminar e divulgar os projetos e as ações sociais, motivando o público interno e valorizando sua imagem perante o público externo, a empresa B conta com a estrutura da Fundação B, formada por 10 pessoas: o presidente, um assistente da Presidência encarregado dos projetos comunitários e do balanço social, um assistente administrativo da Presidência e outros sete funcionários, entre os quais um do setor financeiro, um da previdência privada e um da cooperativa, além do coordenador da Universidade B. A Fundação B mantém contato com quase todos os departamentos das empresas ligadas ao grupo, porém no desenvolvimento dos projetos relaciona-se diretamente apenas com os setores de recursos humanos e financeiro (para doações), e com o Departamento de Marketing Corporativo (para divulgação de campanhas).

Paralelamente às atividades da Fundação B, desenvolve-se o trabalho do Departamento de Marketing Corporativo, formado por um diretor e três assistentes. Esse departamento responde por todo o marketing do Grupo K, fazendo

---

[25] Incluem gastos com alimentação, encargos sociais compulsórios, previdência privada, saúde, segurança e medicina do trabalho, educação, capacitação e desenvolvimento profissional, auxílio-creche e participação nos resultados.

[26] Incluem gastos com educação, saúde e saneamento, contribuições para a sociedade e tributos (excluídos encargos sociais).

[27] São aqueles diretamente relacionados com a operação da empresa e com programas e/ou projetos externos.

104 Responsabilidade Social Empresarial

a ligação da empresa com a assessoria de imprensa externa e com a agência de publicidade.

O material para o público interno é desenvolvido pela própria fundação ou mesmo pelos demais funcionários em eventos e reuniões informais. A empresa B não possui regimento interno nem código de ética ou manual de conduta para distribuição entre seus funcionários. Toda a conduta de trabalho da empresa B está baseada nos valores[28] e mandamentos[29] do Programa B1. No que se refere à comunicação, o programa implementou várias ações que facilitam a troca de informações internas, tais como o café com o presidente da empresa (reunindo grupos de até 20 pessoas), o videojornal (produzido mensalmente com o objetivo de manter os funcionários a par das mudanças ocorridas), a emissora de rádio interna e palestras para esclarecer os funcionários sobre as atividades do Grupo K. Semestralmente, o presidente expõe a situação da empresa para todos os funcionários.

Outras ações visando facilitar a comunicação interna são os avisos afixados nos banheiros, os jornais murais, os cartazes colocados em locais estratégicos, um informativo mensal e uma revista trimestral. Para proporcionar maior interação entre os funcionários, os crachás trazem apenas o primeiro nome ou o apelido de cada um.

Há um amplo trabalho de assessoria de imprensa, visando divulgar para a comunidade informações sobre a empresa, em todos os veículos de comunicação necessários, sempre de acordo com os públicos almejados. Na via oposta, a comunidade utiliza fax e cartas ou acessa o site da empresa para enviar sugestões e pedidos à Fundação B. Seu presidente participa de palestras e debates por todo o Brasil, divulgando as ações sociais e os projetos da empresa. Há mais de 10 anos promovem-se visitas dirigidas à empresa B, levando estudantes universitários a conhecer suas instalações e seus métodos de gestão.

Na utilização da mídia de massa, o marketing corporativo procura aliar as questões de responsabilidade social à imagem da empresa. Um programa de resgate da memória paranaense, levado ao ar por uma emissora local, foi patrocinado e produzido pela empresa B. Através de pesquisa e entrevistas foram

---

[28] Os valores são: criatividade, respeito, capacidade, inovação, sinergia e dedicação.
[29] São ao todo 10 mandamentos que valorizam e incentivam a comunicação, a educação, a cultura, o melhor aproveitamento do tempo, o convívio familiar e a busca de realização e satisfação pessoal, profissional e organizacional.

ESTUDOS DE CASOS   105

resgatados nomes de destaque no Paraná nas áreas de política, jornalismo, aviação, automobilismo, medicina, ciência, arte, geografia e história. Em 2001 foi lançada uma campanha pelo rádio, associando o nome da empresa B ao desenvolvimento e mostrando as principais obras em andamento no país que contam com a sua participação.

O Grupo K publica seu balanço social desde 1996, quando sua administração tomou conhecimento de uma matéria publicada pela *Gazeta Mercantil* referente ao modelo de balanço social proposto pelo Ibase.[30] Os dados são organizados pela Fundação B e enviados ao Marketing Corporativo, que por sua vez, juntamente com a agência de publicidade externa, desenvolve graficamente o material. Por suas ações sociais, a empresa B já recebeu diversos selos e premiações, como o Selo Abrinq — Empresa Amiga da Criança, o Selo Balanço Social Ibase Betinho e o Selo Empresa Socialmente Responsável da ACP, entre outros.

As matérias para publicações, como por exemplo o *Guia Exame de Cidadania Corporativa,* são enviadas pelo Marketing Corporativo, que as elabora em parceria com a assessoria de imprensa. A empresa B figurou entre as 50 melhores empresas nas edições de 1999 e 2001 do *Guia Exame — As melhores empresas para você trabalhar.*

A visão de responsabilidade social

No que se refere à responsabilidade social da empresa B, é importante analisar primeiramente a missão e a visão da empresa, tal como definidas em seus materiais internos. A missão valoriza a solidez do empreendimento, a consolidação da imagem da empresa, a busca da inovação e do desenvolvimento contínuo, o respeito ao próximo e a preservação do meio ambiente, procurando garantir que esses valores e crenças sejam disseminados constantemente. Acredita que a sinergia entre as várias atividades desempenhadas pela empresa deve basear-se na competitividade e na rentabilidade de serviços e soluções integradas. Já a visão da empresa B mostra uma organização preocupada em preparar seus recursos humanos e tecnológicos para poder oferecer soluções inteligentes e atualizadas, assegurando maior valor aos acionistas, através da credibilidade da marca e da satisfação dos clientes.

---

[30] Instituto Brasileiro de Análises Sociais e Econômicas.

106 RESPONSABILIDADE SOCIAL EMPRESARIAL

A missão da Fundação B valoriza a consolidação de uma eficaz relação entre capital e trabalho, através da busca de padrões de excelência capazes de satisfazer o ser humano nos diferentes ambientes em que atua (ambiente profissional, comunidade e sociedade como um todo).

A compreensão da responsabilidade social por parte dos diferentes atores que conduzem as ações sociais da empresa está de certo modo ligada a essas visões, embora revele bases e perspectivas bastante diversas.

A visão do 1º nível

Na visão da alta administração, a responsabilidade social de uma empresa decorre da busca de condições que garantam a perpetuidade de seus negócios.

> A *responsabilidade social pode ser resumida numa única palavra: sobrevivência.* Esqueça competitividade, vantagem competitiva, questão ética, tudo isso... É questão de sobrevivência mesmo. Quem não agir com responsabilidade social não estará aqui nos próximos anos. Lógico que, além de garantir a sobrevivência, pode-se também garantir uma vida mais digna e justa.

A responsabilidade social também é vista como uma consequência natural do exercício responsável dos negócios.

> Compreendo a responsabilidade social de forma natural. O respeito aos funcionários e ao meio ambiente *é obrigação básica de todos.*
>
> (...)
>
> Indiscutivelmente, quem ganha mais com essa questão é quem adota essa postura. Falando em empresas, *é a organização como um todo, satisfazendo o empregado, o empregador, o acionista e tudo que orbita em volta.* (...) Numa relação convencional, dificilmente há amizade, lealdade, respeito e admiração incondicionais de parte a parte. É mera troca de interesses. Numa relação que leve em conta a justiça, em primeiro lugar, e o respeito a si mesmo, ao próximo e ao meio compartilhado, interagem fatores morais de valor incomensurável, fora do âmbito material. Há um poder de realização que não conhece limites. *Foi por uma questão de visão dos administradores, como sempre digo: se não for pelo respeito ao qual me referi anteriormente, tem que ser por uma questão de sobrevivência — oportunismo e inteligência.*

ESTUDOS DE CASOS   107

Com relação ao exercício da responsabilidade social, a alta direção acredita que, no caso da empresa B, isso se dá de maneira mais evidente do que em outras empresas do setor.

> De forma geral, *exercemos nossa responsabilidade social num padrão acima da maioria das empresas pares.*

Destaca-se, no exercício da responsabilidade social, a relação entre empregado e empregador como meio de superar obstáculos.

> Quando se estabelece uma relação entre empregado e empregador baseada na soma de esforços de ambos, as organizações conseguem superar obstáculos e dificuldades com maior facilidade. Foi o que pude observar nestes últimos anos. *Isso significa que a empresa deve tratar funcionários e colaboradores como pessoas, e não como números, meros registros de um quadro de pessoal.* Qualquer ser humano quer isso! Ele quer ser reconhecido e tratado como pessoa, tenha ele defeitos, qualidades, complexos, limitações, manias. Às vezes, costumes baseados em padrões ultrapassados fazem com que as empresas não só não tratem seus funcionários como pessoas, como também agreguem atividades que não contribuem em nada para o objetivo final do negócio. E aí vai tudo por água abaixo: motivação da equipe, produtividade, custos, competitividade. É preciso quebrar as barreiras que separam os níveis hierárquicos e uni-los num esforço de sobrevivência.

O comprometimento da equipe de funcionários e a busca de uma visão compartilhada por todos e efetivamente praticada, ou seja, que vai além do simples discurso, sustentam as ações de responsabilidade social.

> Tivemos que incutir em todos uma mesma visão de futuro, fazendo com que todos participassem e acreditassem nela. Por isso trabalhamos na valorização da interdependência entre os setores. Com isso minimizamos os prejuízos das transferências de responsabilidade — o que geralmente se traduz em discursos vazios e pouca ação relevante.

A busca de soluções geradas internamente, rejeitando-se a bibliografia estrangeira como fonte de soluções para problemas tipicamente locais, reflete-se

108   RESPONSABILIDADE SOCIAL EMPRESARIAL

na visão do 1º nível de gestores, na qual é evidente a valorização da cultura interna da empresa.

> *Se não forem adaptadas à nossa cultura, as experiências relatadas em livros ou por conferencistas estrangeiros dificilmente podem ser aproveitadas. Não podemos nos limitar a copiar ideias. É isso que fazemos aqui.* Alguns projetos foram desenvolvidos internamente, a partir das necessidades sentidas pelos próprios funcionários. Os que se basearam na experiência de outras empresas foram adaptados à nossa realidade. Projetos feitos por gente brasileira, valorizando a cultura da empresa, feitos com simplicidade e criatividade.

A visão do 2º nível

Nos níveis intermediários, a questão da responsabilidade social é primeiramente comparada à caridade, porém desvinculada de uma atitude assistencialista, sendo necessário um preparo interno para seu pleno exercício, sem o que perde sua validade.

> As empresas não são casas de benesse, do lucro delas nós vivemos, portanto essa deve ser a base de todas as relações. Logo, a responsabilidade social empresarial deve começar pela perfeita relação entre as pessoas que compõem a empresa. *Somente quando ela tiver desenvolvido sua capacidade relacional interna é que poderá estar preparada para exercer a sua verdadeira responsabilidade social.* Qualquer outra coisa, em minha opinião, é pura manobra promocional. Portanto, o princípio é bem simples e até mesmo básico: caridade começa em casa.

Com relação ao exercício da responsabilidade social por parte da empresa B, novamente procura-se desvincular a sua prática de uma mera questão de filantropia.

> *Sim, nossa empresa exerce sua responsabilidade social. (...)* O que é preciso entender é o que é verdadeiramente responsabilidade social. *É preciso parar de confundir isso com caridade.*

A responsabilidade social é aqui assumida como uma técnica de gerenciamento de relações.

Estudos de Casos

Tempos atrás, empresas como a nossa eram chamadas de loucas ou irresponsáveis, mas na verdade elas já optavam pela *melhor técnica de gerenciamento das relações,* embora contrária à técnica de mais de 2 mil anos, conhecida como o "ver para crer", e a ousadia fez com que elas adotassem a técnica do "crer para ver".

Nesse nível destaca-se a importância da "saúde" da empresa, traçando-se um paralelo entre a responsabilidade do funcionário perante a empresa e a responsabilidade da empresa perante toda a sociedade.

É necessário que todo o organismo da empresa esteja plenamente sadio. Uma relação assistencialista, focada em "emprego", e não em "trabalho", faz com que as relações entre os profissionais (colaboradores) da empresa participem do sucesso dela e de seus programas sociais internos e, principalmente, externos. Isso é facilmente absorvido por todos, quando as empresas estão no topo. Os participantes dessa operação e os postulantes a tal não se cansam de lutar para obter algum tipo de vínculo com essas empresas, principalmente sob a égide da "obrigação social". *Porém, o que é preciso estabelecer é que a responsabilidade social de cada um dentro da empresa está intimamente ligada à capacidade da empresa de participar intensamente no dia a dia da sociedade.*

No setor de marketing corporativo, a responsabilidade social é vista como um conjunto de atitudes que deve estar presente em todos os níveis da organização para que seja reconhecida como tal, transformando-se num modelo justo de transformação social.

Responsabilidade social é uma atitude corporativa. Para ter sucesso mercadológico e obter lucro, as empresas planejam estrategicamente um conjunto de ações de mercado. *A responsabilidade social deve permear todo esse conjunto de ações, deve estar impregnada como um valor intangível, deve ocupar o coração e a cabeça de todos os colaboradores de uma empresa, do guarda ao CEO.* Esse sentimento irá certamente recompensar a sociedade em geral, pois *a construção de um modelo mais justo de relacionamento entre as diferentes camadas da população é o pilar do desenvolvimento de uma nação.*

Esse setor também destaca a prática da responsabilidade social como parte da política da empresa B, embora reconheça algumas limitações.

110   Responsabilidade Social Empresarial

Nossa empresa é pioneira em ações de responsabilidade social. Nos últimos anos enfrentamos algumas dificuldades impostas pelo próprio mercado onde atuamos, e essas dificuldades impedem que o investimento em projetos de responsabilidade social alcance os níveis desejados. Mas a forte cultura corporativa de nossa empresa, que mescla profissionais e talentos de várias vocações e procedências, facilita.

A visão do 3º nível

Nos níveis operacionais, percebe-se uma visão de responsabilidade social calcada no comprometimento e na busca de melhores resultados. Novamente é destacada a importância do exercício interno da responsabilidade social, com ênfase nas responsabilidade legais e econômicas como precondição para ações externas.

Acredito que a responsabilidade social começa com ações na própria empresa. *Primeiramente temos que fazer bem a lição de casa, ou seja, pagar os impostos corretamente, não poluir, ser transparente, garantir uma boa qualidade no ambiente de trabalho, respeitar os colaboradores etc.* Só assim as empresas conseguirão obter resultados positivos, pois isso gera colaboradores mais comprometidos, clientes fiéis, acionistas satisfeitos. *Aí, sim, a empresa pode e deve colaborar com a comunidade,* desenvolvendo projetos, uma vez que ela faz parte dessa comunidade.

O exercício da responsabilidade social por parte da empresa B se reflete em suas ações internas e externas, de modo que a adoção desse modelo é fundamental para o desempenho da empresa.

Sim, nossa empresa pratica a responsabilidade social por meio de suas ações com os funcionários e com a comunidade. (...) *A empresa optou por esse caminho por ser fundamental para o bom desempenho da empresa, que trata de proporcionar qualidade no ambiente de trabalho e de investir nos colaboradores e na comunidade em que está inserida.*

A visão de marketing social

A visão de marketing social é bastante heterogênea, refletindo diferentes noções sobre a matéria. Enquanto a responsabilidade social é tratada pela

Estudos de Casos

maioria dos entrevistados com absoluta tranquilidade, o marketing social é visto com extrema cautela e certa inquietação, sendo até mesmo ignorado por alguns. O desconhecimento do tema contribui, talvez, para certas argumentações contraditórias.

A visão do 1º nível

A alta administração aborda o tema cautelosamente, acreditando que o marketing social deve ser utilizado apenas como instrumento de comunicação interna e externa.

> Eu diria que a empresa B pratica o marketing social de forma muito básica, o suficiente para dar alguma satisfação aos públicos interno e externo. *Acho que se deve enfatizar a prática, e não o discurso, como é comum ocorrer.*

Um dos entrevistados procura deliberadamente separar o exercício da responsabilidade social do marketing corporativo.

> *Nós não fazemos marketing social. Se fazemos é consequência. Mas não queremos nada com marketing,* queremos distância do marketing. Se eles [referindo-se ao marketing] não participam das ações sociais, como é que poderão comunicar devidamente? Fazemos nossas ações, nossos projetos em função da responsabilidade. Usar o marketing para sensibilizar é muito fácil, nós não queremos isso. O ganho de cada um de nós em cada projeto é muito maior, você cresce como pessoa, você melhora, mas só quem participa sabe.

Reconhece, porém, a importância do endomarketing como instrumento necessário ao fortalecimento da comunicação interna e o consequente aprimoramento do conteúdo informado à força produtiva.

> Investimos um esforço enorme, um tempo enorme planejando diversas formas de comunicação dentro da empresa. *O mercado não admite mais a existência de pessoas que não conheçam suas organizações.* Os custos da cultura inútil, da informação sem qualidade não são mais suportáveis. Na nossa empresa não há como um funcionário dizer que não ficou sabendo de uma informação importante. Sempre haverá, onde quer que ele esteja, algum meio, algum veículo comunicador ou facilitador dessa ação. São meios e formas de comunicar compreen-

112 RESPONSABILIDADE SOCIAL EMPRESARIAL

síveis para todos os níveis. Só assim pode-se falar em qualidade, em competitividade, em crescimento e, como eu sempre digo, em sobrevivência.

A visão do 2º nível

Os níveis intermediários reconhecem a prática do marketing social por parte da empresa B, considerando que é legítima como consequência da prática da responsabilidade social, mas não como objetivo primeiro da organização.

> *Tanto a nossa empresa como as demais ligadas ao nosso grupo praticam o marketing social de maneira clara e objetiva.* Há uma demagogia de várias pessoas ou empresas que trabalham esse lado, dando-lhe a conotação de socialismo puro, doação ou caridade. No entanto, esta empresa procura estabelecer uma relação clara e participativa, e não um assistencialismo barato ou apenas o chavão de responsabilidade social. *O marketing obtido pelo tipo de conduta de empresas responsáveis, como as que mencionei, é considerado como consequência, e não como objetivo.*

O setor de marketing, em meio a indagações e questionamentos, define a prática do marketing social como um complexo conjunto de ações desenvolvidas pela empresa B, desvinculado da filantropia e do assistencialismo. Também os funcionários estão envolvidos na prática do marketing social.

> Mas, o que é marketing social? Essa atividade é muito confundida com filantropia e assistencialismo, políticas atreladas ao modelo imposto pelo Estado. Outro dia ouvi no rádio um *spot* de uma incorporadora de condomínios horizontais enaltecendo o fato de vender terrenos com araucárias e vista para a serra do Mar, dizendo que era uma atitude cidadã: "isso é compromisso social, é a função social da empresa". Veja que estupidez, como uma coisa tão séria e relevante é levada para a comunidade. *A companhia faz marketing social, sim. Ela está preocupada com a situação das famílias dos colaboradores, com as atitudes trabalhistas de seus fornecedores, está atenta aos projetos de organizações de classe e de ONGs cujo objetivo final é a elevação da qualidade de vida (saúde, alimentação, trabalho, educação) do grupo atendido.* Praticar marketing social não é patrocinar dois ou três bons programas. Uma companhia voltada para o social tem em primeiro lugar que consolidar esse atitude internamente. *Por*

ESTUDOS DE CASOS

isso posso afirmar que não só a empresa faz marketing social, como seus colaboradores são agentes importantíssimos nessa cruzada.

O uso das questões sociais para agregar valor à imagem do Grupo K fica evidente nas declarações do Marketing Corporativo.

A evolução das transações mercadológicas, a globalização e a exigência cada vez maior do cliente em relação ao produto ou ao serviço fornecido foram as principais alavancas. Não podemos esquecer também que um mercado mais desenvolvido compra mais. *Mas a opção foi feita [referindo-se às questões de responsabilidade e marketing social] porque a empresa precisa constantemente de capital para investimentos, precisa manter sua posição entre as principais empresas do mercado. Hoje, investidores chegam a pagar mais 20% por ações de empresas declarada e comprovadamente responsáveis, fator que é bem analisado por instituições financeiras, grandes clientes e potenciais sócios e parceiros externos.*

O Departamento de Marketing reconhece que a Fundação B tem a incumbência de criar programas e que compete ao departamento levar esses programas ao conhecimento público.

A Fundação B é a locomotiva que gerencia todos programas de responsabilidade social da empresa. Nós somos a ferramenta, o meio de transporte desses projetos até a comunidade, a opinião pública, os formadores de opinião. *Nós utilizamos muitas das ações que a nossa empresa vem realizando através da fundação para conquistar oportunidades de mídia, atrair o interesse de outras empresas, participar de fóruns de debates sobre qualidade total.* Sempre procuramos fazer essa ponte de relacionamento: "a empresa B tem coisas boas, vocês não querem conhecer?" Atraímos o interesse do público para as ações da Fundação B. Então, como que eu me proponho trabalhar? Eu me proponho trabalhar como um consultor de imagem dos próprios projetos da fundação.

O objetivo do marketing é proporcionar ganhos de imagem, mas o exercício da responsabilidade social não está excluído desse processo.

O que a gente busca? *Busca as melhores oportunidades para alavancar a imagem. Então, nas diversas ações que a fundação executa, va-*

114 RESPONSABILIDADE SOCIAL EMPRESARIAL

mos selecionar as melhores oportunidades que irão trazer diferencial para a gente crescer. Colocando isso em debate nos meios de comunicação, você acaba atingindo um universo de formadores de opinião qualificados, que geram um *share of heart* favorável. *O objetivo final é associar a marca a uma empresa que investe, que tem um compromisso social bem assumido e definido.*

Para o diretor de Marketing Corporativo, o marketing social é também um meio de fomentar outros projetos e ações sociais por parte de outras empresas.

Eu diria o seguinte [referindo-se ao marketing social e às ações de responsabilidade social]: *sou totalmente favorável a se utilizar isso como ferramenta de marketing, como ferramenta necessária à valorização empresarial.* Ah, mas não é legítimo! Como não é legítimo? Não é questão de legitimidade, é questão de publicidade, de tornar público, valorizar; se não, ninguém fica sabendo. *Assim você tem condições de ampliar muito mais as ações de responsabilidade social. Então, se você leva isso a público, você pode estar incentivando outros empresários a fazerem a sua parte, pode atrair os políticos para essas questões. Eu combato os autores que querem essa reserva moral.* Isso não é dar prioridade a pessoas ou ações, é mostrar a essência da empresa, a filosofia progressista de uma companhia que poderia muito bem pegar todo esse investimento que está fazendo e distribuir entre seus sócios. Mas hoje há uma disposição clara de grandes investidores globais para apostar mais em empresas que são socialmente responsáveis. *Então, pode parecer sórdido, mas é muito mais importante para a empresa usar isso como uma ferramenta de alavancagem de negócios do que deixar isso adormecido. Divulgando, nós estamos colocando essa responsabilidade em discussão nos jornais, nas rádios.*

Também são valorizados os espaços disponibilizados pela mídia para as questões de responsabilidade social.

Há mais de uma década a nossa empresa atua dentro dessa filosofia, mas *só nos últimos três anos a própria mídia — que é o principal agente de difusão — abriu novos espaços e entendeu que essas ações tinham um lado institucional, mas também um lado social muito mais importante e relevante.* Com certeza, dimensão e notoriedade estão diretamente ligadas ao sucesso que a empresa pode alcançar em suas divulgações (tanto publicidade quanto assessoria

ESTUDOS DE CASOS

de imprensa). Na minha opinião, vencida a atual crise, *devemos investir mais em publicidade. Não só em propaganda, mas em eventos que reúnam outras empresas, em fóruns de discussão.*

A atual imagem da marca da empresa B é vista aqui como reflexo dos projetos desenvolvidos pela fundação e como resultado do marketing interno e externo.

> *O sucesso da marca B — que vem sendo construída há mais de três décadas — é um reflexo das excelentes ações desenvolvidas pela fundação. O reconhecimento pela comunidade e pelos principais agentes de conscientização no tocante à responsabilidade social não poderia ser melhor. A imagem da marca B está muito atrelada ao seu posicionamento como uma empresa cidadã.* Nosso consumidor final é uma outra empresa, na maioria das vezes. Essa relação *business to business* sente ainda mais os reflexos positivos de atitudes socialmente responsáveis, porque o consumidor comum, o povo, ainda por falta de cultura, tem pouca noção da relevância dessas atitudes. Para o consumidor comum, tudo é obrigação do governo.

A visão do 3º nível

O nível operacional avalia a prática do marketing social a partir do planejamento, implementação e divulgação dos projetos sociais, o que revela uma compreensão do termo em sentido amplo.

> *Sim, com certeza praticamos o marketing social. Nossa empresa planeja e realiza diversas ações de responsabilidade social, tanto para o seu público interno quanto para o externo, muitas delas inovadoras. Por isso tornou-se conhecida como uma empresa responsável socialmente, o que traz um retorno positivo para sua imagem. O enfoque parte da responsabilidade; o retorno em marketing é consequência natural.*

Para uma efetividade maior nesse campo, propõe-se a adoção de uma política de marketing social mais contundente e inclusiva.

> *Para que o marketing social seja melhor trabalhado é preciso haver mais investimentos e o envolvimento de outras áreas da empresa.*

116 RESPONSABILIDADE SOCIAL EMPRESARIAL

Observa-se uma certa familiaridade com o marketing como ferramenta de alavancagem e agregação de valor que pode ser utilizada em conjunto com as ações sociais.

> Já que atuamos em diferentes áreas, o que dificulta a compreensão de nossas atividades por parte do público, *nos habituamos a utilizar ferramentas de marketing*. Eu acho que agora deveríamos utilizar mais isso para o que estamos promovendo no lado social.

A gestão social

Diferentemente do marketing social e da responsabilidade social, a gestão social não pode ser avaliada com base em análises documentais e entrevistas semiestruturadas. Nesse caso, a análise deve basear-se nas entrelinhas dessas entrevistas e principalmente na observação direta.

Algumas ações têm sido desenvolvidas na empresa B, visando a capacitação de seus profissionais e a abertura de canais de comunicação que possibilitem maior troca de informações entre os diversos níveis hierárquicos. Por exemplo, a eliminação do cartão de ponto permitiu que cada equipe de trabalho ou célula produtiva organizasse seus horários e controlasse melhor a assiduidade. O Café com o Presidente e o Projeto B3 também são exemplos dessas iniciativas. No primeiro, visando estimular o diálogo, 20 trabalhadores da fábrica, em grupos predeterminados, tomam seu café da manhã em companhia do presidente. No Projeto B3, uma vez por semana, num encontro de 45 minutos, cada funcionário expõe aos colegas quais são suas ideias e o que pode ser modificado em seu trabalho, com o objetivo de melhorar a qualidade de vida na empresa e aumentar a produtividade.

O discurso dos diretores revela uma tendência para a adoção da gestão social e a consequente valorização do elemento humano como modelo de gestão dos negócios da empresa B.

> Alguns antigos valores e costumes, lá dos nossos avós, têm sido resgatados e redescobertos como se fossem novidade. Tudo faz parte de um processo. Assim como uma pessoa precisa atualizar-se constantemente, a empresa tem que estar apta a ouvir, a entender. O mercado não aceita mais que profissionais experientes sejam substituídos por principiantes. Porque não é possível ensinar rapidamente tudo o que alguém já acumulou. Somente assim é que se agrega valor aos projetos: através da interação.

ESTUDOS DE CASOS   117

O respeito é a base das relações. Tal concepção revela uma perigosa aceitação do atual quadro, acreditando-se que ele está próximo do ideal.

> *Eu acho* [referindo-se à interação entre funcionários, subordinados e
> chefes] *que não falta nada, o tempo é que corrobora qualquer prática
> de vida ou de gestão. Basta manter a disciplina e não cair em modis-
> mos.* Não existe gestão focada nisto ou naquilo, a gestão deve ser fo-
> cada em tudo o que há de melhor, na proporção em que cada aspecto
> requer. (...) *Numa relação convencional dificilmente conquista-se
> amizade, lealdade, respeito e admiração de parte a parte. É mera tro-
> ca de interesses. Numa relação que leve em conta justiça, em primeiro
> lugar, e o respeito a si mesmo, ao próximo e ao meio compartilhado,
> interagem fatores morais de valor incomensurável, fora do âmbito
> material (...) Há um poder de realização que não conhece limites.*

As considerações do pessoal do 2º nível estiveram mais ligadas aos relacionamentos, mais especificamente às práticas de responsabilidade social externa,
com maior valorização da individualidade perante a interação.

> Qualquer tipo de ação de responsabilidade social, hoje, para ter suces-
> so, tem que ter muito mais que uma vontade da empresa, tem que ter o
> comprometimento dos funcionários. Não se faz nada, nenhuma ação de
> verdadeira responsabilidade social — pois tem muita falcatrua por aí
> — sem o comprometimento deles. *O elemento de transformação so-
> cial é o funcionário. Se você tem esse cara tranquilo, conquistado,
> digamos, com uma cultura corporativa sólida, cheio de valores defini-
> dos, você consegue.*

Já o 3º nível revelou preocupação com o distanciamento entre os diferentes atores e com a continuidade das ações.

> Acredito que o comprometimento dos colaboradores e a credibilidade
> que a empresa conquista são os pontos fortes. *Os programas e proje-
> tos devem ter continuidade. (...) Muitas vezes não conseguimos o en-
> volvimento dos diretores e gerentes com os demais.*

A prática e o discurso: análise e considerações

A responsabilidade social da empresa B fica evidente tanto em seu discurso
quanto em sua prática. As concepções a respeito da responsabilidade social

118   RESPONSABILIDADE SOCIAL EMPRESARIAL

constituem um conjunto quase homogêneo, mas é possível observar visões um tanto diferenciadas. Talvez, por tratar-se de uma empresa de capital aberto, a preocupação com os *stakeholders* (acionistas, clientes, parceiros, fornecedores, comunidade e governo) é bastante visível. Também o posicionamento é mais enfático, não só em relação à minoração do impacto negativo e à maximização do positivo, mas principalmente em relação à sobrevivência da empresa e à perpetuação do negócio. Tais percepções aproximam-se mais das definições apresentadas por Ferrel e coautores (2001), Lewis e Littler (2001) e McIntosh e colaboradores (2001).

O exercício da responsabilidade social novamente extrapola as dimensões éticas e legais destacadas por Ferrel e coautores, atingindo os níveis éticos e filantrópicos. Na empresa, a compreensão da responsabilidade social deriva da missão e visão estabelecidas no planejamento estratégico, e também das diretrizes estipuladas pelo Programa B1, que deu início ao acelerado crescimento da empresa. Tal concepção ainda não se estende integralmente às demais unidades da empresa B, reconhecidamente mais atrasadas nas conquistas sociais internas e principalmente nas ações externas junto à comunidade.

A ênfase no exercício da responsabilidade social por parte da empresa B coincidiu com a rápida expansão de seus negócios e áreas de atuação no início da década de 1990, época em que esse tema ganhou destaque nas agendas empresariais, nas discussões acadêmicas e na literatura específica. A opção da empresa foi a imediata criação de uma fundação, em 1991, e de uma organização sem fins lucrativos que presta serviços de assistência social a comunidades carentes.

A sequência cronológica da responsabilidade social da empresa não coincide com o gráfico de estágios apresentado por Melo Neto e Fróes (2001), uma vez que as ações externas iniciaram-se quase que simultaneamente às ações internas, com a implantação de programas de benefícios para funcionários e seus dependentes. Nessa perspectiva, embora não fique clara a passagem do 1º para o 2º estágio, a empresa B já estaria migrando para o 3º estágio, o da gestão social cidadã. Na avaliação da responsabilidade social interna, a empresa parece ter dado maior ênfase à gestão de benefícios e remuneração, à gestão dos direitos dos empregados, à gestão do trabalho e à gestão do desenvolvimento pessoal dos funcionários. Vale mais uma vez ressaltar que os avanços promovidos por programas como o B1, o Programa de Benefícios, o Programa de Assistência Médica, o Programa de Participação Acionária, entre outros, não se estenderam integralmente às outras unidades da empresa, o que

ESTUDOS DE CASOS

impossibilita afirmações mais generalizadas. Merece destaque a criatividade do B1, com soluções realmente inovadoras, ainda que muitas vezes inexpressivas, desenvolvidas e implementadas internamente por membros do quadro funcional da empresa. Por outro lado, a Fundação B, coordenadora dos programas, ainda atua estrategicamente, isto é, distanciada da força produtiva da empresa, estabelecendo soluções pouco discutidas ou compartilhadas com o restante da organização. Só recentemente é que a sede da fundação foi transferida para a unidade industrial da empresa B, estando antes instalada em local próximo ao centro da cidade.

Embora a atuação junto à comunidade externa seja intensa, não há um projeto de maior destaque, e sim vários projetos menores desenvolvidos paralelamente. A Fundação B tem forte parceria com diversas secretarias dos governos municipais e estaduais no desenvolvimento, coordenação e implementação de seus projetos, servindo assim como meio de aproximação com o Estado e também com a sociedade civil.

Em relação às 14 diferentes visões de responsabilidade social apresentadas por Melo Neto e Fróes (2001), puderam ser identificadas na empresa B as seguintes: a responsabilidade social como atitude e comportamento empresarial ético e responsável; como postura estratégica empresarial (bastante intensa); como estratégia de relacionamento; como estratégia de marketing institucional; como estratégia de valorização das ações da empresa (agregação de valor); como estratégia de recursos humanos; como estratégia de valorização de produtos e serviços; como estratégia social de inserção na comunidade; como exercício da consciência ecológica; e, finalmente, como exercício da capacitação profissional.

No caso da empresa B, a motivação para o exercício da responsabilidade social aproxima-se mais da linha instrumental, de acordo com a categorização proposta por Ashley (2002). A empresa utiliza claramente a responsabilidade social como forma de melhorar sua reputação, despertar a atenção de investidores e diferenciar-se dos concorrentes, buscando não só obter maior consciência com relação às questões culturais, sociais e ambientais, mas também atrair melhores profissionais para seus quadros. Assim, a responsabilidade social está fortemente atrelada à lógica econômico-financeira da empresa.

A questão do marketing social na empresa B é bastante delicada. Constataram-se visões diferenciadas e, em certos casos, até mesmo contraditórias. O marketing social foi por vezes negado, criticado ou visto como mera consequência do exercício da responsabilidade social, mas também

120   RESPONSABILIDADE SOCIAL EMPRESARIAL

enaltecido e apontado como um poderoso instrumento de agregação de valor à marca da empresa B. Isso compromete um claro entendimento do tema e distancia sua prática cotidiana do discurso de seus atores. As visões apresentadas pelo Marketing e pela Presidência da Fundação B são antagônicas. Há mesmo quem defenda um maior distanciamento do Marketing como garantia de legitimidade das ações de responsabilidade social, mas na prática compartilha decisões com o Departamento de Marketing, como a elaboração do balanço social da empresa ou a estruturação de campanhas publicitárias de cunho social.

Apesar dessas distorções, é inegável a prática do marketing social como estratégia corporativa. A existência de um departamento de marketing e sua proximidade com a Fundação B demonstram uma certa profissionalização e esse tipo de opção por parte da empresa. Ainda não há uma estrutura aperfeiçoada, capaz de cumprir todas as etapas de administração do marketing social, principalmente no tocante à mensuração de resultados de projetos específicos e ao planejamento de diferentes projetos simultâneos, pré-testes e ações de comunicação externa. Além disso, as pessoas que compõem os quadros da Fundação B estão dispersas por vários departamentos, o que pode dificultar a consecução dos objetivos e a implementação de certos programas, conforme salientado por Kotler e Roberto (1992). Entre as modalidades de marketing social citadas por Melo Neto e Fróes (1999), a empresa B pratica o marketing de filantropia, o marketing de patrocínio de projetos sociais (próprios e de terceiros), o marketing de relacionamento com base em ações sociais, bastante intensificado, e, em menor grau, o marketing de promoção social da marca.

O endomarketing é bastante trabalhado, não só como instrumento de promoção da causa social, mas principalmente na comunicação dos valores da empresa a seus funcionários. A existência de um balanço social, publicado sistematicamente nos últimos quatro anos, auxilia nos aspectos de avaliação e controle das ações sociais. A mensuração, seguindo o modelo proposto pelo Ibase, facilita a percepção — por parte de acionistas, diretores, fornecedores, mídia, funcionários etc. — dos resultados do exercício da responsabilidade social. A publicação de um balanço social de cifras elevadas (nele são incluídas quase todas as empresas ligadas ao grupo) atrai a atenção da opinião pública e dos principais veículos da mídia. Além disso, uma assessoria de imprensa bem organizada, vigilante e ativa fornece informações complementares e garante espaços gratuitos para a divulgação de programas e projetos da empresa. Também a constante participação do presidente da Fundação B e, em menor grau, do diretor de Marketing Corporativo em palestras e debates

Estudos de Casos   121

sobre o tema da responsabilidade social contribui para fortalecer a imagem da empresa B como organização socialmente responsável. É clara a intenção de associar a imagem da empresa à causa social como forma de atrair capital, investidores e profissionais capacitados, enfim, como instrumento estratégico de agregação de valor à marca.

Falta ainda difundir melhor o conceito de marketing social nos diferentes setores da empresa, dando maior profissionalismo às atividades nesse campo. Também é importante estender às demais unidades do Grupo K as conquistas internas da unidade industrial de Curitiba, de modo a integrar à cultura corporativa os valores de equidade e justiça que lá prevalecem.

Conclusão

Trata-se de fazer aqui uma reflexão sobre os resultados dos estudos realizados. As recomendações a seguir visam contribuir para o debate acerca das questões anteriormente abordadas, não só nas empresas focalizadas mas também em outras organizações que estejam vivenciando estágios similares da prática social. Também são feitas sugestões para o desenvolvimento de novas pesquisas.

As novas racionalidades econômicas e sociais impostas pelo paradigma da sociedade pós-industrial estabelecem um novo modelo de relacionamento entre governo, iniciativa privada e sociedade civil. O agravamento dos problemas sociais e o reconhecimento da incapacidade do Estado para o gerenciamento de soluções eficazes exige uma revisão de conceitos e uma mobilização maior do segundo e terceiro setores no enfrentamento de tais circunstâncias. A reversão dos atuais quadros de violência, miséria, fome, desnutrição e analfabetismo, mais agravados nos países periféricos, só é possível a partir de uma união de forças e de um adequado planejamento dos esforços conjuntos. Muitas empresas atuantes no mercado brasileiro já despertaram para esse novo posicionamento, reconhecendo seu papel perante a sociedade, buscando soluções inovadoras e transformadoras.

Novos conceitos, novas fórmulas, novos caminhos precisam ser desenvolvidos para alicerçar essa nova configuração, que determina, entre outras coisas, uma profunda alteração nos relacionamentos. Entre os novos conceitos encontram-se a gestão social, a responsabilidade social e o marketing social. A noção de responsabilidade social difere no espaço e no tempo, variando conforme a organização, a comunidade, a região, o país e, principalmente, as cir-

122 RESPONSABILIDADE SOCIAL EMPRESARIAL

cunstâncias históricas e ambientais. Na literatura específica, o tema vem ganhando amplitude e profundidade. Trata-se realmente de um conceito em formação, que requer amplo debate e a abertura de novos canais de discussão. Ainda que existam posicionamentos contrários, já é possível identificar inúmeros pontos comuns entre os principais estudiosos do tema. Essas similitudes são muitas vezes verificadas na prática de empresas que, na sua busca da cidadania corporativa, acabam por disseminar esse padrão de comportamento no seu cotidiano.

As unidades industriais aqui estudadas, empresas A e B, realmente exercitam sua responsabilidade social, ainda que de maneiras distintas. Nesses estudos de caso, o exercício da responsabilidade social é atestado a partir do desenvolvimento de ações éticas e filantrópicas que extrapolam suas responsabilidades econômicas e legais. Ambas as empresas investiram em programas de benefícios ligados à saúde e à educação de seus funcionários e dependentes, em programas de integração e estímulo da força produtiva e em programas de participação nos resultados da empresa. Com isso, foram além daquilo estabelecido por lei ou promovido por outras organizações. E esse é o primeiro passo: a compreensão, por parte dos dirigentes da empresa e posteriormente de todos os seus integrantes, de que a organização precisa expandir seus deveres perante a sociedade, precisa interagir com as comunidades próximas, promovendo iniciativas e soluções eficazes. Parece ser este o caminho para a sobrevivência empresarial num ambiente competitivo e turbulento, de racionalidades antagônicas e disparidades assustadoras. A corporação passa a dedicar maior atenção a aspectos outrora desprezados, como a educação continuada, a valorização da cidadania e o estímulo ao trabalho voluntário.

Fica claro que a busca da cidadania corporativa começa pelo exercício da responsabilidade social interna. Embora seja consensual a percepção das empresas como partes integrantes de um ambiente maior, como peças fundamentais no cotidiano das comunidades, é na dimensão interna que devem ser fortalecidas as bases para o desenvolvimento de programas sociais. É interessante notar que, nas organizações estudadas, os níveis inferiores valorizam bastante as ações externas, enquanto os níveis superiores concentram-se mais especificamente nos resultados internos. Somente com funcionários satisfeitos, seguros, motivados e comprometidos a empresa torna-se capaz de exercer sua responsabilidade social além dos seus limites, com ações e práticas externas, na busca da gestão social cidadã.

Estudos de Casos

123

A unidade de Curitiba da empresa A revelou, através de suas ações e das declarações de seus dirigentes e funcionários, uma percepção quase homogênea do conceito de responsabilidade social. Tanto a alta administração quanto os níveis de chefia e operacionais acreditam que o exercício da responsabilidade social deve contemplar as dimensões interna e externa. A empresa primeiramente focalizou a dimensão interna, trabalhando numa série de benefícios e programas para seu quadro funcional, e somente numa fase posterior investiu em ações externas. Observa-se também uma diminuição de suas ações puramente filantrópicas e assistenciais, bem como uma intensificação das ações de autossustentabilidade, o que revela um amadurecimento do pensamento corporativo. Existe claramente um foco — o da educação — nos programas mais recentes implementados pela empresa. As ações vêm sendo aprimoradas e executadas sempre com muita cautela, demonstrando uma visão de médio e longo prazos. O Projeto A2 constitui um programa bastante denso, bem embasado e ambicioso, que objetiva claramente uma profunda mudança social numa comunidade próxima. O crescente envolvimento com a comunidade da Vila X tem promovido importantes mudanças internas. Nesse caso, a responsabilidade social e o marketing social têm sido utilizados como estratégias sociais de inserção na comunidade, despertando a consciência ecológica e difundindo noções de saúde, higiene, saneamento e cidadania entre os moradores do bairro. A valorização da capacidade criativa do público interno reflete-se numa clara opção por projetos próprios. O fortalecimento dos programas possibilitou a criação de uma ONG, o Grupo de Voluntários da empresa A. Com isso, a gestão das ações de responsabilidade social, principalmente das práticas externas, vem migrando do Departamento de Recursos Humanos para o Conselho de Voluntários, administrado por funcionários de diferentes setores. Os programas desenvolvidos pela empresa A têm despertado a atenção de toda a comunidade e também das outras unidades industriais do grupo espalhadas pelo Brasil, que passarão a adotar o exemplo curitibano como modelo corporativo.

Na unidade de Curitiba da empresa B, também pôde-se observar, através de suas ações e das declarações de seus dirigentes e funcionários, uma visão quase consensual da responsabilidade social, em consonância com aquela apresentada pela literatura atual. A rápida expansão dos negócios da empresa possibilitou que as ações sociais internas e externas se desenvolvessem simultaneamente. As diretrizes do Programa B1 constituem os principais alicerces das ações sociais. A empresa optou pela rápida estruturação de uma fundação e de uma organização filantrópica sem fins lucrativos, profissionalizando o gerenciamento da prática social. Também se verifica uma forte parceria com o Estado no desenvolvimento e patrocínio de ações. Entretanto, não há um foco específico nas ações sociais desenvolvidas pela empresa B. A empresa investe em diferentes programas simultâneos, de curto e médio prazos, bastante dispersos, de modo que não se pode identificar uma clara linha de ação. As ações de autossustentabilidade junto às comunidades ainda não constituem um conjunto representativo, se comparadas às ações puramente filantrópicas e assistenciais. Ainda assim, a empresa tem-se destacado regionalmente e nacionalmente, aparecendo em inúmeras publicações que ressaltam sua prática e seu comprometimento social.

A motivação para o exercício da responsabilidade social parece ter seu maior componente na linha instrumental, buscando de início a contratação de profissionais mais capacitados para os quadros funcionais, a criação de novos canais motivadores internos, a diferenciação perante concorrentes menos responsáveis socialmente e a agregação de valor à imagem da empresa. No caso da empresa B, isso fica muito evidente na visão do marketing corporativo. No caso da empresa A, embora inicialmente utilizada como estratégia de recursos humanos, a responsabilidade social também revela um componente ético, derivado das posturas adotadas por seu fundador. Qualquer que seja a linha de motivação, as ações sociais desenvolvidas por ambas as empresas são autênticas e têm gerado resultados. Interna ou externamente, os programas vêm sendo sistematicamente implementados, beneficiando inúmeros grupos. Há uma predisposição para a continuidade e intensificação dos programas.

A questão do marketing social não pode ser avaliada da mesma maneira. O tema ainda é abordado de forma superficial na literatura específica. Quando aprofundado por determinado autor, refere-se a uma modalidade, como por exemplo o marketing de causa, o que não permite um entendimento global do conceito. Talvez por essa razão, e também pelas críticas frequentes ao papel do próprio marketing na sociedade, surge um conjunto bastante heterogêneo de opiniões a respeito do marketing social. Enquanto a responsabilidade social é bem-vista por todos os entrevistados, o marketing social é duramente criticado por alguns, mas enaltecido e valorizado por outros. Assim, é impossível estruturar uma política de marketing social coerente e consistente se a visão a respeito do tema é difusa. Verifica-se também que o marketing social está muito associado à visão de publicidade e comunicação externa, que é apenas um de seus componentes.

Estudos de Casos   125

As duas unidades industriais estudadas praticam o marketing social, ainda que muitas vezes revelem desconhecimento do assunto ou neguem seu exercício. Nesse aspecto, a prática e o discurso divergem não só entre as duas organizações, mas também dentro de cada uma delas. As práticas oportunistas de marketing social são talvez as principais responsáveis pela reação negativa que o tema ainda provoca em algumas pessoas. Em ambas as empresas, porém, o exercício de uma responsabilidade social autêntica, interessada e comprometida com a transformação social legitima o uso do marketing social.

A empresa A tem desenvolvido ações — como análise do ambiente, pesquisa sobre a população-alvo e planejamento de programas — que caracterizam etapas do processo de administração do marketing social. Mesmo assim, os programas ainda não são tratados da maneira indicada pela literatura. Não existe um setor especificamente encarregado do marketing social. Os programas desenvolvidos pela unidade de Curitiba da empresa A contam, na sua comunicação, apenas com os serviços de uma jornalista interna, que faz o trabalho de assessoria de imprensa, e de uma pequena agência de comunicação, acionada esporadicamente. Se tratados de maneira adequada, os programas da empresa A poderiam ganhar maior dimensão e notoriedade, conquistando espaços na mídia, atraindo novos parceiros e promovendo novas discussões sobre os temas sociais. Mesmo que não seja essa a intenção da alta direção, o uso correto do marketing social poderia estimular outras empresas a adotarem ou desenvolverem programas similares para os seus funcionários e as comunidades próximas.

Também preocupa, no caso da empresa A, a centralização do marketing e da assessoria de imprensa corporativa na matriz de São Paulo, pois seu distanciamento da unidade curitibana pode significar a perda de determinados valores na comunicação. A falta de um setor profissionalizado de marketing social também se reflete no endomarketing da empresa. Há ainda uma grande parcela de funcionários que não participa das ações sociais externas. O marketing interno deveria intensificar seus esforços para atrair as lideranças e as gerências que ainda não aderiram à causa social e não estimulam suas equipes a participar de tais ações. Por fim, a publicação de um balanço social poderia servir como instrumento de mensuração, aferição e divulgação das ações desenvolvidas pela empresa.

O trabalho desenvolvido conjuntamente pela Fundação B e o Departamento de Marketing Corporativo poderia, numa primeira análise, levar à conclusão de que há um marketing social bem organizado na empresa B. Porém, a estrutura

126 RESPONSABILIDADE SOCIAL EMPRESARIAL

atual não é suficiente para dar conta de todas as etapas do processo de administração do marketing social. Mesmo apresentando visões contraditórias a respeito do tema, a empresa B claramente utiliza o marketing social como postura estratégica empresarial e como estratégia de agregação de valor às ações da empresa. A publicação anual de um balanço social impõe a necessidade de aferição de alguns índices, o que facilita a visualização dos resultados. A comunicação interna é bastante desenvolvida, graças à existência de canais de comunicação diferenciados. Por outro lado, percebe-se uma perda de foco que se reflete no marketing interno, com pouca mobilização de pessoal e dispersão e descontinuidade das ações. Como não há um ponto de convergência dos principais programas, desenvolve-se uma grande variedade de práticas, muitas das quais com resultados inexpressivos, efêmeros e questionáveis. Algumas dificuldades financeiras experimentadas pelo grupo obrigaram a suspender as ações de marketing social inicialmente planejadas. Embora as conquistas sociais sejam mais avançadas na unidade industrial de Curitiba, na divulgação na mídia de massa a marca da empresa B é utilizada para representar todo o Grupo K. Isso pode gerar certo desconforto entre os funcionários das outras unidades e impossibilitar o fortalecimento de uma cultura corporativa sólida.

Com relação à gestão social, mesmo que ela não constitua a principal fonte de motivação da prática social, as ações de responsabilidade social e marketing social podem vir a constituir um importante instrumento para seu fortalecimento. As rápidas mudanças verificadas no ambiente provocam nas pessoas maior incerteza em relação ao futuro. A necessidade de interação entre indivíduos de diferentes setores, com níveis e interesses variados, exige um melhor preparo argumentativo, favorecendo o entendimento e a confrontação de perspectivas diversas. Nessa linha, a prática da responsabilidade social, seja por meio do trabalho voluntário ou da integração de diferentes setores, no mínimo contribui para uma percepção mais aguda das condições sociais.

Numa visão crítica, os benefícios internos podem ser considerados paliativos, mas deve-se reconhecer que, em comparação com o passado, já se avançou muito. Se a qualidade de vida pode melhorar através de benefícios e ações internas, sem dúvida a valorização da cidadania tem na prática da responsabilidade social externa e do marketing social sua maior motivação. A prática externa representa uma aposta na cidadania, inibindo a coação, promovendo o agir comunicativo e aumentando a base de conhecimentos. O marketing social, atuando interna ou externamente, pode mobilizar maior número de pessoas e multiplicar esses resultados. As ações sociais devem ser tratadas com profis-

ESTUDOS DE CASOS 127

sionalismo em seu planejamento, implementação, controle, avaliação e divulgação. Logicamente, a busca da gestão social é um processo demorado, mas a proposta de reconstrução do conhecimento a partir da produção social tem encontrado boa aceitação. Resta estendê-la a outros níveis e setores da organização.

O crescente exercício da responsabilidade social e do marketing social abre perspectivas para inúmeras pesquisas. Replicar o presente estudo em outras unidades industriais permitiria confrontar novos pontos comuns ou distintos. Em organizações mais avançadas no exercício do marketing social, caberia desenvolver pesquisas quantitativas e qualitativas para verificar o grau de agregação de valor à marca da empresa a partir das práticas sociais junto aos públicos interno e externo. Em maiores horizontes de tempo, a contribuição da responsabilidade social e do marketing social para a consolidação da gestão social e a tomada de decisões organizacionais também merece investigação. Por fim, iniciativas que contribuam para o aprofundamento das questões referentes ao marketing social devem ser consideradas, em face da dispersão desse tema na literatura específica.

De maneira geral, pode-se afirmar que o conceito de responsabilidade social é bem compreendido e trabalhado no ambiente empresarial. Já o conceito de marketing social é um território praticamente inexplorado, carente de melhores definições. Mas parece estar aberto o caminho para que a responsabilidade social e o marketing social constituam um conjunto coeso a serviço da mudança social. O aprendizado da responsabilidade social vem-se fortalecendo tanto no ambiente empresarial quanto no acadêmico, e o marketing social precisa seguir essa mesma trajetória, para que as práticas sociais sejam mais bem compreendidas e disseminadas.

A cidadania corporativa resulta da valorização da cidadania de todos os indivíduos, e não apenas daqueles que compõem os quadros da empresa. Filantropia e ações assistenciais de curto prazo já não constituem a melhor solução. É preciso desenvolver ações de autossustentabilidade, com uma visão de longo prazo e maior comprometimento dos envolvidos. A responsabilidade social e o marketing social constituem elementos essenciais na consolidação desse pensamento. Num país refém da degradação social, pressionado por interesses políticos e econômicos diversos, somente assim será possível imaginar uma sociedade mais igualitária.

CAPÍTULO 8

Responsabilidade social na cadeia produtiva

O grande desafio do desenvolvimento sustentado e da responsabilidade social é equilibrar as variáveis econômicas, sociais, éticas e ambientais em torno de um grande objetivo: a permanência da humanidade no planeta. Essa tarefa pode ser vista como um investimento em cidadania e está diretamente relacionada a um conjunto de valores e atitudes que refletem o nível de consciência individual e empresarial e que ainda se encontram em processo de disseminação em nossa sociedade.

A responsabilidade social empresarial é um produto da cultura da organização. As empresas que só se preocupam com os benefícios comerciais da gestão socialmente responsável acabam por cair em descrédito e não colhem os benefícios esperados.

As empresas que realmente acreditam na sua responsabilidade social se interessam igualmente em disseminá-la entre outras empresas, principalmente em sua cadeia produtiva, pois acreditam nesses valores e querem seus parceiros sintonizados com eles.

Obtêm-se resultados efetivos quando o relacionamento entre os *stakeholders* — incluindo-se aí a empresa — torna-se o foco principal de gestão. A gestão socialmente responsável, quando implementada em toda a cadeia produtiva, aumenta a eficiência do processo produtivo e promove o desenvolvimento da cidadania como um todo. Esse processo resulta na consolidação da parceria conquistada mediante o relacionamento transparente entre as empresas e a extensão da gestão social aos *stakeholders*. O engajamento de toda a cadeia produtiva nas práticas de responsabilidade social amplia significativamente os resultados e consolida os benefícios econômicos, sociais e ambientais, proporcionando assim o desenvolvimento sustentado.

130 RESPONSABILIDADE SOCIAL EMPRESARIAL

Com o objetivo de analisar a disseminação da responsabilidade social das organizações na sua cadeia produtiva, são apresentados aqui dois estudos de caso envolvendo três empresas, A, B e C,[31] pertencentes ao setor automotivo. No primeiro estudo, comparam-se as empresas A e B; no segundo, as empresas A e C. Em ambos procura-se verificar até que ponto a prática da responsabilidade social da empresa A se reproduz nas outras duas empresas, B e C, pertencentes à mesma cadeia produtiva.

Por último, apresenta-se uma análise integrada dos dois estudos de caso, uma vez que eles são complementares, permitindo ampliar a visão da disseminação da responsabilidade social na cadeia produtiva, ressalvadas as diferenças metodológicas e a abrangência de cada estudo.

Estudo de caso 1: empresas A e B

Este estudo verifica a disseminação da responsabilidade social na cadeia produtiva, tomando por base as empresas A e B, sendo a empresa B fornecedora da empresa A. Como a responsabilidade social envolve diversas áreas da empresa e diversos *stakeholders*, procurou-se elaborar uma estrutura de análise que con-

---

[31] Empresa A: iniciou suas atividades no Brasil na década de 1950, instalando seu primeiro escritório em São Paulo. Hoje ela conta com cinco modernas unidades de produção no país, além de três empresas coligadas e um grande número de escritórios de representação e assistência técnica, exportando seus produtos para 35 países. A unidade fabril aqui estudada instalou-se em Curitiba em 1975 e produz autopeças para veículos de pequeno, médio e grande portes. Seus modernos sistemas produtivos resultam em um nível de qualidade que, além de garantir larga aceitação de seus produtos, valeram-lhe o Certificado ISO 9001. A fábrica tem atualmente 3.500 empregados diretos e é empresa líder (elo forte) da cadeia produtiva do setor automotivo.

Empresa B: fundada em São Paulo na década de 1970, instalou nova planta em Curitiba para atender às necessidades de fornecimento de seu principal cliente. Conta com aproximadamente 140 funcionários. Especializada na produção de autopeças semiacabadas de usinagem mole, seus produtos são finalizados pela empresa A para então entrar na linha de montagem. É fornecedora exclusiva da empresa A. Em 1998, a planta de Curitiba foi vendida e mudou drasticamente seu modelo de gestão sob a nova diretoria que assumiu o comando da organização.

Empresa C: fundada em São Paulo no início da década de 1960. Especializada na produção em série de peças de máquinas para empresas automotivas, em peças usinadas e em tratamento superficial realizado em peças de alumínio, tem uma subdivisão especializada em extrusão de alumínio, fornecedora da cadeia produtiva da empresa A. Sua linha de equipamentos automotivos inclui peças para transmissão; componentes para bombas a diesel; componentes para sistemas de freios; peças para injeção eletrônica de combustível; peças para sistemas de rolamentos; e peças para motores e amortecedores. Em 1999, a empresa foi certificada nas normas ISO 9002 e QS 9000 nas suas duas unidades fabris. Conta atualmente com 816 trabalhadores e é um elo importante na cadeia produtiva da empresa A.

ESTUDOS DE CASOS

templa essa variedade de relações. Ou seja, o estudo foi dividido em categorias de análise. Cada categoria foi examinada separadamente, verificando-se em que medida o comportamento socialmente responsável da empresa A é reproduzido na empresa B. A classificação do estágio de responsabilidade social por categorias permitiu uma análise mais rica e detalhada, pois cada aspecto avaliado tem características próprias e encontra-se em diferentes estágios.

A divisão das categorias de análise inspirou-se nos seguintes autores:

❑ Melo Neto e Fróes — a base da responsabilidade social e da cidadania está na coerência entre as dimensões interna (funcionários) e externa (comunidade);

❑ Instituto Ethos de Empresas e Responsabilidade Social — a base está no relacionamento transparente da empresa com seus *stakeholders*;

❑ Isea — AA1000, norma de processos baseada no comprometimento entre os *stakeholders*, visto como o mais avançado estágio de responsabilidade social.

As sete categorias abaixo formam a estrutura da análise:

❑ valores éticos, culturais e transparência — modo como a empresa se relaciona com seus *stakeholders* (clientes, funcionários, fornecedores, comunidade, meio ambiente etc.);

❑ público interno — relacionamento da empresa com os funcionários e seus familiares;

❑ meio ambiente — relacionamento da empresa com o meio ambiente;

❑ fornecedores — relacionamento da empresa com seus fornecedores;

❑ clientes — relacionamento da empresa com seus clientes;

❑ comunidade — relacionamento da empresa com a comunidade;

❑ governo e sociedade — relacionamento da empresa com o governo e a sociedade.

Cada uma dessas categorias recebeu uma classificação de acordo com o grau em que incorporam a responsabilidade social na sua gestão. As três classificações possíveis são:

❑ primeiro estágio — requisitos éticos mínimos; cumprimento da lei;

❑ segundo estágio — nível de obrigações acima da lei;

❑ terceiro estágio — nível de aspiração a ideais éticos.

132 RESPONSABILIDADE SOCIAL EMPRESARIAL

A classificação do estágio de responsabilidade social tomou por base Ashley (2002), Enderle e Tavis (apud Ashley, 2002) e Ferrel e coautores (2001). A seguir apresenta-se o resultado da pesquisa em cada categoria de análise. Ao final da descrição de cada categoria mostra-se a classificação do estágio de responsabilidade social das empresas A e B, bem como avalia-se a disseminação das práticas de responsabilidade social entre as empresas.

Valores éticos e culturais e transparência

Empresa A

Nessa empresa, a cultura socialmente responsável remonta à sua fundação, há mais de um século, pois seu fundador foi pioneiro nessa conduta. Desde os primeiros anos, a empresa já contribuía para as causas sociais com projetos comunitários. Essa tradição do fundador faz muita diferença na formação da cultura organizacional, pois já existe inicialmente a consciência do dever da cidadania.

Seja através de observação, entrevistas ou conversas informais, é fácil perceber a transmissão e a incorporação desses valores no processo de trabalho e nas relações da empresa com seus funcionários, parceiros e a comunidade, embora eles não estejam formalmente documentados. O balanço social ainda não é publicado regularmente no Brasil.

As estratégias, o modelo de gestão e a forma de resolução de problemas constam na pauta de discussões das lideranças da empresa. Há diálogo entre as partes interessadas e facilidade de acesso aos canais de comunicação, conduta indispensável quando o objetivo é atingir o comprometimento entre os *stakeholders*, base da responsabilidade social.

O código de ética é informal, mas existem outros instrumentos formais que esclarecem o posicionamento da empresa A e o comportamento esperado dos funcionários, como o *Regulamento interno* e o *Manual de integração*, os quais mencionam também aspectos técnicos e os benefícios oferecidos pela empresa A ao trabalhador.

As pesquisas de clima organizacional, incluindo perguntas relacionadas à ética, mostram que os funcionários reconhecem a empresa como tal e entendem que suas ações e sua responsabilidade social e ambiental não apenas estão dentro da legalidade como ultrapassam essa expectativa.

Com o objetivo de fortalecer as parcerias, além de zelar pelos valores éticos e pela transparência nas negociações, a empresa A desenvolveu e implantou um

ESTUDOS DE CASOS   133

programa através do qual os fornecedores se reúnem mensalmente, sob sua orientação, para discutir os erros e acertos nos negócios. A empresa B, como fornecedora, participa do Encontro com Fornecedores, programa vital para manter o comprometimento entre a empresa A e seus fornecedores (*stakeholders*). Esse é o principal veículo de disseminação da responsabilidade social na cadeia produtiva. Também os clientes da empresa A assistem eventualmente a essas reuniões, ampliando a participação dos níveis da cadeia produtiva. Assim, a troca de informações é o ponto de partida para a resolução de problemas comuns.

Em relação aos seus clientes, a empresa A conquistou excelência no aspecto ético e tem amplo reconhecimento de seus *stakeholders*. Não sofre pressão por qualidade por parte dos clientes — montadoras de veículos de passeio e de carga. Atualmente sua tarefa é manter os mesmos princípios que a conduziram a essa posição de liderança e credibilidade.

Quanto à competição no mercado dos produtos da empresa A, é consenso na organização que a maior concorrência é interna, ou seja, entre suas próprias fábricas localizadas em diferentes países. Nesse caso, o Brasil compete com outras fábricas da empresa A no Terceiro Mundo. Os concorrentes externos significativos são apenas potenciais no médio prazo, em se tratando de componentes eletrônicos. No mercado mundial, a expectativa é que surjam concorrentes de maior peso a partir de agora. A imagem da empresa A perante seus *stakeholders* dificulta a entrada de novos concorrentes no mercado. Essa imagem é gerada pela alta qualidade tecnológica de seus produtos, aliada à eficiência, à solidez e à consciência da responsabilidade social e ambiental incorporadas no modelo de gestão.

Empresa B

De acordo com a norma AA1000, os princípios da responsabilidade social também podem ser incorporados por pequenas e médias empresas e trazer-lhes excelentes resultados, pois não se trata de uma metodologia rígida, com indicadores determinados de desempenho, e sim de um processo cíclico de melhoria contínua da responsabilidade social adaptado ao tipo e à natureza de cada organização. Esse é o caso da empresa B, que iniciou esse processo há apenas três anos e, começando do estágio básico de responsabilidade social interna (relações entre organização e funcionários), já apresenta ótimos resultados. Quanto à responsabilidade social externa, segunda fase do processo de

134 RESPONSABILIDADE SOCIAL EMPRESARIAL

mudança de cultura e mentalidade, a empresa B ainda tem pela frente um longo período de aprendizado e desenvolvimento. Os ótimos resultados dessa nova forma de gestão, desenvolvendo e aprimorando a responsabilidade social interna, estimulam a continuidade desses programas. O início desse processo foi o programa Encontro com Fornecedores, criado pela empresa A justamente para esse fim, deixando claro o firme propósito de difundir a cultura socialmente responsável na sua cadeia produtiva.

A antiga cultura e o clima organizacional da empresa B eram caracterizados pela desorganização do planejamento, da logística, das finanças e da administração em geral. Os antigos funcionários mencionam a insegurança em relação à empresa e a dificuldade de executar um bom trabalho devido à falta de espírito de equipe, bem como de comunicação entre os próprios funcionários e entre eles e a direção. Era impossível haver comprometimento naquele modelo de gestão e, principalmente, naquele contexto.

A nova gestão declara abertamente que procura "espelhar-se" na empresa A, seja na transparência da administração e dos negócios, seja no tocante à cultura e aos valores organizacionais. Como resultado da disseminação dessa cultura na cadeia produtiva, muitas atividades da empresa A foram adaptadas à empresa B.

Na empresa B, a cultura foi sendo incorporada lentamente ao longo dos últimos três anos. A abertura de canais de comunicação entre os funcionários e a nova direção possibilitou disseminar a nova filosofia, que ressalta a importância da cultura de times, da transparência e dos valores éticos para a sobrevivência da organização e a melhoria das condições de trabalho.

Estágio da responsabilidade social na categoria de análise

Empresa A: terceiro estágio

A empresa A está no terceiro e mais elevado estágio de responsabilidade social nessa categoria de análise. O que a enquadra nessa classificação é o constante aprimoramento na divulgação de informações a todos os públicos. Ela mantém canais de comunicação permanentes com os *stakeholders* e procura, de forma totalmente aberta e transparente, resolver conflitos e propor melhorias. Portanto, seus valores éticos e culturais estão presentes no dia a dia dos *stakeholders*.

ESTUDOS DE CASOS   135

Empresa B: segundo estágio

A empresa B se encontra no segundo estágio de responsabilidade social nessa categoria. Assimilando a cultura da empresa A, rigorosamente de acordo com as normas de processo da AA1000, a empresa B também mantém canais de comunicação permanentes com seus *stakeholders* (fornecedores, clientes, funcionários, meio ambiente), construindo um relacionamento de parceria e comprometimento e atuando de maneira preventiva para resolver conflitos.

Esse processo está em fase de consolidação, pois não basta a mudança: ela tem que ser incorporada e transformada em rotina na empresa, processo que demanda tempo mas tem plenas condições de atingir gradualmente o terceiro estágio.

Para que a empresa B alcançasse o segundo estágio de valores éticos, culturais e transparência, foi fundamental o apoio da empresa A, implementando programas e estabelecendo canais de comunicação para transmitir-lhe sua cultura socialmente responsável. Os dirigentes da empresa B, dotados dos atributos essenciais à incorporação dessa cultura — confiança, autocontrole, empatia, equidade e veracidade —, também tiveram papel fundamental na implantação do novo modelo de gestão. A mudança de cultura começou pelo relacionamento interno, no qual a empresa não chegara sequer ao primeiro estágio porque não cumpria o mínimo necessário exigido pela lei.

Público interno: empresas A e B

Ética e cultura

A comunicação do posicionamento da empresa A e do comportamento esperado dos funcionários é muito clara. O *Regulamento interno* é específico nas questões dos direitos e deveres do colaborador e na descrição dos produtos fabricados pela empresa, esclarecendo também questões éticas e procedimentos de segurança do trabalhador no cotidiano e nos casos de crise. Inclui ainda aspectos técnicos, como *layout* e siglas utilizadas na empresa. Na empresa B, a integração do novo funcionário se faz por meio do treinamento básico operacional (TBO), no qual ele é apresentado aos colegas e conhece os "direitos e deveres" da empresa e dos funcionários, as normas de segurança e o funcionamento de cada departamento. O treinamento foi adaptado da empresa A, que disseminou sua cultura observando as diferenças de tamanho e de cultura organizacional. É um programa que demonstra a preocupação com o bem-estar e

136 RESPONSABILIDADE SOCIAL EMPRESARIAL

com a integração do indivíduo ao novo ambiente de trabalho e às pessoas com as quais irá se relacionar, dando-lhe mais segurança na fase de adaptação. Nenhuma das duas empresas tem comitê ou conselho específico de gestão ética. Na empresa A, essas questões são incluídas nas pesquisas de clima organizacional, que revelam a visão que os funcionários têm da empresa. Eles a veem como "certinha" e reconhecem que suas ações, atitudes e funcionamento não apenas estão dentro da legalidade como ultrapassam essa expectativa, caracterizando o terceiro e mais avançado estágio de responsabilidade social. A incorporação da cultura socialmente responsável (aspectos econômicos, ambientais, sociais e éticos) na estratégia, nas decisões e no dia a dia da empresa está clara para dirigentes e funcionários.

Na empresa B, a nova diretoria, assim que tomou posse no final de 1998, realizou uma pesquisa de clima organizacional englobando aspectos éticos. O resultado foi desastroso: os funcionários estavam inseguros e desmotivados — os salários atrasavam frequentemente —, e queixavam-se da falta de apoio da direção para resolver os problemas da produção ou mesmo os seus problemas pessoais. As informações a respeito da situação da empresa chegavam aos funcionários através de boatos, nunca havia uma posição clara, e nenhuma informação era prestada diretamente pela direção.

Na realização deste estudo foi aplicado um questionário a todos os funcionários da empresa B, englobando, entre outras, questões éticas e referentes ao clima organizacional. O resultado foi surpreendente: com o novo processo de gestão, em três anos de trabalho a nova diretoria transformou completamente o contexto da empresa, obtendo o comprometimento dos funcionários: 59% têm orgulho de trabalhar na empresa e 38% gostam muito de trabalhar nela. Quanto ao trabalho em equipe, 89% sentem que estão "todos no mesmo barco", o que mostra a incorporação da cultura de times na empresa. Esse comprometimento é fundamental para atingir um grau elevado de responsabilidade social. Os funcionários sentem-se integrados, participam das operações e contribuem para o resultado da empresa. Segundo a AA1000, confiança, autocontrole, empatia, equidade e veracidade são as características necessárias aos líderes empresariais para conseguir transformar o individualismo e a insegurança em uma cultura de equipe na qual as pessoas trabalham para um mesmo objetivo, estão conscientes da importância de seu papel e de sua participação no processo e, portanto, sentem-se motivadas e realizadas. Os dirigentes da empresa B possuem essas características, de

Estudos de Casos 137

modo que sua conduta e a de seus funcionários favorecem esse clima de participação, integração e satisfação.

Para os funcionários que trabalham na empresa há mais de quatro anos e que participaram de toda a transformação da cultura e do modelo de gestão, "hoje a empresa B é outra empresa". Conforme tabulação do questionário, 88% dos funcionários afirmam que a empresa está melhor ou muito melhor do que há três anos. Eles agora sabem para onde ela caminha e quais são os seus objetivos, são informados a respeito dos problemas de seu setor e convidados a participar das soluções e a propor mudanças, conhecem a situação financeira da empresa, seus salários são pagos rigorosamente em dia, existe plano de carreira, enfim, os funcionários percebem claramente a transformação da empresa e seus benefícios.

Representação sindical

A relação entre a empresa A e o sindicato dos trabalhadores é estável, de modo que não há movimentos de protesto, greves ou outras reivindicações. Ao contrário, o comprometimento existente nessa relação permite detectar e resolver as diferenças em parceria, antes que se chegue a esse extremo. Nos últimos três anos, desde a instalação de várias montadoras na cidade, o outro sindicato patronal enfrentou greve geral das fábricas todos os anos. A empresa A foi a única que não sofreu paralisações.

O sindicato patronal realiza reuniões periódicas com o sindicato dos trabalhadores. As negociações são feitas a princípio entre os sindicatos; não havendo acordo, as empresas partem para negociações separadamente. A empresa A, através do diretor, participa ativamente do planejamento da estratégia de negociação da categoria.

O relacionamento entre a empresa B e o sindicato dos trabalhadores vem evoluindo. Hoje pode-se dizer que existe harmonia entre esses *stakeholders*, tanto que a negociação do primeiro programa de lucros e resultados, em 2002, foi positiva. No chão de fábrica há apenas dois dirigentes sindicais, e as lideranças mais fortes são as informais.

Transparência de informações e gestão participativa

Três anos atrás, os funcionários da empresa B não tinham qualquer acesso a dados financeiros ou estratégicos da empresa. Inicialmente, a política de transparência adotada pela nova gestão gerou conflitos e insegurança, mas o

138 RESPONSABILIDADE SOCIAL EMPRESARIAL

comportamento dos líderes para com os trabalhadores fez a diferença. Numa avaliação feita ao final de 2001, essa política obteve ótimos resultados, o que atesta a confiança depositada na direção.

Para viabilizar a gestão participativa, a empresa A criou programas de estímulo e recompensa para sugestões de melhoria dos processos internos. Nesses programas percebe-se claramente a importância da comunicação entre os *stakeholders* e a organização para se chegar a uma gestão participativa e ao comprometimento mútuo. Grupos de trabalho se reúnem com frequência para solucionar problemas e propor ações de melhoria contínua.

O Programa Cafezinho e o Programa de Sugestões Clic possibilitam a comunicação e a integração entre a alta administração e os empregados, que assim participam na gestão da empresa. O primeiro consiste em reuniões entre gerentes e colaboradores de diversas áreas. Já foram realizados 326 cafezinhos com a participação de 2.300 colaboradores. O segundo, criado em 1993, possibilita aos funcionários propor soluções ou modificações nos processos produtivos da empresa A. Para que haja realmente participação na gestão, não basta o funcionário apresentar uma ideia, e sim um projeto concreto, com etapas de implantação definidas e possíveis resultados previstos. Em média são apresentadas 6 mil sugestões por ano, das quais 2 mil são aprovadas e implantadas. Da economia gerada por essas melhorias, os funcionários recebem um percentual como prêmio. O reconhecimento obtido com a divulgação da melhoria implantada, assim como o prêmio em dinheiro, traz satisfação aos funcionários, além da realização profissional e pessoal pela oportunidade de participar na gestão.

Todas as políticas de RH da empresa A são negociadas com um comitê de gerentes. Graças a um sistema de rodízio, os funcionários podem aprender várias funções e perceber o processo produtivo de forma mais abrangente, além de fazer um trabalho diferente a cada período, livrando-se da rotina diária.

A cultura da empresa A difunde a ideia de que a melhoria é um processo integrado, abrangendo tanto o aspecto técnico quanto a qualidade de vida e o exercício da cidadania. Essa filosofia é disseminada nas reuniões com os fornecedores, visando estender a toda a cadeia produtiva os processos de melhoria contínua e a gestão participativa. A empresa consegue assim incutir os seus valores nos seus parceiros de negócios, como é o caso da empresa B.

Apesar da transparência que caracterizou a nova gestão da empresa B, ela não conseguiu desde logo implantar a gestão participativa. Devido à situação de desgaste em que se encontrava a empresa, o clima era de descrédito, insegurança e falta de motivação para quaisquer mudanças. A nova direção tratou então de

Estudos de Casos   139

reestruturar os canais de comunicação, que estavam completamente destruídos. Suas primeiras providências foram restabelecer os editais informativos em toda a fábrica e retomar as reuniões entre gerência, direção e coordenação para apresentar o sistema organizado de gestão, incluindo programa de metas e recompensas a ser implantado pela empresa B. Esse sistema de editais foi adaptado da empresa A, que o utiliza como base de informações para seus funcionários (metas, desempenho, processos de segurança etc.). Na medida em que refletiam a política transparente da empresa, os editais se tornaram um poderoso veículo de comunicação. As reuniões melhoraram o entendimento entre os coordenadores e a gerência, resultando em maior eficiência na resolução dos pequenos problemas do dia a dia e no processo de tomada de decisões. Atualmente, 90% dos funcionários acham justo o sistema de avaliação e premiação por desempenho adotado pela empresa B, o qual se baseia na informação periódica, clara e transparente sobre as metas e o desempenho de cada setor através dos editais por toda fábrica, sem distinção de níveis hierárquicos.

Nesse estágio é muito claro o resultado positivo dos processos propostos pela AA1000. Graças ao alinhamento de valores e à comunicação recíproca, o clima organizacional mudou. Hoje os funcionários estão motivados, seguros, unidos e dispostos a contribuir para os bons resultados da empresa, pois têm a certeza de que serão reconhecidos e recompensados: 86% afirmam que os canais de comunicação criados pela direção melhoraram o clima e o trabalho na empresa, enquanto somente 6% dizem não haver participação.

O primeiro plano de metas e recompensas da empresa B foi apresentado pela direção pronto e definido, sem a participação dos funcionários. Dois anos depois, quando os canais de comunicação já estavam mais organizados e os funcionários podiam conhecer melhor as metas e o desempenho da empresa, o plano foi negociado com o sindicato. O processo de participação gradativa foi fundamental para introduzir essa cultura e criar fortes representantes informais na empresa. Em 2002 a empresa B, já mais organizada e com a cultura de transparência consolidada, formou comitês de representantes dos funcionários para fixar metas e recompensas em conjunto.

Pode-se depreender dessa análise que a empresa B, reproduzindo a cultura socialmente responsável da empresa A em seu novo modelo de gestão, avançou muito na primeira fase de desenvolvimento da responsabilidade social, isto é, a responsabilidade interna para com os funcionários, considerada prioritária para a empresa que está iniciando suas práticas de comportamento socialmente responsável. Para tanto foram fundamentais a participação da direção e

140 RESPONSABILIDADE SOCIAL EMPRESARIAL

suas características éticas e culturais. Nesse estágio as reuniões, frequentes e produtivas, continuam sendo um poderoso canal de comunicação. A direção já não participa de todas elas, apenas das que tratam de assuntos de maior responsabilidade, isso por causa do amadurecimento da equipe, que atualmente tem maior autonomia para decisões. A comunicação com a alta direção agora obedece a hierarquia, sem bloqueio do acesso.

Ambas as empresas cumprem todos os requisitos legais — horário de trabalho, horas extras, reajustes salariais etc.

Outro ponto importante, enfatizado por todos os estudiosos da responsabilidade social, é a política de participação nos resultados. Na empresa A ela é negociada entre os sindicatos e, muitas vezes, diretamente entre a organização e os representantes dos trabalhadores. Pesquisas de mercado realizadas anualmente mostram que os salários pagos, os benefícios e a participação nos resultados não só satisfazem os padrões da indústria e atendem as necessidades dos trabalhadores, como estão acima da média oferecida pelo mercado — resultado de muitos anos de melhoria contínua e de incorporação da cultura socialmente responsável da empresa A, instituída por seu fundador há mais de um século.

Nos níveis operacionais há um programa de participação nos resultados que é somado ao fixo. O desempenho e a premiação são mensurados por indicadores coletivos, como qualidade, absenteísmo, número de acidentes, eficiência etc. Nos níveis de supervisão há remuneração fixa mais política de recebimento de bônus. Os níveis de chefia, além da remuneração fixa, recebem salário variável, mensurado e acumulado através de diferentes avaliações de desempenho individual e coletivo, havendo um teto que no ano 2000 foi de cinco salários.

A empresa B mais uma vez espelhou-se na empresa A, adaptando seus programas para fixar seu próprio plano de lucros e participações. Até 2001, os resultados e as metas foram coletivos. Em 2002, há projetos que premiam coordenadores individualmente e avaliam o desempenho para distribuir a premiação por células de trabalho. De acordo com o questionário aplicado, quase 90% dos funcionários concordam com o novo sistema de avaliação e premiação por células. Por serem de capital fechado, essas empresas não têm programas de estímulo à participação acionária dos empregados. Pouco a pouco a cultura da empresa A, socialmente responsável, vai sendo incorporada na empresa B.

Estudos de Casos 141

Futuro das crianças e respeito ao indivíduo

Ambas as empresas respeitam a idade definida pela legislação em vigor, assim como todas as empresas dessa cadeia produtiva, que são auditadas pela empresa A. Esta mantém programa de aprendizagem para jovens entre 14 e 16 anos: na área técnica, há os aprendizes do Senai, e na área administrativa, o Programa do Menor Aprendiz. A empresa B, no processo de incorporação da cultura socialmente responsável também nesse sentido, treina quatro colaboradores do Senai e dois estagiários de engenharia mecânica, que desenvolvem atividades de apoio para obter conhecimento da parte prática das suas futuras profissões. Alguns estagiários, como foi o caso do setor de pessoal, já tiveram oportunidade de efetivação.

Preocupada com a integração e a qualidade de vida dos funcionários e seus dependentes, a empresa A desenvolve projetos internos de integração e apoio aos filhos de funcionários, com atividades recreativas e esportivas na associação de funcionários e no clube da empresa. Para implantar seu programa social, a empresa escolheu uma comunidade local onde há grande número de famílias de funcionários, atingindo assim o nível máximo da classificação de empresa responsável, ultrapassando em muito o definido pela legislação.

Como a disseminação da nova cultura de responsabilidade social na cadeia produtiva é um processo de conscientização progressiva, a empresa B, que iniciou esse processo há apenas três anos, ainda não chegou nessa fase. Por enquanto ela apenas fornece material escolar para os dependentes dos funcionários e para os próprios funcionários que queiram voltar a estudar. No que se refere à atenção dada pela empresa aos familiares dos funcionários, 12% acham que ela é insuficiente mas está melhorando; 51% gostariam que ela fosse maior; e apenas 30% estão satisfeitos.

A empresa A apoia projetos em benefício da criança e do adolescente na comunidade, fortalecendo sua posição de empresa cidadã. Reformou e ampliou a marcenaria da Apae, viabilizando assim um projeto sustentável, pois essa instituição lhe fornece embalagens regularmente. Além disso, criou a Brigada de Primeiros Socorros, na qual se formam adolescentes que cursam a 6ª série.

Para divulgar a importância da escola, a empresa A faz um trabalho de base na comunidade: profissionais da empresa vão até as escolas para explicar o valor do aprendizado, muitas vezes servindo de exemplo através de sua

142 RESPONSABILIDADE SOCIAL EMPRESARIAL

própria história de vida. A evasão escolar era de 35-40% na comunidade, as crianças deixavam de frequentar as aulas para trabalhar. Depois desse trabalho, foram abertas mais 380 vagas e ainda há 200 alunos na lista de espera das escolas da comunidade.

Na empresa B, ainda não é o momento para qualquer ação voltada para a comunidade local, o que demonstra a coerência da empresa. Melo Neto e Fróes (1999) mostram que é importante a empresa primeiro fazer o "dever de casa", melhorando as condições de vida e de trabalho dos funcionários e seus familiares, para depois estender os benefícios à comunidade. Qualquer outra atitude seria incoerente ou mesmo demagógica. No entanto, pesquisa realizada na empresa B ao final de 2001 mostrou que 24% dos funcionários gostariam que ela tivesse boa imagem perante a comunidade, enquanto 67% gostariam que ela fosse reconhecida por sua atuação social na comunidade e estão dispostos a contribuir para isso. Donde se conclui que a empresa B realizou um grande trabalho de conscientização entre seus funcionários, despertando neles o interesse em ajudar a comunidade carente. Isso foi possível graças à atitude da nova direção e ao incentivo da empresa A para que a empresa B reproduzisse sua cultura socialmente responsável.

Valorização da diversidade e discriminação

Nas duas empresas analisadas, não existe qualquer forma de discriminação, o que aliás é proibido por norma. Na empresa A, as mulheres representam 10% do quadro de pessoal, e seus salários são iguais aos dos homens que exercem a mesma função. Dos 79 cargos de chefia, apenas dois são ocupados por mulheres. Há gerentes e supervisores negros com salários iguais aos de seus colegas de posto. Ambas as empresas reconhecem que podem aumentar a diversidade contratando mais mulheres, embora a oferta de mão de obra feminina no setor em questão seja muito menor que a masculina.

No que se refere à idade do funcionário, ponto normalmente delicado quando se fala em contratação, a empresa B, mais uma vez por influência da cultura da empresa A, contratou vários com mais de 45 anos — atualmente eles representam 8% do quadro de pessoal —, obtendo assim um equilíbrio entre a experiência dos mais velhos e a disposição para mudanças dos mais jovens.

Respeito ao trabalhador nas demissões

Quando é inevitável demitir, as empresas levam em conta critérios de ordem técnica, social e médica para definir prioridades. Na empresa A, chegou-se a

ESTUDOS DE CASOS   143

oferecer programas de demissão voluntária incentivada, mas isso não acontece há quatro anos.

Na empresa A, a partir do cargo de chefia é oferecido um plano de recolocação/capacitação para todos os demitidos (*outplacement*). Para cargos inferiores, há um trabalho junto a outras empresas para recolocar os demitidos por contenção de despesas. De janeiro a abril de 2000, foram demitidos 70 funcionários, dos quais mais de 50% foram recolocados por esse processo. Atualmente, a empresa B está bastante organizada e sua rotatividade gira em torno de 2%.

Respeito ao trabalhador na segurança no trabalho e no desenvolvimento profissional

A empresa A mantém programas de capacitação contínua para seus funcionários, como o Poka Yoke,[32] que visa diminuir as falhas humanas no trabalho eliminando as tarefas repetitivas. Atualmente estuda-se a realização de cursos profissionalizantes para filhos de funcionários, reforçando a linha de responsabilidade social interna.

Existe intercâmbio com universidades e centros de pesquisa, com a contratação de estagiários e a realização de cursos de pós-graduação e mestrado ligados a projetos específicos. Nesse caso, a participação da empresa nos custos varia conforme a situação do funcionário.

Na empresa B, treinamentos técnicos têm sido uma constante desde que a nova direção assumiu. Depois de três anos da implantação do plano de cargos e salários, a empresa propicia ainda treinamento técnico para as promoções e, como o nível de escolaridade também é critério para as promoções, estimula a volta aos estudos com flexibilização do horário de trabalho.

Através do grupo de voluntários da empresa A, promove-se treinamento contínuo em normas de responsabilidade social para todos os funcionários. Nesse aspecto a empresa ultrapassa em muito a sua parcela de responsabilidade prevista em lei. O grupo de voluntários cresceu muito, graças à consciência de cidadania de seus funcionários. Em 2001 eles fundaram uma ONG para intensificar esse trabalho, que a empresa continua apoiando e incentivando de todas as formas.

---

[32] Programa desenvolvido por Shiengo Shingo, engenheiro industrial japonês.

Avaliando a responsabilidade interna no aspecto educativo, a empresa A já erradicou o analfabetismo através de programas de educação básica. Em sete anos, mais de mil funcionários concluíram esses cursos, que já não são mais necessários. Em 2002 iniciou-se o programa de ensino médio.

Com relação a saúde e segurança no trabalho, a empresa A distribui manuais de instrução e oferece treinamento periódico para todos os funcionários. O Serviço Especializado em Segurança e Medicina no Trabalho (Sesmet) conta com seis técnicos de segurança, um engenheiro de segurança, dois médicos, uma enfermeira e um auxiliar, além de um representante na alta administração.

Existem ainda a Cipa, composta de 38 pessoas, a Semana Interna de Prevenção de Acidentes e a Semana da Saúde, visando oferecer treinamento regular para todos os funcionários. A Sesmet e a Cipa são dimensionadas em função do grau de risco da empresa aliado ao número de funcionários. Esse grau varia de um a cinco, estando a empresa A classificada como grau três devido às máquinas operatrizes utilizadas, ao tratamento térmico incluído no processo produtivo e à galvanoplastia.

Mais uma vez, a empresa A tratou de estender essas práticas à sua cadeia produtiva, não só à empresa B, mas a todos os seus fornecedores. Atualmente a empresa B também tem na alta administração um representante responsável pela saúde e segurança dos funcionários. A Semana Interna de Prevenção de Acidentes de Trabalho (Sipat) traz resultados mais positivos a cada ano devido aos processos de melhoria dessa área. Profissionais da empresa A auxiliaram na implantação e no treinamento dessas práticas na empresa B. Como já era esperado, inicialmente houve muita resistência dos funcionários à implantação das medidas de segurança, mas hoje todos eles fazem questão de usar equipamentos adequados dentro da fábrica e de participar das atividades da Sipat. O comportamento socialmente responsável adotado na empresa B por influência da empresa A tornou mais rigorosos os padrões de segurança e melhorou as condições de trabalho. Esses projetos, além de melhorar as condições de saúde e segurança, baixaram os custos da empresa com manutenção e consumo de energia, otimizando a utilização desse recurso.

Como parte do Plano de Previsão de Riscos Ambientais, a empresa promove regularmente melhorias no maquinário e treinamento preventivo, com simulações de situações de risco e de acidentes. Como resultado, ocorrem anualmente apenas três acidentes com afastamento temporário num total de 3.500 funcionários. Não houve nenhum acidente que tivesse causado mutila-

ESTUDOS DE CASOS   145

ção, afastamento permanente ou morte. Acontecem em média 11 pequenos acidentes mensais, sem afastamento. Todos esses dados são rigorosamente controlados.

Na empresa B, após a introdução de normas e equipamentos de segurança, as reformas gerais nas instalações e o trabalho de conscientização dos trabalhadores, os acidentes ocorridos não implicaram nenhum afastamento — resultado extremamente positivo da Sipat e das reuniões realizadas periodicamente para tratar de melhorias na saúde e na segurança. Esses processos foram absorvidos da empresa A.

Em ambas as empresas, a alimentação é subsidiada e segue a orientação de um nutricionista. Os funcionários têm à sua disposição banheiros asseados, água potável e instalações para armazenar alimentos. Elas seguem todas as normas e recomendações da ABNT, promovem exercícios físicos no horário de trabalho (ginástica laboral) e oferecem plano de saúde.

A empresa A, que iniciou há mais de 100 anos suas práticas de empresa socialmente responsável, logicamente oferece muito mais benefícios aos seus funcionários do que a empresa B, que há apenas três anos passa por esse processo. A empresa A ultrapassa o estabelecido pela legislação vigente, em termos de integração, melhoria da qualidade de vida e oportunidades de lazer e realização pessoal dos funcionários. Mantém, ainda, um grupo de teatro, um coral, um grupo de gestantes e um ambulatório 24 horas.

Além do plano de saúde oferecido a todos os funcionários, a empresa B não possui planos de assistência sistematizados, mas promove ações isoladas conforme a necessidade dos funcionários ou de seus familiares, mesmo porque o porte da empresa permite essa política. Aos poucos alguns programas vêm sendo implantados, como empréstimos facilitados para casos de doença ou morte na família.

Preparo para a aposentadoria

Nenhuma das duas empresas tem programa estruturado de orientação psicológica e financeira para os funcionários que estão se aposentando. Na empresa A, a associação de funcionários promove eventos isolados, visando incentivar o aproveitamento da capacidade de trabalho do aposentado e a sua participação em projetos sociais na comunidade.

No aspecto financeiro, a empresa A mantém programa de previdência complementar para funcionários com mais de 10 anos de trabalho e acima de

146 RESPONSABILIDADE SOCIAL EMPRESARIAL

45 anos de idade. A empresa paga 100% da previdência privada — fundo fechado de administração própria.

Na empresa B ainda não houve nenhuma aposentadoria, mas também não existem programas elaborados. Devido ao estágio de responsabilidade social em que a empresa se encontra, existem outras prioridades.

Estágio da responsabilidade social na categoria de análise

Empresa A: terceiro estágio

A empresa A se encontra no terceiro e mais elevado estágio de responsabilidade social na categoria de relacionamento com o público interno, ou seja, funcionários e seus familiares. Ultrapassa em muito as exigências legais na relação com esse *stakeholder* e atinge níveis éticos ideais. Aspectos como a integração do novo funcionário, aposentadoria ou eventual demissão, integração com a família dos funcionários (além de assistência e formação para cidadania), relacionamento bom e transparente com os sindicatos, oportunidades de desenvolvimento pessoal e profissional, gestão participativa através de inúmeros programas que possibilitam a real contribuição e participação dos funcionários, tudo isso caracteriza um forte comprometimento entre a empresa e esse *stakeholder*. Conforme a AA1000, o nível de parceria existente nessa relação coloca a empresa A no mais elevado estágio de responsabilidade social interna. O clima organizacional reflete essa cultura e esse comprometimento.

Empresa B: segundo estágio

A empresa B, como na categoria anterior, encontra-se no segundo estágio e busca melhorias para alcançar o terceiro estágio. Ao introduzir certas práticas que já eram adotadas na empresa A, como reunião de times, canais de comunicação para viabilizar a gestão participativa, plano de metas e resultados, a empresa B conseguiu atingir o segundo estágio. Ainda falta reforçar a integração com os familiares dos funcionários, dando-lhes maior atenção e assistência, bem como promover o desenvolvimento pessoal dos colaboradores, uma vez que o desenvolvimento profissional é plenamente atendido.

A empresa A participou ativamente na introdução de práticas socialmente responsáveis na empresa B, processo iniciado com o alinhamento de culturas entre os dirigentes das duas empresas. A partir daí a empresa B mudou seu rela-

Estudos de Casos 147

cionamento com o público interno. Os ótimos resultados são evidentes, o ambiente é alegre, as pessoas se sentem seguras em seu trabalho, motivadas, orgulhosas da empresa. Os dirigentes acertaram ao começar pela transformação do relacionamento interno, fazendo primeiro "o dever de casa" para depois tratar de estender as práticas socialmente responsáveis aos outros *stakeholders*. Tal relacionamento evoluiu bastante, e os resultados, em termos de satisfação dos funcionários e desempenho da empresa, comprovam o sucesso da reprodução das práticas da empresa A na empresa B: se há três anos ela era a pior empresa fornecedora da empresa A, hoje é a primeira no índice de fidelidade de entrega. A melhoria dos índices de qualidade foi fruto do comprometimento entre funcionários e dirigentes, da gestão participativa e de uma política transparente, onde todos os funcionários conhecem o desempenho, as metas e as dificuldades da empresa.

Meio ambiente: empresas A e B

O Sistema de Gestão Ambiental (Sega) da empresa A, incluído em seu planejamento estratégico, envolve a alta administração do Brasil e da Alemanha. O sistema visa à redução do passivo ambiental, principalmente através da reciclagem e do coprocessamento, como manda a gestão ecocêntrica desses recursos, com base no desenvolvimento sustentável. Na empresa B, onde o risco ambiental é muito menor, a gestão do meio ambiente é assunto da Sipat, do TBO e também da diretoria. A Secretaria do Meio Ambiente inspeciona a empresa B regularmente. Após as mudanças implantadas pela nova administração no gerenciamento do impacto ambiental, sempre seguindo a orientação da empresa A e reproduzindo sua conduta, a empresa B tornou-se um exemplo entre as empresas de pequeno porte na questão do meio ambiente.

A empresa A conhece detalhadamente os principais impactos ambientais causados por sua atividade produtiva e seu gerenciamento é totalmente preventivo. Regularmente produz estudos de impacto ambiental e mantém rigoroso monitoramento nessa área. Preocupada com o impacto ambiental causado por sua cadeia produtiva, a princípio ela conduzia também os estudos referentes à empresa B. Atualmente a cultura de preservação do meio ambiente está incorporada na empresa B, que realiza seus estudos e projetos de forma autônoma.

A superação de uma cultura de descaso pelo meio ambiente exigiu um longo processo de conscientização e muito deve à dedicação dos diretores da em-

148 RESPONSABILIDADE SOCIAL EMPRESARIAL

presa B, que procuraram reproduzir o modelo alternativo de gestão ambiental adotado na empresa A. A gestão ecocêntrica prega a economia de recursos naturais, a prevenção de riscos ambientais, a reciclagem de lixo e resíduos. Foram necessárias muitas palestras, visitas à empresa A e outras, campanhas internas e externas para mudar o comportamento dos funcionários em relação ao meio ambiente. Hoje a cobrança parte dos próprios funcionários, tanto em relação à empresa quanto entre eles. Os treinamentos são rígidos e frequentes, assim como as inspeções.

O processo produtivo da empresa A traz riscos de contaminação de solo, rios e lençol freático, mas todo risco é estudado e controlado, tomando-se medidas preventivas. Existe monitoração mensal da geração e do descarte de resíduos poluentes, e cada tipo de resíduo tem licença de destinação. Em caso de acidente, há um plano de adequação urgente. A licença do Instituto Ambiental do Paraná é renovada a cada dois anos.

A planta aqui estudada tem como objetivo para 2004 obter a certificação ISO 14001, a mais rígida norma ambiental mundial. Foi elaborado um manual específico para essa planta, estabelecendo o controle de todos os resíduos gerados pela fábrica e sua devida destinação: reciclagem, coprocessamento ou aterramento (químico ou sanitário), dependendo do resíduo. A matriz alemã realiza auditoria a cada dois anos, garantindo a disseminação da gestão ambiental sustentável ao longo de sua cadeia produtiva e assumindo sua responsabilidade social também na esfera ambiental.

A empresa A produz estudo de impacto ambiental em toda a cadeia produtiva e desenvolve parceria com fornecedores elaborando planos de adequação para melhoria da gestão ambiental e buscando soluções para os problemas nessa área. Possui plano de emergência e treina periodicamente seus funcionários, mas até agora não houve nenhum acidente ambiental digno de nota.

Dentro de seu padrão tecnológico, a empresa A procura não só reduzir o consumo de energia, água, produtos tóxicos e matérias-primas, como dar destinação adequada aos resíduos produzidos. Além disso, investiu em tecnologia para reutilização de resíduos pela própria empresa ou por terceiros. Essa cultura ambiental também foi disseminada na cadeia produtiva, inicialmente através de projetos em conjunto com seus fornecedores, incluindo a empresa B, até que eles se tornassem capazes de gerenciá-los de forma autônoma.

Estudos de Casos 149

A empresa A implantou processos para reutilização do óleo diesel, economizando petróleo e preservando a natureza. Com sua campanha a favor da reciclagem de papel, 140 mil árvores deixam de ser abatidas anualmente. Sua fábrica procede à separação do lixo reciclável, vendendo ou doando o plástico e o papel reciclados. A energia elétrica por ela poupada anualmente seria suficiente para iluminar 1.145 casas durante o mesmo período.

Atualmente a empresa A está investindo R$1,2 milhão em tratamento biológico do esgoto, objetivando reduzir o parâmetro de descarte. Como parte de sua estratégia ambiental de desenvolvimento sustentável, ela está substituindo as peças de refrigeração das máquinas por componentes alternativos que não utilizam gases prejudiciais à camada de ozônio.

Faz parte da prática de melhoria ambiental da empresa A estender à cadeia produtiva esses processos visando poupar recursos naturais e eliminar o impacto ambiental. Assim, também os clientes, e não apenas os fornecedores, têm programas de gerenciamento de resíduos (coleta e reciclagem pós-consumo).

No tocante aos resíduos, a empresa B também tem todos os seus processos adequados pelo padrão das normas de descartes, apesar de seu alto custo. Essa adequação foi resultado do longo trabalho realizado em parceria com a empresa A, que exige essas práticas de seus fornecedores. O quadro 5 mostra os principais resíduos do processo produtivo da empresa B, todos classificados pelo Instituto Ambiental do Paraná (IAP) e com destinação por ele aprovada. O IAP, que nas primeiras auditorias fez muitas recomendações de mudanças, hoje realiza apenas rigorosas inspeções rotineiras.

Quadro 5

Destinação de resíduos do processo produtivo da empresa B

Tipo de resíduo	Geração	Tratamento	Descarte
Pó de serra	Limpeza do piso da fábrica	Coleta na caçamba da fábrica e envio para decantação no IAP	Aterro especial, transporte pago pela empresa B
Cavaco de aço	Usinagem da matéria-prima — processo produtivo	Peneirado na máquina, centrifugado — separação entre óleo (filtrado) e cavaco limpo (armazenado)	Cavaco limpo: vendido à Gerdau após inspeção e análise Óleo: volta ao sistema produtivo
Óleo	Lubrificação e proteção	Filtrado e tratado	Reaproveitamento no processo produtivo

Fonte: Pesquisa na empresa B.

150 RESPONSABILIDADE SOCIAL EMPRESARIAL

Outros materiais de descarte, como embalagens, são cedidos aos funcionários. A empresa planeja selecionar um fornecedor de óleo que, atuando em parceria, se comprometa com a destinação final do produto. Como os produtos da empresa A têm 90% de seu material de fabricação recicláveis, torna-se muito difícil sua volta à fábrica depois da vida útil. Tentou-se elaborar um sistema, mas não foi possível fechar o circuito com a rede de autorizadas. Tanto as restrições de matérias-primas no processo produtivo e no produto final quanto as normas Euro relativas à emissão de gases decorrente da utilização de seus produtos são integralmente respeitadas.

Comprometimento com a causa ambiental e com as gerações futuras

A empresa A desenvolve programas de melhoria de gestão ambiental de maneira preventiva e recebeu o Prêmio Ambiental pelo seu programa de coleta de lixo. Realiza anualmente a Semana do Meio Ambiente no intuito de conscientizar as gerações futuras em relação às questões ambientais. Mantém parcerias com a Universidade Ambiental e com a Secretaria do Meio Ambiente, e suas ações nessa área estão incluídas no planejamento estratégico da empresa. Ela não exige o mesmo comportamento de seus fornecedores, mas procura incentivá-los mostrando seu trabalho e convidando-os a participar. Anualmente participa de *workshops* mundiais que reúnem todas as suas fábricas para discutir a questão ambiental. Internamente essa questão é tratada na Semana de Segurança no Trabalho e na Semana Ambiental. A empresa divulga relatórios de todas as suas atividades ambientais.

Ciente de sua responsabilidade para com as gerações futuras, desde 1994 a empresa desenvolve um amplo programa de conscientização e de ações sociais e ambientais que envolvem não apenas funcionários e familiares, mas também a comunidade local.

Estágio da responsabilidade social na categoria de análise

Empresa A: terceiro estágio

O forte comprometimento da empresa A com a preservação ambiental, com a economia de recursos finitos e com as ações preventivas de acidentes a classifica no terceiro estágio dessa categoria. Além disso, ela procura dis-

ESTUDOS DE CASOS   151

seminar suas práticas, atuando em parceria com os *stakeholders* para que
tenham o mesmo comportamento.

Empresa B: segundo estágio

A empresa B está no segundo estágio e caminha para o terceiro, pois incorporou processos de melhoria contínua visando economizar recursos naturais
finitos e reciclar resíduos. Para tanto foi fundamental a participação da empresa A e dos novos dirigentes da empresa B, que seguiram todas as recomendações da AA1000.

Fornecedores

Empresa A

A empresa A tem políticas e normas internas para selecionar parceiros com
base em qualidade, preço e prazos, donde a escolha da empresa B como sua
fornecedora. As metas são negociadas anualmente e monitoradas mensalmente.
De acordo com os princípios da norma AA1000 de comprometimento com o
fornecedor, elabora-se um plano de ação para atingir essas metas e projetar
melhorias contínuas.

São três as áreas que decidem a contratação de um fornecedor: a
comercial, a de qualidade e a de logística. O primeiro critério considerado é a
capacitação técnica. Elabora-se em conjunto um projeto de atendimento
logístico que garanta índices de fidelidade de entrega de 100%, pois a
empresa A está comprometida com numerosos clientes nos mercados nacional e internacional. Dada a natureza do fornecimento, não se pode contratar
ou dispensar um fornecedor no curto prazo. Certos requisitos de tecnologia e
qualidade exigem um prazo de adaptação dos *stakeholders* que varia de seis
meses a um ano.

O consenso das visões dos envolvidos na negociação, preconizado pela
AA1000, é monitorado dentro de plano de metas que serve para todas as outras
tomadas de decisão. O QS 9000[33] é requisito básico para ser fornecedor. Não basta oferecer o melhor preço: tem que ser aprovado nas três áreas — comercial,
qualidade e logística — para se tornar fornecedor da empresa A. Caso não te-

---

[33] Normas de Qualidade da Associação da Indústria Automobilística.

152 RESPONSABILIDADE SOCIAL EMPRESARIAL

nha o QS, a empresa fornecedora será auditada pela empresa A nos mesmos padrões desse modelo.

Caso o fornecedor não cumpra a meta fixada em comum acordo, ele é obrigado a apresentar o plano de ação para corrigir as falhas. A decisão a respeito de como e quando introduzir esse plano é tomada em conjunto, mas, é claro, depende da prioridade da empresa A. Ela fará o possível para preservar o fornecedor e somente procurará outro em último caso.

O comportamento da empresa A condiz com a recomendação da AA1000, segundo a qual a empresa deve primar pelo comprometimento com o fornecedor, visando aos objetivos maiores de antecipar e gerenciar conflitos e melhorar o processo de tomada de decisão. O Departamento de Qualidade da empresa A (QSG5) é muito rigoroso com os fornecedores, pois a segurança de muitos veículos depende de seus produtos.

Inicialmente o programa procurou alinhar os sistemas e atividades das empresas fornecedoras com os valores da empresa A, disseminando essa cultura na cadeia produtiva. Mensalmente ela promove uma reunião com os seus fornecedores, incluindo a empresa B, para tratar de qualidade e outros assuntos do interesse de todos.

Na questão da responsabilidade social na cadeia produtiva, a empresa A possui uma equipe encarregada de verificar toda a documentação legal de seus terceirizados e fornecedores. Aqueles que não estiverem cumprindo exigências das legislações trabalhista, previdenciária e fiscal serão instados a fazê-lo. Caso contrário, serão substituídos por outros fornecedores. Algumas medidas ainda não são obrigatórias no Brasil, mas a empresa A procura convencer seus fornecedores da importância de adotá-las. Certas práticas, como o trabalho infantil, são terminantemente proibidas.

Nas relações com trabalhadores terceirizados, a empresa A fiscaliza o cumprimento das obrigações trabalhistas e previdenciárias, que estão especificadas em contrato. A cobrança é igual para todos os terceirizados e fornecedores, inclusive no tocante às normas de segurança, estabelecendo-se assim um padrão para a cadeia produtiva. A empresa A oferece ao trabalhador terceirizado os benefícios básicos, mas existem benefícios diferenciados para os seus próprios funcionários.

Para contribuir para a melhoria gerencial de seus parceiros disponibilizando informações e promovendo atividades conjuntas de treinamento, a empresa A elaborou vários programas de qualidade que aos poucos foram sendo por eles implantados. Essa prática, em perfeita consonância com as recomendações da

Estudos de Casos   153

AA1000, melhorou bastante a eficiência, o cumprimento de prazos, a qualidade e o próprio ambiente de trabalho nas empresas fornecedoras. O objetivo do trabalho realizado em conjunto nos últimos anos é estabelecer parcerias estáveis e duradouras, tendo em vista o crescimento futuro.

A empresa A incentiva o envolvimento de seus parceiros em projetos sociais e ambientais, mas não há obrigação de participar. Em sua condição de empresa cidadã, ela inclui entre seus fornecedores alguns grupos comunitários locais.

Empresa B

Há duas linhas principais de fornecimento para a empresa B: matéria-prima (aço) e ferramentas. O relacionamento com os fornecedores é bastante diferenciado em cada uma dessas linhas. O principal fornecedor de matéria-prima (80%) tem qualidade excelente, mas pouca flexibilidade para negociar prazos e preços. Ultimamente, graças à mudança de direção no fornecedor, o relacionamento vem evoluindo no sentido de maior comprometimento entre as partes.

Na linha de ferramentas existe um padrão mais flexível de negociação. Ao assumir a empresa B, a nova direção logo identificou esse gargalo que tantos problemas causou na qualidade, nos prazos e no volume de produção da empresa. Partiu, então, para novas negociações com os fornecedores e mesmo para a seleção de novos fornecedores, buscando criar condições para uma verdadeira parceria. Resultados positivos já são visíveis, como a diminuição dos custos através da customização do ferramental. Outros fornecedores, porém, ainda não alcançaram esse estágio, de modo que há um longo caminho a percorrer.

Nesse novo modelo de gestão, somente poderá vender para a empresa B o fornecedor que tiver homologação técnica e comercial. Tal modelo foi reproduzido da empresa A e implantado com o seu auxílio, mas atualmente ela não mais interfere nas negociações. A empresa B deu continuidade ao processo por conta própria, graças à incorporação da nova cultura: novo relacionamento e comprometimento entre cliente (empresa B) e fornecedor (ferramental). Para renegociar o fornecimento de ferramental, a então nova diretoria da empresa B participou de reuniões com os times internos para detectar as necessidades da empresa e elaborar um programa para supri-las. Procura-se o consenso entre cliente e fornecedor, buscando soluções para ambas as partes, e adotam-se

154   RESPONSABILIDADE SOCIAL EMPRESARIAL

práticas de comprometimento para antecipar e gerenciar conflitos. Tudo isso gera a confiança recíproca entre os *stakeholders*.

Um desses fornecedores de ferramental teve um resultado rápido e surpreendente, pois logo incorporou essa nova modalidade de relacionamento proposta pela empresa B. Outros dois importantes fornecedores, que juntos somam 25% do fornecimento, não tiveram o mesmo resultado. Devido às diferenças de culturas, o processo de conscientização e adaptação está sendo muito mais lento. Um deles necessita de prazos muito longos e mesmo assim não os cumpre, o que dificulta o trabalho da empresa B e eleva suas necessidades de estoque mínimo de ferramental. O outro fornecedor ainda tem alguns problemas de qualidade, mas ressarciu o prejuízo financeiro. Como o relacionamento vem evoluindo lentamente, está em andamento um projeto para fornecimento consignado de ferramentas, buscando preservar o fornecedor e amenizar os problemas de estoques da empresa B.

Há auditorias específicas e visitas regulares aos fornecedores para verificar o critério técnico, além do monitoramento mensal, mas a empresa B não inclui critérios específicos de responsabilidade social em seus contratos. Caso haja algum problema, ela comunica o fato ao fornecedor e ambos elaboram um plano de melhoria e acompanham sua implementação. Se depois disso ele não conseguir fornecer com qualidade e prazo condizentes com as necessidades da empresa B, esta seleciona um novo fornecedor. Os fornecedores que têm bom desempenho acabam elevando sua participação no fornecimento.

Procurando melhorar o gerenciamento de processos dos parceiros, a empresa B promove encontros frequentes, quando não diários, para examinar eventuais dificuldades e em conjunto elaborar projetos de melhorias. O planejamento técnico da empresa B desenvolve a ferramenta necessária e envia o projeto ao fornecedor homologado. O fornecedor analisa e aprova o projeto, ou então propõe mudanças, criando assim um forte comprometimento.

Empresa B como fornecedora da empresa A

Os procedimentos propostos pela AA1000 para atingir o verdadeiro comprometimento — obter consenso de ambas as visões e criar identificação dos *stakeholders* com os resultados das atividades da organização — por vezes não se confirmam no relacionamento entre os fornecedores e o QSG5. A empresa B ainda carrega uma imagem de três anos atrás como problema adicional, reforçando a tendência do QSG5 de não dar a devida importância à

Estudos de Casos   155

visão dessa empresa ao tomar uma decisão. Cabe ao órgão de controle da qualidade da empresa B abrir mais canais de comunicação para poder aumentar a confiança na organização. Existe um bom relacionamento, mas a empresa A ainda não reconheceu todas as mudanças ocorridas na empresa B. Problemas que eram detectados apenas na inspeção da empresa A, anteriormente à utilização do produto em sua linha de montagem, agora são detectados na linha de montagem da empresa B. Isso evita o desgaste no relacionamento entre os parceiros, aumenta a confiança no produto fornecido e poupa custos e transtornos. Essa significativa melhoria foi possibilitada pela atitude da empresa A, que disponibilizou espaço, material e profissionais para que as empresas reproduzissem suas práticas. A antecipação e o gerenciamento de conflitos entre os *stakeholders* fortaleceu a parceria.

Devido à grande variedade e quantidade de itens fornecidos, a empresa B é considerada fornecedora de grande impacto, o que requer monitoramento mensal das metas em reuniões. No caso de fornecedores menores, esse monitoramento é feito a distância.

Os níveis de salário são muito semelhantes nas empresas A e B, mas os benefícios são maiores na primeira, que tem mais de um século de gestão social, o que não impede o bom intercâmbio e o relacionamento cordial entre os funcionários das duas empresas.

A empresa A é sem dúvida socialmente responsável e prima pelas relações de parceria e comprometimento, mas a identificação dos *stakeholders* com suas atividades, especialmente no caso da empresa B, está um pouco prejudicada. Primeiro, porque o órgão responsável pela qualidade na empresa A, ao elevar o padrão de exigência dos fornecedores, teve de terceirizar alguns processos. Segundo, porque o histórico da empresa B ainda depõe contra a sua imagem — problemas como estouro de prazos de entrega e alto índice de defeitos, entre outros. Somente agora, depois de três anos de drásticas mudanças, é que ela está provando que merece mais confiança por parte da empresa A.

Para mostrar a importância do que está sendo produzido pela empresa B, seus funcionários fazem visitas à empresa A para ver como estão sendo utilizadas as peças que eles produzem. Assim, podem sentir a importância do seu trabalho, saber por que há tanta exigência com a qualidade e conhecer as consequências que um simples engano ou defeito pode causar na linha de montagem da empresa A ou mesmo na vida de consumidores usuários do produto. A empresa B quer melhorar sua imagem junto à empresa A e para tanto está utili-

156 RESPONSABILIDADE SOCIAL EMPRESARIAL

zando os processos de melhoria contínua de responsabilidade social recomendados pela AA1000.

Estágio da responsabilidade social na categoria de análise

Empresa A: terceiro estágio

O comprometimento e o trabalho em parceria com seus clientes e com os próprios fornecedores classificam a empresa A no terceiro e mais avançado estágio de responsabilidade social na relação com esses *stakeholders*. A excelência em qualidade, os programas de melhoria contínua em diversos setores e o apoio aos fornecedores em sua cadeia produtiva para que assimilem e reproduzam práticas socialmente responsáveis nas três dimensões — ambiental, social e econômica — confirmam essa classificação.

Empresa B: primeiro/segundo estágio

Mais uma vez, "espelhando-se" na empresa A, a empresa B buscou maior comprometimento para a resolução de conflitos em conjunto com seus próprios fornecedores. O resultado foi muito rápido e positivo, tanto que alguns deles estão ampliando sua participação no fornecimento à empresa B. Com outros fornecedores, por dificuldades de alinhamento com a nova cultura de transparência e parceria, não foi possível o mesmo ritmo de mudanças, mas o trabalho continua. No caso dos fornecedores de matéria-prima, a flexibilidade é quase nenhuma, o que coloca a empresa B no primeiro estágio de responsabilidade social em relação a esse *stakeholder*. Já com os fornecedores de ferramental, o relacionamento está no segundo estágio.

Clientes: empresas A e B

Consumidores e clientes

A empresa A convidou os clientes a exporem os seus problemas, passando a elaborar planos para atender às demandas de cada um. Aos poucos, essa iniciativa de discutir e resolver os problemas em conjunto foi gerando um clima de grande confiança e comprometimento, tal como pretendem os processos recomendados pela AA1000.

ESTUDOS DE CASOS   157

A empresa A sanou seus problemas de entrega estabelecendo com os clientes um sistema de previsão de pedidos. De acordo com essa previsão, planeja-se a produção e posteriormente, num prazo conveniente para ambas as partes, confirma-se ou ajusta-se o pedido inicial. Com isso foi possível otimizar os pedidos de componentes importados que demoravam a chegar, atrasando o processo produtivo e, consequentemente, a entrega aos clientes. A empresa investigou as causas dos problemas e implementou programas de melhoria até eliminar os pontos de estrangulamento do processo produtivo.

A venda técnica, ou seja, o desenvolvimento e a venda do produto adequado à necessidade do cliente, é realizada de tal forma que o cliente aprova o produto antes de ele entrar na linha de produção. Prevê, ainda, treinamento contínuo para profissionais de atendimento, envolvendo inclusive a direção. Não havendo profissional interno com a competência necessária, a empresa A vai buscá-lo no mercado, como fez ao contratar um especialista em logística para melhorar a entrega de produtos a clientes — problema detectado nas reuniões para debater problemas e soluções em conjunto com os clientes. O atendimento ao consumidor final é feito através da rede de assistência técnica da empresa A, que obedece a rígidos critérios de qualidade para poder prestar esse serviço.

As pesquisas sobre danos potenciais dos produtos, o treinamento do pessoal interno e dos parceiros externos para a adoção de medidas preventivas ou corretivas e o contínuo aperfeiçoamento de tecnologias com menor risco para a saúde do consumidor são tarefas que competem à matriz alemã.

A empresa A como cliente da empresa B

Sendo a empresa B fornecedora exclusiva da empresa A, o relacionamento entre elas tem características específicas, diferindo um pouco daquele mantido com outros fornecedores. Não se trata de nenhum tipo de exploração em termos de preços, prazos ou qualquer outra coisa, pois essa nunca foi a filosofia da empresa A. Ao contrário, os contratos negociados preveem a saúde financeira do fornecedor, o nível de salários pagos aos seus trabalhadores e adequação fiscal.

Apesar de contar com maior flexibilidade da empresa A, o fornecimento exclusivo deixa a empresa B muito dependente de seu único cliente. Em casos de queda da produção planejada, como aconteceu no segundo semestre de 2001, não há como compensar as vendas através de outros clientes. O único ca-

158 RESPONSABILIDADE SOCIAL EMPRESARIAL

minho é readequar o tamanho da fábrica às novas necessidades do cliente exclusivo. Atualmente, a empresa B está bem mais organizada para poder buscar novos clientes e desenvolver novos projetos. Os funcionários, principalmente coordenadores e gerentes, aguardam ansiosamente esse momento. Sentem que a fábrica está pronta e muito motivada para esse novo desafio.

A antiga cultura da empresa B era "produzir a quantidade pedida e entregar". A nova administração passou a dar prioridade à qualidade dos produtos e aos poucos atingiu o padrão exigido pela empresa A. Hoje os defeitos são detectados dentro da própria empresa, e os produtos chegam à empresa A sem qualquer problema. O índice de refugo diminuiu de 4,8% para 2,6% e a rejeição de lotes caiu pela metade.

Assim como os funcionários da empresa B, o órgão da qualidade da empresa A (QSG5) esperava mudanças imediatas quando a nova administração assumiu há três anos. Não se levou em conta que as mudanças culturais levam tempo para ser incorporadas. Primeiramente, a nova direção precisou avaliar o cenário e selecionar as prioridades, que eram muitas e urgentes. Procurou organizar o cenário interno e definir o volume do fornecimento para então ajustar a qualidade. Aos poucos a confiança na empresa B vem sendo reconquistada, e os indicadores monitorados pela empresa A refletem as melhorias.

Nesse período de grandes mudanças, foi fundamental a política de parceria de longo prazo e comprometimento adotada pela empresa A com seus fornecedores. Mas esse relacionamento deve melhorar ainda mais com a implantação do projeto de aproximação elaborado pela empresa B, segundo, é claro, os critérios de responsabilidade social aprendidos com a própria empresa A.

Estágio da responsabilidade social na categoria de análise

Empresa A: terceiro estágio

A posição consolidada da empresa A no mercado mundial (95% do mercado), sem concorrentes importantes, sua relação de parceria com os clientes, graças ao desenvolvimento dos projetos em conjunto, e seu comprometimento de longo prazo com todos eles caracterizam o terceiro estágio de responsabilidade social em relação a esse *stakeholder*. Os clientes da empresa A são renomadas companhias mundiais que zelam pela gestão do meio ambiente e pela gestão social de sua cadeia produtiva.

Empresa B: segundo estágio

A empresa B já chegou ao segundo estágio, pois está cumprindo os contratos com a sua cliente e buscando soluções em parceria. Além disso, procura melhorar a sua imagem mostrando como o novo modelo de gestão já transformou a empresa, como atestam não apenas os indicadores de desempenho (primeira em fidelidade de entrega), mas também as entrevistas feitas com funcionários empresa A.

Atualmente a empresa B, fornecedora exclusiva da empresa A, encontra-se organizada internamente para buscar novos clientes. Seus funcionários estão motivados, pois acreditam que a empresa tem condições de crescer. Assim, o relacionamento com seus futuros clientes já terá início em outro patamar, ou seja, no segundo estágio de responsabilidade social.

Comunidade: empresas A e B

A empresa B é ponto de referência na comunidade, mas nunca fez pesquisa para saber a imagem que tem junto aos moradores e às empresas vizinhas.

A empresa A conhece muito bem as atividades das entidades da comunidade, pois tratou de obter essas informações, e investe em projetos específicos, como alimentação em creches, recreação em asilos e orfanatos, cursos de capacitação para instituições (ministrados por seus próprios funcionários), distribuição de sopa para comunidades carentes etc. Os projetos mais sistematizados, que não são ações isoladas, têm como foco principal a educação, conscientização e profissionalização de adolescentes. Na comunidade local está sendo criada uma cultura hidropônica a ser cuidada por adolescentes. Para estimular a participação social e desenvolver a cidadania dos funcionários e seus familiares, a empresa A realiza campanhas educacionais e de interesse público.

A empresa B não tem projetos próprios de auxílio à comunidade nem participa dos existentes. Ela sempre esteve ciente de suas responsabilidades sociais e pretende estender suas ações à comunidade de alguma forma, mas sua direção entende que primeiramente é necessário desenvolver a responsabilidade social interna. Pesquisa realizada durante esse trabalho mostra que 67% dos funcionários estão dispostos a participar de atividades que contribuam para o desenvolvimento da cidadania e a melhoria da qualidade de vida da comunidade local.

160   RESPONSABILIDADE SOCIAL EMPRESARIAL

A empresa A tem em seu orçamento verbas previstas para filantropia e programas sociais, divulgando aos funcionários os resultados no final de cada exercício e as metas para o ano seguinte. Além das ações isoladas, existem parcerias de longo prazo com instituições da comunidade e outros programas sociais com dotação orçamentária, gerenciados por equipes de funcionários. Atendendo aos requisitos da responsabilidade social, a empresa A avalia seus projetos sociais através de *feedback* e participação dos beneficiários. Procura maximizar seus recursos realizando projetos em conjunto com outras empresas, instituições públicas ou associações empresariais e desenvolve planejamento estratégico envolvendo suas ações sociais e seus respectivos responsáveis. Além disso, busca parcerias para manter ou melhorar a qualidade do atendimento assistencial prestado por organizações da comunidade local.

Trabalho voluntário

A empresa A dá grande valor ao trabalho desenvolvido pelos voluntários, tanto internamente quanto na comunidade. Mantém um banco de ações de voluntários — atualmente são 410 inscritos, de diferentes níveis hierárquicos, participando dos programas — e libera horário de expediente para a realização de ações sociais.

Estágio da responsabilidade social na categoria de análise

Empresa A: terceiro estágio

Considerando todo o trabalho realizado com a comunidade, inclusive implantando projetos economicamente viáveis, não há dúvida de que a empresa há muito alcançou o terceiro estágio de responsabilidade social. O apoio constante ao trabalho voluntário, beneficiando parcela cada vez maior da população, mostra que a preocupação com a dimensão social está completamente incorporada ao modelo de gestão e ao dia a dia da empresa A.

Empresa B: primeiro estágio

A relação de responsabilidade social da empresa B para com a comunidade está no primeiro estágio, pois ela cumpre a legislação ao contribuir com o

ESTUDOS DE CASOS   161

pagamento dos impostos para esse fim. A empresa B iniciou o processo de reprodução das práticas socialmente responsáveis há apenas três anos e está no segundo estágio no que se refere à conduta com seu público interno — funcionários e seus familiares. Atualmente sua prioridade é aumentar a integração com os funcionários e seus familiares, dando-lhes maiores oportunidades de desenvolvimento pessoal e profissional. Somente após a conclusão dessa etapa é que poderão ser introduzidas as práticas de responsabilidade social na relação com a comunidade. Pesquisa realizada por ocasião desse trabalho mostra que 67% dos funcionários estão dispostos a contribuir para que a empresa incorpore tais práticas, ou seja, a cidadania já foi incorporada no público interno, que está preparado para o próximo passo.

Governo e sociedade: empresas A e B

Ambas as empresas assumem posição neutra na questão político-partidária. Não costumam receber candidatos e, quando o fazem, não discriminam os partidos. Não colaboram financeiramente, mas podem prestar outro tipo de apoio. A empresa A participa de projetos (em escolas, creches, campanhas de vacinação etc.) juntamente com a prefeitura ou outras instituições.

Estágio da responsabilidade social na categoria de análise

Empresa A: segundo estágio

Por sua contribuição numa tarefa que compete legalmente ao governo, tanto em projetos próprios quanto em parceria com a prefeitura, o estado ou entidades locais, a empresa A está no segundo estágio. Além disso, sua neutralidade política e o comprometimento com a sociedade garantem a continuidade desse apoio.

Empresa B: primeiro estágio

A empresa B encontra-se no primeiro estágio, pois cumpre os requisitos legais exigidos no país.

O quadro 6 resume a classificação das empresas nas categorias analisadas.

162 RESPONSABILIDADE SOCIAL EMPRESARIAL

Quadro 6
Resumo

Categorias	Classificação	
	Empresa A	Empresa B
Valores éticos e culturais	Terceiro	Segundo
Público interno	Terceiro	Segundo
Meio ambiente	Terceiro	Segundo
Fornecedores	Terceiro	Primeiro/segundo
Clientes	Terceiro	Segundo
Comunidade	Terceiro	Primeiro
Governo e sociedade	Segundo	Primeiro

Conclusão

A julgar pelas propostas de mudanças apresentadas por vários autores, visando contribuir para a diminuição das desigualdades sociais e para que as empresas assumam sua parcela de responsabilidade, pode-se dizer que a conduta da empresa A engloba os princípios por eles preconizados.

Ferrel e colaboradores propõem como ideal a natureza ética da responsabilidade social. Na empresa A, a utilização dos recursos humanos e financeiros para alcançar seus objetivos reflete essa conduta. O clima organizacional comprova os valores éticos que orientam a empresa.

O Instituto Ethos tem como pressuposto básico a transparência e o predomínio dos valores éticos no relacionamento com cada um dos públicos com que lida a empresa socialmente responsável: público interno, meio ambiente, fornecedores, consumidores, comunidade, governo e sociedade. Todos os *stakeholders* da empresa A são tratados de forma transparente.

Para Melo Neto e Fróes (1999), a cidadania deve nortear o comportamento da empresa com relação aos vetores principais da responsabilidade social: desenvolvimento da comunidade local, preservação do meio ambiente, investimento no bem-estar dos funcionários e seus familiares, comunicação transparente, retorno ao acionista, sinergia com parceiros e satisfação dos clientes e dos fornecedores. Em todos os seus projetos e ações, a empresa A procura respeitar, educar e desenvolver pessoal e profissionalmente seus *stakeholders*,

Estudos de Casos   163

comportamento que pode ser definido como desenvolvimento da cidadania. Eles também destacam a importância do equilíbrio entre a responsabilidade social interna e a responsabilidade social externa, objetivo que a empresa A sempre procurou cumprir. Seus funcionários reconhecem que trabalham numa organização com alta responsabilidade social interna e têm consciência de seu papel de cidadãos. Prova disso é que cerca de 20% deles (500 pessoas) prestam serviços voluntários permanentes na comunidade, assumindo sua parcela de responsabilidade como cidadãos e apoiando a empresa em suas práticas de responsabilidade social externa.

Ashley (2002) trabalha com o conceito contemporâneo de responsabilidade social e apresenta um desafio: a descentralização do foco de atuação da empresa responsável, ou seja, o comprometimento entre todos os *stakeholders*: acionistas, investidores financeiros, concorrentes, governo, empregados, comunidade, fornecedores, compradores, meio ambiente e gerações futuras de *stakeholders*. Busca-se uma sociedade sustentável que atenda às expectativas de todos, sem priorizar nenhum deles de forma específica. Segundo Ashley, a escolha do foco de atuação da responsabilidade social da empresa depende da cultura organizacional e do estágio em que ela se encontra.

Os resultados dessa pesquisa mostraram que a empresa A se encontra no terceiro estágio da responsabilidade social em praticamente todas as relações com os *stakeholders*. Tal classificação reflete o equilíbrio e a descentralização de foco das práticas de responsabilidade social da empresa A. O longo histórico da empresa no aprimoramento de sua conduta criou as condições para vencer esse desafio.

Como foi demonstrado, a empresa A atende a todas as propostas de atuação responsável no contexto de desenvolvimento sustentado. Como os vetores principais da responsabilidade social, segundo os autores citados, são a transparência e os valores éticos nas relações, o desenvolvimento da cidadania e a descentralização do foco de atuação, pode-se dizer que a empresa A pratica todos eles.

Coerente com seus valores éticos e sua cultura organizacional, a empresa A apoia e orienta seus *stakeholders* para que reproduzam suas práticas e seu comportamento socialmente responsável na cadeia produtiva. No caso da empresa B, esse processo foi fruto do Programa Encontro com Fornecedores e das inúmeras visitas de funcionários da empresa A promovidas pelos projetos criados nessas reuniões. A empresa A trata abertamente os pontos de conflito com a

164 RESPONSABILIDADE SOCIAL EMPRESARIAL

empresa B para que juntas cheguem a uma solução e elabora programas de melhoria contínua nos aspectos técnico, econômico, ambiental e social. É esse o principal canal de disseminação das práticas da empresa A na sua cadeira produtiva.

Avaliando-se a reprodução do comportamento da empresa A na empresa B, fica clara a atuação empresarial de acordo com os procedimentos recomendados pela AA1000. Essa norma presta-se a diversos fins, conforme consta no referencial teórico desse trabalho, e foi amplamente utilizada para reproduzir o comportamento socialmente responsável da empresa A na empresa B. Ela serviu para medição, na qual se identificaram os principais fatores de desempenho; para gestão da qualidade, na qual as empresas conhecem as necessidades umas das outras e chegam a um consenso; para parceria, desenvolvendo o comprometimento mútuo e aprofundando as relações na cadeia produtiva; e ainda para gerenciamento conjunto mediante antecipação de eventuais conflitos e riscos.

Para que fosse possível essa reprodução em todos os aspectos, a empresa A também agiu de acordo com os princípios recomendados pela AA1000: alinhou as atividades e os sistemas da fornecedora com seus valores, demonstrou os impactos da atividade da fornecedora no seu desempenho e criou programas e práticas que se adequassem à necessidade de ambas. Por fim, as empresas envolvidas construíram uma vantagem competitiva para ambas a partir da incorporação do comportamento socialmente responsável.

Em 1998, a empresa B estava em sérias dificuldades financeiras. Os salários atrasavam, os funcionários estavam desmotivados e descrentes na recuperação da empresa, havia altos índices de defeitos e de refugos, problemas no fornecimento de ferramentas, quebra frequente de maquinário por falta de manutenção e descumprimento de prazos e quantidades de entrega. Ao final daquele ano, a nova direção assumiu a empresa e, graças aos processos mencionados, iniciou-se uma nova fase: reprodução e adaptação da cultura e do comportamento socialmente responsável da empresa A.

O estilo da gestão anterior era mais paternalista e menos profissional. A empresa não estava suficientemente organizada para antecipar transtornos e problemas rotineiros, o que prejudicava a produção. A nova direção percebeu a importância de reconstituir os canais de comunicação, que estavam destruídos. Assim, passou a reproduzir as práticas da empresa A: informações transparentes e oficiais publicadas em edital, reunião de times, sugestão de melho-

Estudos de Casos 165

rias e reuniões informais de integração. Tal como a empresa A, a empresa B utilizou esses canais de comunicação para transmitir a nova cultura aos funcionários.

Os "segredos" da transformação da empresa B nos últimos anos foram o restabelecimento dos canais de comunicação internos e a escolha de uma nova direção com as características necessárias num ambiente de crise e de profundas mudanças: autocontrole, empatia, veracidade e confiança. A nova cultura da direção possibilitou a recuperação da empresa, absorvendo e reproduzindo as experiências da empresa A e conscientizando os funcionários das questões ligadas à segurança no trabalho e ao meio ambiente.

Como a empresa B estava completamente desorganizada, não era possível descentralizar o foco de atuação, como fizera a empresa A. Assim, priorizou-se a responsabilidade social interna, como recomendam Melo Neto e Fróes (1999). Todas as práticas então adotadas contaram com o apoio e a orientação da empresa A. Como resultado, em três anos a empresa B alcançou o segundo estágio de responsabilidade social no relacionamento com o público interno. Em 1998, a empresa não se classificaria sequer no primeiro estágio.

Em termos de clima organizacional, motivação e satisfação profissional do público interno, a empresa A está no terceiro estágio. A empresa B saiu da estaca zero em 1998 e chegou ao segundo estágio em três anos, mas o processo continua e ela reúne todas as condições para crescer. Em termos de meio ambiente, as duas empresas estão no estágio mais avançado, graças à reprodução do comportamento da empresa A na empresa B. Ambas trabalham em melhorias contínuas, de acordo com os valores culturais da gestão ecocêntrica proposta por Ashley (2002). A empresa A participou ativamente da implantação dos projetos para que a empresa B se tornasse modelo de empresa de pequeno porte em seu relacionamento com o meio ambiente.

Quanto à relação com familiares dos funcionários, comunidade e governo, o comportamento da empresa A ainda não foi reproduzido na empresa B porque a situação desta última em 1998 exigia a seleção de prioridades. Mas o processo está em andamento e a empresa B tem condições de chegar até lá.

Avaliando em termos gerais a reprodução das práticas da empresa A na empresa B, é evidente a importância das características da direção que assumiu a empresa em 1998. A preocupação inicial foi alinhar-se à cultura empresa A, o que fez toda a diferença para o resultado da empresa, que hoje desfruta

166 RESPONSABILIDADE SOCIAL EMPRESARIAL

de boa saúde financeira e é a primeira em fidelidade no fornecimento à empresa A.

Em contrapartida, a empresa A recebe seus pedidos em dia, na quantidade certa e com a devida qualidade, sem ter que paralisar sua linha de produção. Antes, a empresa A tinha que inspecionar uma por uma as peças produzidas pela empresa B, devido ao alto índice de defeitos. O índice de refugo caiu de 4,8% para 2,6%, o número de lotes rejeitados diminuiu de 20% para 10%, e o de horas paradas por problemas diversos caiu de 9% para 3%, enquanto a produtividade subiu de 43 para 53 peças por hora trabalhada. Atualmente, a fidelidade de entrega da empresa B chega a 96%, maior índice entre os fornecedores da empresa A. Os funcionários sentem-se motivados, integrados e orgulhosos de trabalhar na empresa, certos de que ela ainda vai crescer e melhorar sua atuação econômica, social e ambiental. Incorporando as práticas socialmente responsáveis da empresa A, a empresa B hoje conta com profissionais altamente realizados e comprometidos com seu trabalho.

Esses índices de desempenho comprovam o sucesso e os benefícios da reprodução do comportamento socialmente responsável da empresa A na empresa B. Tudo leva a crer que esta última melhorará ainda mais o seu desempenho quando incorporar plenamente esse comportamento.

Quando esses processos forem incorporados com o mesmo empenho e dedicação em outras cadeias produtivas, teremos saído da ideologia de consumo e chegado à ideologia de construção proposta por Thurow (1997). A "mania de curto prazo", típica do capitalismo, terá cedido lugar ao desenvolvimento sustentado, com foco no futuro, equilibrando as dimensões econômicas, sociais e ambientais.

Estudo de caso 2: empresas A e C

Neste estudo buscou-se avaliar como a responsabilidade social é percebida pelos *stakeholders*, em especial os trabalhadores, de duas empresas pertencentes à mesma cadeia produtiva.

Trata-se principalmente de verificar até que ponto o exercício da cidadania é uma realidade no cotidiano das empresas A e C e, por extensão, da cadeia produtiva do setor automotivo. Isto é, se as tendências manifestas nesses sistemas empresariais reproduzem práticas de responsabilidade social interna e se há reprodução dessas práticas entre as empresas estudadas.

Estudos de Casos 167

Para tanto foi preciso medir as práticas de responsabilidade social interna por meio de pesquisa em formato de auditoria social. Esse tipo de auditoria é crível, verificável, passível de certificação e fiscalização por terceiros. Usou-se como instrumento de pesquisa a norma SA 8000, que estabelece regras de ordem ética sobre a política e o sistema de responsabilidade social interna, sob as prerrogativas da Declaração Universal dos Direitos Humanos das Nações Unidas. A SA 8000 combina as convenções da OIT com a metodologia ISO. O casamento entre OIT e ISO facilita a implementação de auditorias sociais e da própria SA 8000 para empresas já certificadas em qualidade do produto e meio ambiente. Em outras palavras, trata-se de um sistema de auditoria similar à ISO 9000[34] e à ISO 14000[35] e reconhecido no mundo todo como um sistema efetivo de implementação, manutenção e verificação de condições dignas de trabalho, constituindo-se num padrão social auditável.

Nas empresas já certificadas pelas normas ISO 9000 e 14000, faz mais sentido integrar os sistemas e auditorias do que desenvolver sistemas paralelos. Nessa linha, tal qual na ISO, desenvolve-se o *Manual da empresa,*[36] ferramenta importante por centralizar o sistema de Gestão da Qualidade Social, constituindo-se no documento apresentado aos trabalhadores.

A norma SA 8000 visa atender a uma necessidade dos consumidores mais esclarecidos e preocupados com a forma com que os produtos são produzidos, e não apenas com a sua qualidade. A vantagem de uma norma de responsabilidade social é que ela propicia uma padronização dos termos e dá consistência aos processos de auditoria, além de ser um mecanismo para melhoria contínua através da participação das organizações com envolvimento de todos os *stakeholders.*

No universo da SA 8000, as empresas têm que fazer mais do que simples declarações políticas, pois necessitam de verificação independente e de con-

---

[34] "A série ISO 9000 fornece um sistema de gestão da qualidade reconhecido globalmente, baseado nos princípios de melhoria contínua, auditoria, monitoramento e em um sistema de gestão" (McIntosh et al., 2001:311).

[35] "A série ISO 14000 foi criada depois da ISO 9000, fornecendo um sistema de gestão ambiental reconhecido globalmente. A série baseia-se nos princípios de um registro de efeitos ambientais, incluindo entradas, processos e saídas, além da melhoria contínua mensurável baseada em auditoria, monitoramento e sistema de gestão" (McIntosh et al., 2001:314).

[36] O *Manual da empresa* contém as diretrizes e a política social da empresa, além de incorporar todos os requisitos da norma SA 8000.

168 RESPONSABILIDADE SOCIAL EMPRESARIAL

sulta prévia a seus *stakeholders*. Uma vez que toda a cadeia produtiva esteja engajada e reproduza as práticas da responsabilidade social, esses resultados são significativamente ampliados, consolidando os resultados econômicos, sociais e ambientais.

Com essa norma, a intenção é que as empresas criem uma cadeia de valor responsável, ou seja, quando elas comprarem uma das outras, será exigido, além do preço e da qualidade, algo mais. Esse diferencial seria uma metodologia de gestão fomentadora de ações que venham suprir o vácuo deixado pela nossa sociedade, problema facilmente percebido em forma de ações antiéticas, falta de diversidade no quadro funcional, desrespeito aos limites emocionais do trabalhador, locais de trabalho inadequados, agressões ao meio ambiente e até uso de mão de obra infantil.

Essa norma requer estudos teóricos e inclui em suas especificidades nove requisitos[37] que devem ser cumpridos pelas empresas, com vistas à implantação do sistema de gestão da responsabilidade social, seja no âmbito de suas unidades de produção, seja no de seus fornecedores. São eles:

❑ proibição do trabalho infantil;

❑ proibição do trabalho forçado;

❑ saúde e segurança;

❑ liberdade de associação e direito à negociação coletiva;

❑ discriminação;

❑ práticas disciplinares;

❑ horas de trabalho;

❑ compensação/remuneração;

❑ sistema de gestão.

Esses requisitos foram utilizados neste estudo como base de verificação, medição e análise comparativa da responsabilidade social interna entre duas empresas e dentro de cada uma delas.

Tratava-se, portanto, de responder à seguinte questão: até que ponto a prática da responsabilidade social interna da empresa A se reproduz na empresa C? Foram definidos três objetivos específicos:

---

[37] Os requisitos são os critérios fundamentais para certificação na norma SA 8000.

ESTUDOS DE CASOS 169

❑ examinar a prática da responsabilidade social interna da empresa A;

❑ examinar a prática da responsabilidade social interna da empresa C;

❑ examinar as relações interorganizacionais, comparando as responsabilidades sociais internas das duas empresas.

Como a responsabilidade social remete à dimensão social do desenvolvimento sustentado, o que torna o tema amplo e complexo, foi necessário limitar o estudo às unidades de negócios das duas empresas, mais precisamente focalizando a responsabilidade social interna das empresas A e C, uma vez que suas ações sociais internas representam investimento:

❑ no bem-estar e na qualidade de vida dos trabalhadores e seus dependentes;

❑ no respeito aos direitos do trabalhador como cidadão e na garantia de condições humanas de trabalho nas unidades de produção;

❑ na comunidade na qual as empresas estão inseridas.

Nesta investigação adota-se a postura do estudo descritivo, sendo a pesquisa de natureza qualitativa.[38] O universo da pesquisa foram as próprias unidades de produção empresarial. A amostra foi selecionada entre diretores, gerentes e trabalhadores das duas empresas, em conformidade com os procedimentos de auditoria da norma SA 8000. As empresas escolheram as pessoas que seriam os sujeitos da pesquisa. De comum acordo com as empresas, mantém-se o anonimato dos entrevistados, utilizando-se apenas o termo "trabalhador". Mas, para distinguir a fala de cada sujeito, no caso da empresa A foram acrescentados ao termo a letra A e um número sequencial ("A1", "A2" até "A23"); e no caso da empresa C, a letra C e um número

---

[38] A abordagem qualitativa vem despertando cada vez mais o interesse dos pesquisadores: sujeito e objeto são elementos integrados e coparticipantes do processo a partir do qual as ações, as estruturas e as relações tornam-se significativas. Assim, "procura-se investigar o que ocorre nos grupos e instituições relacionando as ações humanas com a cultura e as estruturas sociais e políticas, tentando compreender como as redes de poder são produzidas, mediadas e transformadas. Parte-se do pressuposto que nenhum processo social pode ser compreendido de forma isolada, como uma instância neutra acima dos conflitos ideológicos da sociedade. Ao contrário, esses processos estão sempre profundamente vinculados às desigualdades culturais, econômicas e políticas que dominam nossa sociedade" (Alves-Mazzotti e Gewandsznajder, 1998:139).

170 RESPONSABILIDADE SOCIAL EMPRESARIAL

sequencial ("C1", "C2" até "C14"). A questão da responsabilidade social interna foi estudada à luz do referencial teórico e da aplicação prática, nas duas empresas, de auditoria de primeira parte,[39] padrão SA 8000, procurando apresentar novas interpretações do assunto, em conformidade com a SAI (1999:39):

> Nesta, a empresa interessada na certificação deve investigar e garantir o atendimento aos requisitos da norma SA 8000. É um processo de auto--auditoria com a assistência, se apropriado, de qualquer uma das seguintes partes: ONGs locais, consultores, representantes dos sindicatos, ou outros especialistas. É uma atividade formal e documentada, inicia-se com reuniões de pré-auditoria, com os auditores elaborando cronograma da auditoria, organizando os questionários e as entrevistas, selecionando as ONGs, sindicatos e trabalhadores envolvidos. São ainda atividades dessa etapa o trabalho preparatório para a empresa e seus fornecedores: a) explanação da natureza da auditoria aos trabalhadores, estipulando a necessidade de se obter informações precisas; b) requisitar a completa colaboração dos trabalhadores nas trocas de informações; e c) apresentar as práticas e processos identificados como ausentes ou necessários.

Contratou-se a empresa D,[40] de consultoria e assessoria na certificação SA 8000, para auxiliar na aplicação de questionário estruturado e entrevistas não estruturadas. A pesquisa de campo foi feita nos moldes de pré-avaliação, auditando as empresas pesquisadas como se elas estivessem em processo de certificação SA 8000.

Critério para verificação da responsabilidade social interna

Como forma de organização e referencial de análise, considerou-se a gestão social critério essencial de verificação da responsabilidade social interna nas

---

[39] Auditoria de primeira parte é a etapa inicial do processo-padrão de certificação SA 8000 numa empresa.

[40] Desde 1995 presta serviços de consultoria especializada em terceirização da gestão de negócios, qualidade empresarial e certificação de sistemas de gestão. Seu trabalho envolve projetos e implantação de sistemas baseados em normas internacionais, como ISO 9000 e ISO 14000, SA 8000 e QS 9000. A empresa oferece projeto, adequação de recursos, treinamento, conscientização, implantação e assessoria na certificação junto a organismos nacionais e internacionais credenciados.

duas empresas. A figura 1 ilustra a fronteira entre gestão da qualidade social (gestão estratégica) e gestão social decorrente dos conceitos abordados ao longo do referencial teórico. Nela procura-se representar o que chamamos de gestão social: interação consensual entre gestão da qualidade social e cidadania.

Figura 1
Gestão da qualidade social e gestão social

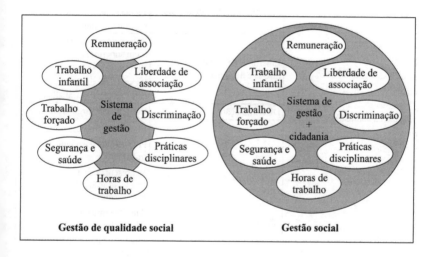

O questionário de pesquisa de campo contempla todos os nove requisitos para implantação da norma SA 8000. Porém, havia conhecimento prévio de que ambas as empresas não tinham implementado o requisito sistema de gestão. Logicamente, ao se realizar a auditoria, a ausência desse requisito, por si só, distorceria qualquer resultado. Para eliminar essa distorção, optou-se por dividir a análise em duas etapas. Na primeira, fez-se a análise da gestão da qualidade social utilizando oito dos requisitos da norma, menos o sistema de gestão. Na segunda, foram utilizados os nove requisitos combinados com o conceito cidadania. O quadro 7 detalha esse critério de análise.

Quadro 7
Etapas de análise da responsabilidade social interna

Etapa	Requisitos da SA 8000	Aspectos verificados
Gestão da qualidade social	Trabalho infantil Trabalho forçado Práticas disciplinares Horas de trabalho Remuneração	Respeito às leis Clima organizacional Concessão de benefícios Extensão dos benefícios aos dependentes
	Segurança e saúde do trabalho	Qualidade de vida no trabalho Treinamento e capacitação em saúde e segurança
	Liberdade de associação e direito à negociação coletiva	Relações trabalhistas (com superiores, subordinados e pares) Presença do sindicato e participação dos trabalhadores
	Discriminação	Respeito aos direitos humanos
	Sistema de gestão	Manual da empresa Política social e condições de trabalho Representantes da administração e dos trabalhadores Análise crítica pela administração Planejamento e implementação da norma Ação corretiva Manutenção dos registros Comunicação externa Acesso para verificação
Gestão social (gestão da qualidade social + cidadania)	Sistema de gestão	Programas de aumento da empregabilidade e reinserção no mercado de trabalho Gestão das relações com os fornecedores no tocante à contratação de mão de obra Relações com o terceiro setor Ética empresarial Valorização da cidadania (cidadão-trabalhador) Gestão comunicativa/dialógica

ESTUDOS DE CASOS 173

Análise comparativa da responsabilidade social interna:
gestão da qualidade social

Trabalho infantil

Ambas as empresas utilizam trabalhadores com menos de 16 anos. A empresa A tem aprendizes administrativos (guardas-mirins) a partir de 14 anos, e a empresa C, empregados com 15 anos. Esses jovens trabalham oito horas diárias e estudam à noite. Na empresa A eles circulam em áreas de risco, enquanto na empresa C estão lotados em áreas de risco. Nas entrevistas, verificou-se que os trabalhadores das duas empresas estão cientes da existência de trabalho infantil — consequência de uma política de trabalho equivocada em relação ao menor aprendiz. Entretanto, após a constatação dessa pesquisa, ambas as empresas tomaram providências para sanar essa inadequação, descaracterizando o trabalho infantil.

Trabalho forçado

Nas duas empresas, os trabalhadores são livres para se demitir e para recusar trabalho em horas extras. Nas entrevistas, confirmou-se a inexistência de depósitos e de documentos originais dos trabalhadores retidos nas empresas. Os empréstimos feitos pela empresa A se limitam a um percentual do salário, e as prestações são definidas em função do salário. A maioria dos entrevistados na empresa C informou que a empresa não faz empréstimos, mas entende que deveria fazê-lo.

Saúde e segurança do trabalho

Na empresa A, as ações para prevenir ou minimizar acidentes de trabalho se realizam através da Cipa, com o representante da área. A empresa tem um programa de auditoria de segurança e uma agenda com campanhas preventivas (por exemplo, tabagismo). Além disso, realiza anualmente a Semana Interna de Prevenção de Acidentes de Trabalho (Sipat). Na empresa C, o departamento médico se incumbe dessas ações, com mapas de risco e campanhas de vacinação ou quando há reclamação do trabalhador. A empresa A tem um gerente sênior responsável pela saúde e segurança dos trabalhadores, além de delegar responsabilidades ao médico do trabalho e ao presidente da Cipa. Na empresa C, os responsáveis são o presidente da Cipa, o médico do trabalho e o técnico de segurança. As empresas implementam ações corretivas e preventivas nos aci-

174 RESPONSABILIDADE SOCIAL EMPRESARIAL

dentes de trabalho de acordo com os procedimentos ISO 9000 e QS 9000. Em ambas as empresas, recintos administrativos, banheiros, vestiários, refeitórios e áreas de lazer são asseados e salubres, cumprindo a norma regulamentadora do Ministério do Trabalho. Na empresa A, os procedimentos de saúde e segurança do trabalho constam no site da Cipa, na agenda de auditorias internas e no programa de descarte de produtos, que conta com uma estação de tratamento de efluentes. Na empresa C, há o Procedimento de Segurança no Trabalho, documento integrante da norma ISO 9002, com boletins regulares sobre itens de segurança. Na empresa A, esses procedimentos estão disseminados entre os trabalhadores; na empresa C, porém, essa disseminação é superficial. Em caso de incêndio, na empresa A existe uma brigada, mas o treinamento de evacuação da área não é realizado regularmente em todos os setores. A empresa C treina apenas a brigada de incêndio e alguns trabalhadores, antes da recarga regular dos extintores, mas não tem treinamento de evacuação da área. A empresa A mantém quadros com rotas de fuga e pontos de encontro em caso de incêndio. Na empresa C, a rota de fuga não está sinalizada.

Liberdade de associação e direito à negociação coletiva

A empresa A e a empresa C respeitam o direito dos trabalhadores de filiar-se a sindicatos e de negociar coletivamente suas reivindicações. Cerca de 90% dos trabalhadores da empresa C são sindicalizados. Aparentemente, a empresa A não discrimina os representantes dos trabalhadores no sindicato, mas alguns deles trabalham quando querem ou simplesmente não trabalham. Na empresa C, essa convivência é amigável. Nas duas empresas, os representantes dos sindicatos participam normalmente das negociações e inclusive são signatários dos acordos coletivos. Na empresa A, nove trabalhadores são diretores sindicais, mas eles não se dispuseram a responder ao questionário nem a ser entrevistados. Na empresa C foi entrevistado o trabalhador C2, representante sindical e membro da Cipa.

Discriminação

Na empresa A, manifesta-se parcialmente a discriminação de gênero, pois entre os 79 trabalhadores em posição de chefia há somente duas mulheres. Porém, existe outro tipo de discriminação: alguns setores têm resistência à entrada de deficientes. Já na empresa C não há sequer contratação de defi-

ESTUDOS DE CASOS   175

cientes. A discriminação de gênero ficou evidente na declaração da trabalhadora C8: "neste setor só pode trabalhar homem".

Na empresa A, existem processos de avaliação estruturados para contratações, promoções, treinamentos e desligamentos. Na empresa C, esses processos não são estruturados, e em seu quadro funcional há poucas mulheres. Eis o comentário da trabalhadora C4: "não tenho esperança de atingir cargo de comando sendo mulher".

Nenhuma das duas empresas interfere no direito que os trabalhadores têm de seguir crenças religiosas. Os da empresa C utilizam a sala de treinamento para reuniões religiosas. Apesar do repúdio a qualquer comportamento sexualmente coercitivo, incluindo gestos, linguagem e contato físico, segundo a trabalhadora A4 "já houve casos de abuso de linguagem e os caminhos para tratá-los não foram claros".

Na empresa C ocorre coerção ligada ao cargo, o que é repudiado pela diretoria, mas esta não mantém um canal formal de reclamação. As duas empresas não têm políticas formalizadas contra discriminação. Os trabalhadores da empresa A mencionam o órgão de assistência social, mas não confiam nele o bastante para fazer denúncias. Já os trabalhadores da empresa C não sabem ao certo a quem dirigir-se para tanto. Na empresa A, existe um processo estruturado para avaliar as recusas de contratações, promoções e treinamentos, com pareceres claros sobre as causas dessas recusas. Na empresa C, não existe registro para as recusas.

Práticas disciplinares

A empresa A desenvolveu o conceito do "chefe treinador", que procura orientar através do diálogo, incentivando o trabalhador a expor suas ideias e problemas ao seu superior imediato. Entretanto, de forma isolada, alguns supervisores não conversam com os trabalhadores ou simplesmente os ignoram. Na empresa C ainda existe, mesmo que de forma isolada, a figura do chefe muito agressivo. Nas duas empresas não existe uma política formal para coibir certas práticas disciplinares. Na empresa A, o canal de denúncia contra essas práticas não é claro, mas os trabalhadores veem a assistente social como tal. A empresa C não tem um canal formal: o trabalhador C10 apontou a área de segurança ou o "dono" da empresa.

Horas de trabalho

Ambas as empresas cumprem a legislação nacional. Na empresa A, o horário é móvel e de até 40 horas extras; esse quantitativo vai para o banco de horas,

176 RESPONSABILIDADE SOCIAL EMPRESARIAL

podendo ser compensado num outro dia. Nas duas empresas eventualmente ocorrem excessos, com mais de duas horas diárias ou 12 horas semanais. Porém, as horas extras são voluntárias em ambas as empresas. Nas entrevistas, alguns reclamaram que fazem mais de duas horas extras diárias.

Remuneração

A empresa A conta com mais de 80 estagiários, mas não há um programa efetivo e são poucas as perspectivas de efetivação na empresa. Esse arranjo de trabalho sugere a utilização de estagiários como mão de obra barata. A empresa A divulga planilhas por faltas e outras informações para o PLR, informando a atualização de incentivos e bônus. Na empresa C, essas informações são disponibilizadas no início de cada ano através do PLR, onde todos recebem o mesmo valor, independentemente do cargo.

Sistema de gestão

De todos os requisitos, o mais extenso e complexo é o sistema de gestão, pois nele é que se refletem a política de responsabilidade social adotada pela empresa e os critérios fundamentais do gerenciamento na área social. Em conformidade com a norma, nessa fase inicial de implementação da SA 8000, somente os representantes dos sindicatos foram consultados. Nas entrevistas, ao serem indagados sobre parcerias da empresa com ONGs, responderam negativamente. Durante a pesquisa, ao expor o questionário-padrão SA 8000, foi possível perceber, em ambas as empresas, o total desconhecimento de gestores e trabalhadores com relação à norma, não havendo, portanto, documento formal definindo as diretrizes e a política de responsabilidade social. Assim, constatou-se que nas empresas A e C:

❑ não foram designados os representantes da administração nem eleitos os representantes dos trabalhadores para garantir a implementação de sistemas de responsabilidade social;

❑ não estão formalizadas ações que visem ao planejamento e à implementação da norma;

❑ não existem procedimentos de avaliação de fornecedores quanto aos itens referentes à responsabilidade social em conformidade com os requisitos da norma;

Estudos de Casos

❏ não existem critérios de análise periódica da adequação e continuidade dos processos relativos a cada um dos requisitos da norma. A administração da empresa C promove reuniões para avaliar a adequação do sistema de responsabilidade social, mas o faz de forma incompleta, pois essas reuniões são voltadas para a qualidade do produto, e não para a qualidade social. O único item de controle da qualidade social é o absenteísmo, com programa de sugestão e indicador;

❏ existem registros parciais de fornecedores e subcontratados, mas eles não estão em conformidade com os requisitos da norma. As reclamações referentes à responsabilidade social são tratadas na empresa A no requisito saúde e segurança e, se bem que informalmente, no requisito problemas de relacionamento. Na empresa C não existe sistema formal;

❏ embora sejam implementadas ações corretivas para lidar com não conformidades ou reclamações por parte dos trabalhadores, elas não estão de acordo com os requisitos da norma. As ações corretivas na empresa A são informais, exceto para saúde e segurança, enquanto na empresa C não existe nenhuma formalização;

❏ a comunicação é parcial, por meio de fluxo de mão única (da empresa para os trabalhadores), não havendo o *feedback* que caracteriza a conformidade com os requisitos da norma. A empresa A divulga as questões externas ligadas a ações de voluntariado, enquanto a empresa C divulga a política da qualidade e os resultados da análise crítica;

❏ foi permitido o acesso às instalações para verificação de seus sistemas de gestão. Como tais sistemas não estão de acordo com os requisitos da norma, o limite foi a verificação de suas ações sociais em andamento.

As duas empresas não definem nem divulgam políticas de responsabilidade social. A empresa A está desenvolvendo um código de ética corporativo, envolvendo todo o grupo, fato considerado relevante pelo trabalhador A2 porque demonstra o comprometimento da administração da empresa:

> Um programa dessa envergadura somente é implantado quando há o compromisso da alta direção. E não se implanta de baixo para cima, e sim de cima para baixo — não é no sentido autoritário, e sim no sentido amplo, ou seja, no sentido de comprometimento.

178 RESPONSABILIDADE SOCIAL EMPRESARIAL

A política da qualidade da empresa C inclui o princípio da responsabilidade social. Nota-se que a empresa vem desenvolvendo informalmente uma política interna de responsabilidade social. Nas palavras do trabalhador C1:

> A partir do momento em que uma empresa se constitui através de um contrato social e adota uma razão social, é certo que assuma também sua responsabilidade social. Afinal, essa empresa vai empregar pessoas, que por sua vez têm outras pessoas que dependem delas. Vai criar ou modificar hábitos de consumo, e os consumidores formam a sociedade.

Essa visão também está presente na empresa A, como mostram os depoimentos seguintes:

> Falar de responsabilidade social empresarial é criar, em seus aspectos corporativos, o chamado consumo responsável, onde a empresa atua socialmente não só com seu público interno, funcionários, acionistas, clientes etc., mas na sociedade como um todo.

(Trabalhador A23)

> Fazemos questão de dar sequência ao trabalho correto e responsável, ampliando nossas ações dentro e fora da empresa.

(Trabalhador A2)

Após a aplicação do questionário e durante as entrevistas, os gestores passaram a conceber a norma como um meio de prescrever a política informal de responsabilidade social até então estabelecida. O depoimento a seguir evidencia a percepção da administração:

> A chegada dessa pesquisa na empresa foi uma casualidade positiva e trouxe uma perspectiva muito interessante. A empresa sempre tratou bem os funcionários, dividiu os ganhos com eles, teve um bom relacionamento com seu sindicato, enfim, o que a norma prescreve. Somos certificados na ISO 9002 e seus resultados repercutem dentro e fora da empresa. No entanto, todos os processos desenvolvidos e padronizados visam ao produto, e não aos colaboradores. Após essa auditoria percebemos a necessidade de formalizar nossas ações de ordem social e ambiental.

(Trabalhador C14)

ESTUDOS DE CASOS 179

Em algumas entrevistas, porém, nota-se alguma resistência:

> Pelo que entendi, precisaríamos adaptar a SA 8000 à nossa realidade. Isso pode ser complicado, pois tudo o que a norma prescreve é estar em conformidade com a CLT, a legislação trabalhista brasileira. Por exemplo, administrar o número de horas trabalhadas, a questão da saúde e da segurança no trabalho. Já fazemos isso, mas não com esse nível de detalhe e controle. Essas ações são de difícil implementação e, definitivamente, seriam um impacto enorme em termos culturais, gerenciais e comportamentais.
>
> (Trabalhador A2)

> Primeiro, há pouca referência aqui no Brasil. A implantação de um sistema novo é sempre muito complicada. Segundo, tem que transformar a norma em material operacional para a nossa realidade. Terceiro, a legislação brasileira é muito pesada, então você tem que estar em conformidade com a lei, adotando uma interpretação jurídica. A princípio, acho inviável.
>
> (Trabalhador C14)

Nesses depoimentos percebe-se que a maior dificuldade é a falta de informação sobre a adequação dos instrumentos internacionais da norma (Convenções e Recomendações da OIT) aos instrumentos vigentes no Brasil (Conso-lidação das Leis do Trabalho), os quais de certa forma traduzem os valores culturais, gerenciais e comportamentais de cada país. As empresas vêm buscando aprimorar a gestão dos recursos humanos para melhorar seus resultados econômicos e financeiros e construir capital social:

> Procuramos reduzir o *turnover*, o absenteísmo, as lesões por esforços repetitivos. Num primeiro momento é imperceptível; depois, começamos a ter consciência que essas ações produzem resultados na área social.
>
> (Trabalhador A1)

Esse depoimento mostra que a responsabilidade social está incluída nas metas da empresa A. Uma das maneiras de alcançar essas metas é identificar os principais problemas enfrentados pela empresa no campo social. Por exemplo, na empresa C:

180 RESPONSABILIDADE SOCIAL EMPRESARIAL

Os problemas sociais apresentados por nossos funcionários, identificados pela assistente social, em sua maioria são necessidades básicas: educação, vestuário, moradia.

(Trabalhador C14)

As carências sociais na empresa são as das áreas da saúde e de segurança no trabalho, nosso funcionário não saber administrar o que ganha, a precariedade de suas moradias.

(Trabalhador C2)

Percebe-se que a empresa encara o problema como um desvio, ou seja, um resultado indesejável quando se compara uma situação ideal com a situação atual, embora considere que os problemas sociais existentes podem ser transformados em oportunidades de negócio. Na empresa A, a área de recursos humanos responde pelas ações sociais junto à comunidade, ou seja, a responsabilidade social externa. Mas não tem ingerência na responsabilidade social interna. As atividades relacionadas com a responsabilidade social interna são monitoradas de maneira informal. Na empresa A, os entrevistados relacionam a responsabilidade social com ações junto à comunidade, ações de voluntários, apoio a convênios médicos, farmácias e creches, respeito na demissão de trabalhadores. Na empresa C, os entrevistados não relacionam a responsabilidade social com a imagem da empresa e desconhecem o conceito de responsabilidade social interna. Os trabalhadores da empresa A veem as ações externas nas comunidades como compromissos da responsabilidade social e reclamam o mesmo tratamento internamente. Na empresa C há um total desconhecimento da responsabilidade social externa.

Resumo da análise comparativa da responsabilidade social interna

Na análise do resultado da pesquisa, optou-se por estudar cada requisito da norma isoladamente em cada empresa, comparando os resultados simultaneamente. A tabela 1 mostra os dados agrupados por requisitos da SA 8000, e sua compilação seguiu a seguinte regra básica: são quatro as possíveis respostas ao questionário: sim (S), parcial (P), não (N) e não aplicável (N/A). Os itens com resposta sim (S) estão em conformidade com a norma, enquanto aqueles com resposta parcial (P) ou não (N) geram não conformidades.

São dois os tipos de não conformidades: leve (L) e maior (M). A não conformidade leve não é empecilho à certificação, mas deve ser corrigida e poste-

Apuração dos resultados — critério essencial de verificação da responsabilidade social interna

Etapa	Requisitos da AS 8000	Itens avaliados	Empresa A					Empresa C				
			Respostas (NC)			Índice de NC (%)	Índice de conformidade (%)	Respostas (NC)			Índice de NC (%)	Índice de conformidade (%)
			L	M	T			L	M	T		
Gestão da qualidade social	Trabalho infantil	8	5	0	5	62,50	37,50	5	0	5	62,50	37,50
	Trabalho forçado	7	0	0	0	0,00	100,00	0	0	0	0,00	100,00
	Segurança e saúde do trabalho	22	2	0	2	9,09	90,91	12	0	12	54,55	45,45
	Liberdade de associação e direito à negociação coletiva	4	2	0	2	50,00	50,00	0	0	0	0,00	100,00
	Discriminação	10	4	0	4	40,00	60,00	5	1	6	60,00	40,00
	Práticas disciplinares	4	3	0	3	75,00	25,00	3	0	3	75,00	25,00
	Horas de trabalho	10	2	0	2	20,00	80,00	3	0	3	30,00	70,00
	Remuneração	7	1	0	1	14,29	85,71	0	0	0	0,00	100,00
	Total	**72**	**19**	**0**	**19**	**26,39**	**73,61**	**28**	**1**	**29**	**40,28**	**59,72**
Gestão Social	**Sistema de gestão**	**26**	25	0	25	96,15	3,85	25	0	25	96,15	3,85
	Resultado da auditoria de primeira parte, padrão norma SA 8000	**98**	44	0	44	44,90	55,10	53	1	54	55,10	44,90

Fonte: Questionário de avaliação de responsabilidade social de 2002.
Obs.: NC = não-conformidade; L = leve; M = maior; T = total.

182 RESPONSABILIDADE SOCIAL EMPRESARIAL

riormente verificada por auditores. Isso quer dizer que a empresa pode ser certificada, mas assume o compromisso de sanar as não conformidades leves num prazo previamente acordado. A não conformidade maior ou grave é totalmente restritiva à certificação. Caso ocorra alguma, a empresa é notificada ao final da auditoria. A partir do registro, elabora plano de ação corretiva (ciclo PDCA) e, após as correções, solicita novo processo de auditoria. A definição de uma não conformidade como leve ou maior é subjetiva e consensual entre os auditores, levando em consideração dois aspectos: o país (nível de desenvolvimento político, social e cultural) e o perfil da empresa (porte, segmento de atuação, imagem atual, localização regional etc.). Do ponto de vista da SA 8000, os itens avaliados (perguntas do questionário e verificação de evidências) têm a mesma importância e, portanto, pesos iguais, o que permitiu tabular os resultados em termos percentuais simples e diretos. Para ter um sistema de gestão da qualidade social e práticas consistentes de responsabilidade social interna, a empresa deve apresentar um índice de conformidade (IC) maior ou igual a 70%.

A hipótese estudada, a partir das referências conceituais, nas duas empresas em questão era de que o modelo de gestão, aqui denominado "social", geralmente assume a perspectiva da gestão estratégica, em vez de uma gestão mais participativa, comunicativa e dialógica.

Para validar ou não essa hipótese, selecionou-se como vetor central desse novo paradigma de gestão a valorização da cidadania, tal como praticada dentro da empresa e articulada em torno do eixo gestão da qualidade social-cidadania.

Numa das extremidades do eixo (gestão da qualidade social), procurou-se analisar e comparar a construção do capital social do ponto de vista do gerenciamento das ações sociais internas traduzidas em benefícios e qualidade de vida para os trabalhadores e seus dependentes. Na outra (cidadania), pretendeu-se verificar o grau de participação do trabalhador como "sujeito" da ação produtiva, um sujeito mais interativo e conhecedor do conteúdo social de suas ações no trabalho.

Resumindo, gestão social é a combinação de gestão da qualidade social com cidadania, o que se traduz num sistema de gerenciamento comunicativo, participativo e dialógico.

Gestão da qualidade social

A SA 8000 encerra em suas especificidades nove requisitos. No critério "gestão da qualidade social", esses requisitos servem para verificar os aspectos considerados essenciais à prática da responsabilidade social interna. Com base nos resultados apresentados na tabela é possível fazer as seguintes considerações.

ESTUDOS DE CASOS

Empresa A

❑ O índice de conformidade (IC) de 55,10% mostra que a empresa A exerce parcialmente a responsabilidade social. Pela norma, não se pode considerar que ela pratica a responsabilidade social interna, pois necessita melhorar sua performance nos requisitos: trabalho infantil (acompanhar o estudo dos menores e retirá-los das áreas de risco); liberdade de associação e direito à negociação coletiva (fraco relacionamento com os trabalhadores pertencentes ao sindicato, que se sentem isolados e discriminados dentro da empresa, a ponto de se recusarem a participar da pesquisa); discriminação (as mulheres se sentem discriminadas, com salários menores e poucas possibilidades de ocupar cargos de chefia); e práticas disciplinares (o "chefe treinador" procura orientar através do diálogo, mas alguns supervisores simplesmente ignoram os trabalhadores).

❑ Por outro lado, do ponto de vista da gestão da qualidade social, o IC de 73,61%, indica que a empresa A é socialmente responsável.

As práticas de responsabilidade social interna na empresa A assumem a forma de ações voltadas para seus trabalhadores, mais especificamente nos requisitos da norma relativos a saúde e segurança no trabalho; remuneração; horas de trabalho; e trabalho forçado. Essas práticas mostram o respeito às leis e sugerem a existência de processos de melhoria contínua da qualidade de vida no trabalho que se refletem positivamente no clima organizacional. Nota-se que tais práticas são fruto da cultura centenária da empresa e das atitudes proativas de seu corpo gerencial.

A empresa não tem um sistema de gestão da qualidade social formalizado, mas está na direção certa e, caso almeje a certificação SA 8000, deve corrigir as não conformidades leves e implementar o requisito sistema de gestão da norma.

Empresa C

❑ O índice de conformidade (IC) de 44,90% mostra que a empresa C adota poucas práticas de responsabilidade social interna. Do ponto de vista da gestão da qualidade social, o IC de 59,72% vem reforçar tal conclusão.

❑ A empresa obteve bons índices de conformidade nos seguintes requisitos da norma: liberdade de associação e direito à negociação coletiva (100%);

184 RESPONSABILIDADE SOCIAL EMPRESARIAL

remuneração (100%); trabalho forçado (100%); e horas de trabalho (70%).

☐ Precisa melhorar sua performance nos requisitos: trabalho infantil (acompanhar o estudo dos menores e retirá-los das áreas de risco); saúde e segurança no trabalho (apesar da certificação ISO 9002, os trabalhadores necessitam de treinamento e capacitação nessa área); e práticas disciplinares (treinamento específico em relacionamento interpessoal para os níveis de supervisão e chefia).

☐ Constatou-se uma não conformidade maior no requisito discriminação (desrespeito aos direitos humanos em forma de assédio sexual).

A empresa C não desenvolve ações especificamente voltadas para o seu trabalhador. Percebe-se uma ideia de empresa "familiar" nas relações entre patrões e empregados. Portanto, pela norma, não pode ser considerada socialmente responsável.

Empresa A e empresa C

O índice de conformidade (IC) de 3,85% revela que em ambas as empresas inexiste o requisito sistema de gestão da qualidade social. Exemplo dessa não conformidade maior é o fato de elas não contarem com procedimentos para avaliar seus fornecedores e não manterem registros de compromisso desses fornecedores em atender aos requisitos da norma. A empresa A somente mantém informação regular sobre saúde e segurança, ao passo que a empresa C não mantém regularidade alguma. As empresas necessitam implementar todos os critérios fundamentais desse requisito se quiserem obter certificação.

De acordo com a norma SA 8000, os resultados finais da auditoria de primeira parte, obtidos através dos índices de conformidade com a gestão da qualidade social, foram 73,61% (empresa A) e 59,72% (empresa C). Logo, a empresa A é socialmente responsável, mas o mesmo não se pode dizer da empresa C. Comparando as duas, verifica-se que a responsabilidade social de uma não se reproduz na outra.

Gestão social

Tomando a gestão social como critério essencial de verificação da responsabilidade social interna nas empresas A e C, procurou-se mostrar a fronteira entre gestão estratégica (monológica) e gestão social (dialógica). Nessa etapa da análise comparativa, utilizou-se o requisito da SA 8000 sistema de gestão

ESTUDOS DE CASOS   185

combinado com cidadania para verificar os aspectos considerados essenciais
à prática da responsabilidade social interna.

Programas de aumento da empregabilidade ou reinserção no mercado de trabalho

Existem processos estruturados (empresa A) e semiestruturados (empresa C) de
recrutamento, seleção, contratação e dispensa de trabalhadores, mas eles não passam de normas e rotinas da área de recursos humanos, e praticamente inexistem
ações voltadas para a comunicação, participação e emancipação do trabalhador.

As empresas elaboram cronogramas anuais de treinamento, visando à
preservação e ao desenvolvimento da capacitação técnica com forte ênfase no
aumento da produtividade pela sinergia entre as pessoas, instalações e tecnologia da informação.

Não faz parte das diretrizes empresariais a preocupação com a reinserção
do trabalhador no mercado. A empresa A, elo dominante da cadeia produtiva do
setor automotivo, julga oferecer as melhores condições de emprego no setor —
daí seu baixo índice de rotatividade. Nas devidas proporções, a em-presa C tem
a mesma percepção do mercado. Os trabalhadores das duas empresas mostraram insegurança diante da possibilidade de remanejamento para outra área e/
ou função, em virtude da implantação de novas tecnologias de produtos ou de
processos.

Em ambas as empresas, nota-se que a área de recursos humanos procura
transferir aos trabalhadores a responsabilidade por sua permanência no posto
de trabalho. Assim, se o trabalhador "falhar" e perder o emprego, o problema de se reinserir no mercado é única e exclusivamente dele.

Relações com os fornecedores no tocante à mão de obra

Os relacionamentos entre as empresas estão restritos às áreas comerciais, financeiras e de produção. Inexiste qualquer interação das áreas de recursos
humanos visando à troca de experiências ou de informações sobre as condições de trabalho.

Relações com o terceiro setor

Tanto na empresa A quanto na empresa C, o envolvimento com o terceiro setor
se restringe aos sindicatos. Ambas as empresas, através de suas áreas de recursos humanos, procuram promover ações proativas junto aos sindicatos, de
modo que o processo de melhoria contínua, que normalmente acarreta peque-

186 RESPONSABILIDADE SOCIAL EMPRESARIAL

nas porém constantes reduções de quadro funcional, ocorra com menor custo social. No entanto, o principal papel dos sindicatos dos trabalhadores dessas empresas está restrito à negociação anual do dissídio coletivo. Nenhuma das duas empresa tem parcerias com ONGs.

Ética empresarial

Pôde-se perceber nas empresas pesquisadas um certo relativismo ético, pois elas procuram manter uma boa imagem perante os consumidores e a opinião pública, ao mesmo tempo em que enfatizam a maximização do lucro e a preservação de suas marcas. À época da pesquisa, a empresa A estava desenvolvendo um código de ética.

Valorização da cidadania (cidadão-trabalhador)

A cidadania ainda não é um valor institucionalizado nas duas empresas, sendo praticamente ignorada em suas políticas e estratégias.

As funções de concepção e controle dos produtos e processos ainda são confiadas exclusivamente aos gestores, restando aos trabalhadores apenas a execução e divisão das tarefas.

Por outro lado, na empresa A os trabalhadores participam como voluntários em programas sociais voltados para a comunidade, o que sugere, mesmo que timidamente, um movimento em direção à valorização da cidadania. Esse tipo de programa mostra a existência de práticas de responsabilidade social externa na empresa A, faltando-lhe ainda sistematizar a dimensão da responsabilidade social interna.

Tais considerações nos remetem à questão do lucro (função econômica) e da responsabilidade social (função social) no âmbito empresarial. Para alguns estudiosos, o lucro é a finalidade exclusiva da empresa; para outros, a sustentação do lucro está no exercício das responsabilidades sociais. As empresas A e C são produtoras de bens industriais, de modo que o lucro representa seu objetivo final. No entanto, como a responsabilidade social está implícita em suas metas, pode-se dizer que ambas caminham para ações gerenciais dialógicas.

Análise integrada dos casos A, B e C

A responsabilidade social está associada ao redesenho das funções tradicionalmente exercidas pelas diferentes instâncias do governo, pela iniciativa privada e pela sociedade civil organizada. A partir da conscientização de todas as partes envolvidas, abre-se a possibilidade de desenvolver e implementar sistemas de gestão social que beneficiem diretamente a organização e a comunidade.

Parece, pois, oportuno e relevante avaliar a disseminação da responsabilidade social nas organizações através da análise de sistemas de gestão que fomentam a forte correlação entre qualidade de vida e produtividade do trabalho. Assim, procurou-se estudar aqui o fenômeno da responsabilidade social estabelecendo uma ponte entre os dois estudos de caso, tendo como pano de fundo a norma AA1000.

A AA1000 é uma norma de processos visando à melhoria contínua, não um padrão de desempenho real. Ela tem por base o diálogo, o comprometimento, o engajamento e a prestação de contas às partes interessadas (*stakeholders*). Além da transparência de informações, a *accountability* exige maior proatividade e conformidade junto aos *stakeholders*.

O documento básico da norma AA1000 foi desenvolvido pelo Institute of Social and Ethical AccountAbility (Isea)[41] e publicado em novembro de 1999 em versão preliminar, após extensas consultas aos seus associados em todo o mundo.

A figura 2 mostra a AA1000 como instrumento integrador da análise dos estudos de caso.

Figura 2

Gestão integrada da responsabilidade social

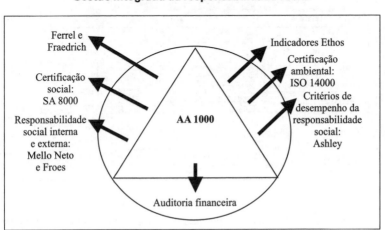

---

[41] Também conhecido como AccountAbility.

Categorias analisadas

O estudo de caso 1 dividiu a análise em sete categorias (valores e transparência; público interno; meio ambiente; fornecedores; clientes; comunidade; governo e sociedade) e classificou o estágio de responsabilidade social de cada uma delas nas empresas A e B.

O estudo de caso 2 procurou analisar mais a fundo a segunda categoria (público interno) nas empresas A e C, de acordo com a norma de certificação SA 8000. O conceito mais moderno de responsabilidade social recomenda a descentralização do seu foco numa segunda fase, mas o público interno continua sendo prioridade na primeira fase para qualquer empresa que objetive um comportamento socialmente responsável consistente e coerente.

A figura 3 ilustra a inter-relação dos dois estudos de caso, tendo como pano de fundo a AA1000.

Figura 3

Comparação das categorias analisadas nos estudos de caso 1 e 2

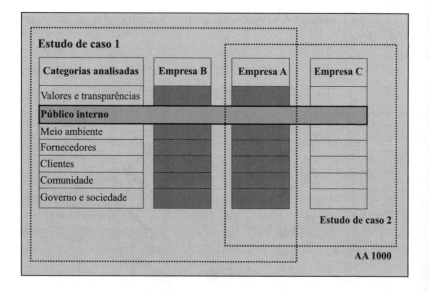

Por ter participado das duas pesquisas, a empresa A é o ponto de interseção entre os dois estudos de caso. Ela foi analisada nas sete categorias pelo estudo 1 e na segunda categoria (público interno) pela norma SA 8000, ins-

ESTUDOS DE CASOS   189

trumento de avaliação do estudo 2 (análises complementares). A empresa B foi
analisada nas sete categorias. Para efeitos comparativos, a empresa C teve a
mesma análise da empresa A no estudo de caso 2 (ver quadro 8).

Quadro 8
Avaliação por empresa

Estudo/Empresa	A	B	C
Estudo 1	7 categorias	7 categorias	Não foi avaliada
Estudo 2	1 categoria	Não foi avaliada	1 categoria

Critérios de mensuração da responsabilidade social

Para medir a responsabilidade social nas empresas A, B e C, os dois estudos
utilizaram instrumentos que, apesar das diferenças no formato de avaliação e
no modo de apresentação dos resultados, têm a mesma origem (a norma
AA1000) e adotam os mesmos critérios de classificação do comportamento da
empresa numa escala que varia entre o cumprimento da lei (requisito mínimo
de avaliação) e níveis éticos ideais de comportamento.

No estudo de caso 1, o comportamento empresarial foi classificado[42] em
três estágios:

❑ primeiro estágio — cumprimento da lei;
❑ segundo estágio — nível de obrigações acima da lei;
❑ terceiro estágio — nível de aspiração a ideais éticos.

No estudo de caso 2, o comportamento das empresas foi classificado pela
norma SA 8000 e, complementarmente, pela AA1000. A SA 8000 é uma norma de auditoria e certificação de sistemas de gestão da qualidade social. Ao
ser certificada por terceira parte, a empresa é considerada socialmente responsável. Entretanto, uma empresa não certificada que tenha sido submetida
à auditoria-padrão SA 8000 pode ser considerada socialmente responsável,
desde que esteja isenta de não conformidade maior e que apresente um núme-

---

[42] O embasamento teórico dessa classificação é detalhado na primeira parte deste capítulo.

190 RESPONSABILIDADE SOCIAL EMPRESARIAL

ro preestabelecido de não conformidades leves. Esse número é subjetivo e resulta de negociação prévia com a equipe de auditores, variando conforme o país ou a região. Dessa negociação obtém-se o índice de conformidade (IC). No Brasil, considera-se socialmente responsável a empresa que atingir um IC de 70% na classificação final.

Análise integrada

A empresa A serviu de base para os dois estudos de caso apresentados neste capítulo. Ressalvadas pequenas diferenças na metodologia de análise e no tipo de abordagem, eles chegaram aos mesmos resultados na categoria de análise em comum: a responsabilidade social interna, referente ao relacionamento da empresa com seus funcionários. Assim, ambos os estudos classificam a empresa A como socialmente responsável.

Três foram as referências conceituais que orientaram o desenvolvimento dos dois estudos. A primeira diz respeito à natureza ética da responsabilidade social: o comportamento ético da empresa é visto como uma dimensão de sua responsabilidade social, a qual pressupõe um relacionamento transparente com cada um de seus públicos.

A segunda referência propõe que o conceito de cidadania deve nortear o comportamento socialmente responsável da empresa e enfatiza a importância do equilíbrio entre a responsabilidade social interna e a responsabilidade social externa. Porém, defendemos a ideia de que a cidadania individual é fator indutor da cidadania empresarial, ou seja, a responsabilidade social interna prevalece à responsabilidade social externa.

A terceira referência remete ao conceito contemporâneo de responsabilidade social e propõe um desafio: a descentralização do foco de atuação da empresa responsável, ou seja, o objetivo é o comprometimento entre todos os *stakeholders*: acionistas, investidores financeiros, concorrentes, governo, empregados, comunidade, fornecedores, compradores, meio ambiente e gerações futuras de *stakeholders*. Busca-se uma sociedade sustentável que atenda às expectativas de todos, sem priorizar nenhum deles de forma específica.

A partir dessas três referências, a análise integrada dos dois estudos de caso procurou averiguar se nas tendências manifestas nesses sistemas empresariais se reproduzem práticas de responsabilidade social interna e externa, e se há reprodução dessas práticas entre a empresa A e as empresas B e C, respectivamente.

Conclusão

Enquanto a empresa A está num estágio bastante avançado de responsabilidade social, com o foco equilibrado e descentralizado, as empresas B e C trataram de aprofundar suas ações de responsabilidade social interna. É natural que seja assim, pois a empresa A, com mais de um século de história, vem há muito exercendo sua responsabilidade social nas esferas econômica, ambiental e social, ao passo que só recentemente as empresas B e C desenvolveram sua responsabilidade social interna e partem agora para a adoção das práticas socialmente responsáveis recomendadas pela AA1000.

Analisando os processos de desenvolvimento da responsabilidade social nas empresas B e C, comprovou-se que a empresa A é realmente disseminadora de suas práticas sociais. Quase todas as mudanças verificadas naquelas empresas inspiraram-se em iniciativas da empresa A, o que mostra o efeito multiplicador da disseminação das práticas sociais numa cadeia produtiva.

Quando o elo mais forte da cadeia produtiva apoia, incentiva ou mesmo exige o desenvolvimento da responsabilidade social na própria empresa, nos seus fornecedores e nos seus clientes, todos têm a ganhar. Os *stakeholders* concordam que a responsabilidade social, baseada em ações dialógicas e no comprometimento entre os parceiros, otimiza os benefícios econômicos, sociais e ambientais. A adoção desse comportamento nas cadeias produtivas de muitas empresas nos levará ao desenvolvimento sustentado, indispensável à sobrevivência do planeta nestes tempos de capitalismo globalizado.

Capítulo 9

Trabalho voluntário: isonomia ou economia?

A natureza do espaço de produção — tendo por principal enclave organizador a economia e moldado por uma racionalidade instrumental — é inadequada para a boa qualidade dos relacionamentos humanos que sempre caracterizou as ações voluntárias. As formas de organização, comportamento e controle do espaço empresarial espalham-se por todos os outros enclaves sociais, influenciando relacionamentos outrora mais substantivos. Em outras palavras, a lógica do mercado invade totalmente a vida das pessoas, tendo chegado na família (teletrabalho) e, agora, também em ações individuais e voluntárias, que — pelo menos conceitualmente — deveriam ser desenvolvidas com base em outro tipo de planejamento e fim específicos.

De fato, na sociedade atual, o trabalho em organizações econômicas tende cada vez mais a dominar por completo a vida das pessoas. Para Roberto Moraes Cruz (1999), no mundo moderno o trabalho passa a ser o ponto de conexão principal com a realidade. "É nele que se desenvolve o significado de pertencimento nas pessoas, uma consciência prática de se representar individualmente naquilo que se faz" (Cruz, 1999:177).

No entanto, o mercado não é capaz de satisfazer os indivíduos em suas necessidades mais substanciais. É da sua natureza a expansão, o lucro, a competitividade e a guerra comercial. Nesse tipo de enclave social, as pessoas sentem-se confusas, inseguras, sem prestígio, desanimadas por serem obrigadas a fazer muitas coisas que não são da sua natureza.

> O processo de identidade, forjado nas relações concretas entre as pessoas, passa a representar, no trabalho, o resultado daquilo que se faz e não o resultado daquilo que se faz para si mesmo. E aí temos

194 RESPONSABILIDADE SOCIAL EMPRESARIAL

profissionais desgastados pelo trabalho, fazendo aquilo que não gostam, obrigados a suportar boa parte de suas vidas em situações estressantes, em nome da lógica das necessidades. E é por isso que as pessoas, depois de um dia de trabalho, querem "desligar-se" de tudo aquilo que diz respeito ao trabalho que fazem, em busca de um cotidiano mais prazeroso.

(Cruz, 1999:177)

Schweizer (1997:47) avalia tal problemática do ponto de vista da concepção estrutural e operacional das organizações, que têm por finalidade adequar as pessoas ao trabalho que delas é exigido:

As pessoas, segundo esta concepção, correspondem apenas a uma componente do mecanismo organizacional, juntamente com as máquinas, os equipamentos, os sistemas e as instalações requeridas pela operação. Por constituir a parte mais complexa e de difícil padronização, apesar dos esforços que para este fim são realizados através do treinamento de conteúdo comportamental, o indivíduo vem perdendo sistematicamente sua posição para as máquinas.

Nessa mesma ótica, na avaliação de Alberto Guerreiro Ramos, a atualização do indivíduo é bloqueada quando ele é condicionado pela ação do mercado. Citando os EUA, o autor (Ramos, 1965:88) observa que

é significativo que, no referido país, o princípio competitivo, exacerbando e generalizando a luta pelo acesso a parcelas de influência social, tenha atingido a própria vida privada, garantindo o êxito de obras do tipo *Como fazer amigos e influenciar pessoas*. As relações humanas tornaram-se relações de mercado.

Ao analisar a teoria das organizações, Guerreiro Ramos (1981:151) demonstra o dilema do homem moderno, totalmente refém dos esquemas de uma sociedade centrada no mercado, e propõe um novo paradigma paraeconômico, no qual prescreve outras formas de organizações sociais, entre as quais a *isonomia*:

A isonomia está cada vez mais passando a constituir uma parte do mundo social de hoje. É possível que não se encontre uma completa materialização do conceito que, afinal de contas, serve apenas como propósito heurístico. Mas todo mundo pode imaginar as tentativas de

ESTUDOS DE CASOS

ambientes isonômicos que já funcionam neste país, como por exemplo as associações de pais e professores, as associações de estudantes e de minorias, as comunidades urbanas, as empresas de propriedade dos trabalhadores, algumas associações artísticas e religiosas, associações locais de consumidores, grupos de cidadãos interessados em assuntos e problemas da comunidade, e muitas outras organizações recentemente constituídas, nas quais, em última instância, as pessoas buscam estilos de vida que transcendem os padrões normativos que dominam a sociedade como um todo.

Este capítulo é resultado de uma pesquisa que averiguou se as relações de trabalho voluntário, desenvolvidas por grupos de indivíduos, podem ser encaradas como do tipo daquelas que ocorrem em *isonomias*, com base nessa distinção feita por Guerreiro Ramos. Para isso, analisou-se o trabalho voluntário desenvolvido por quatro grupos em ambientes de empresas e fora delas, em instituições sem fins lucrativos.

Neste texto, o termo "voluntário" será encarado segundo definição de Corullón (2002:111), para quem o voluntário é aquele que oferece "espontaneamente seu tempo, talento e energia para seus semelhantes e suas comunidades, através de ações individuais ou em grupo, sem expectativa de recompensa financeira". Assim, ele realiza o trabalho gerado pelo impulso solidário, atendendo tanto às necessidades do próximo quanto às suas próprias motivações pessoais.

O paradigma paraeconômico e o voluntariado

De acordo com Guerreiro Ramos (1981:140),

o modelo de análise e planejamento de sistemas sociais que ora predomina, nos campos da administração, da ciência política, da economia e da ciência social em geral, é unidimensional, porque reflete o moderno paradigma que, em grande parte, considera o mercado como a principal categoria para a ordenação dos negócios pessoais e sociais.

Ele propõe em sua obra um novo modelo multidimensional, no qual o mercado é considerado um enclave social legítimo e necessário, mas limitado e regulado, modelo que reflete aquilo que ele denomina de paradigma paraeconômico. Essa nova teoria da delimitação dos sistemas sociais é estruturada a

196 RESPONSABILIDADE SOCIAL EMPRESARIAL

partir da concepção clássica da razão,[43] no autodesenvolvimento do ser humano, na crítica ao reducionismo da razão instrumental que se estabeleceu na sociedade como um todo e na ordenação delimitativa dos diversos espaços da existência.

O ponto central desse modelo multidimensional é a noção de delimitação organizacional, que envolve: a) uma visão da sociedade como sendo constituída de uma variedade de enclaves (dos quais o mercado é apenas um), onde o homem se empenha em tipos nitidamente diferentes, embora verdadeiramente integrativos, de atividades substantivas; b) um sistema de governo social capaz de formular e implementar as políticas e decisões distributivas requeridas para a promoção do tipo ótimo de transações entre tais enclaves sociais.

(Ramos, 1981:140)

Assim, demonstra as dimensões principais do seu paradigma paraeconômico[44] (figura 4), dividindo-as por um lado, por sua orientação individual e comunitária, e por outro por sua prescrição ou ausência de normas.

---

[43] O conceito de razão em Guerreiro Ramos é baseado em Max Weber, o qual implicitamente adverte que, nos tempos modernos, um novo significado estava sendo atribuído à razão. Para restabelecer o sentido da palavra, ele implementa dois novos conceitos: "razão com relação a fins: determinada por expectativas do comportamento tanto de objetos do mundo exterior como de outros homens, e utilizando essas expectativas como condições ou meios para alcançar os fins próprios racionalmente calculados e perseguidos. Esse tipo de razão ficou também denominado instrumental, funcional ou técnica (...) e (...) razão com relação a valores ou razão substantiva, na qual ela é determinada pela crença consciente de um valor — ético, estético, religioso ou de qualquer outra forma que se lhe interprete — próprio e absoluto de uma determinada conduta, sem relação alguma com o resultado, ou seja, puramente segundo os méritos desse valor" (Weber apud Tenório, 2000:42-43).
Max Weber também alerta para o fato de que a deturpação do sentido original de razão conduz o homem, na transição da Idade Média para a Moderna, a desmistificar os deuses, retirando dela o seu caráter regulador da conduta humana e abrindo caminho para se justificar um crescente domínio dos sistemas administrativos na condução moral da sociedade: "Weber mostra que a racionalização não conduz o homem à emancipação, mas sim ao seu crescente aprisionamento em sistemas que o reificam. Isto é, a emancipação da razão, por uma lógica interna, dispara o processo histórico que tende a despersonalizar as relações sociais, a dissecar a comunicação simbólica e a sujeitar a vida humana à lógica impessoal de sistemas administrativos anônimos e racionalizados — processo histórico que tende a fazer a vida humana mecanizada, escravizada e sem significado" (Tenório, 2000:42).
[44] Apenas para complementação do modelo, apresentamos as demais categorias. A fenonomia consiste num sistema social esporádico, iniciado e dirigido por um indivíduo ou um grupo muito restrito, que permite o máximo de opção pessoal e o mínimo de normas e prescrições. O isolado tem um conjunto pessoal de crenças, rígido e peculiar, e de certa forma ajusta-se aos padrões sociais, mas considera o mundo social incontrolável e sem remédio. A anomia é conceituada como uma situação estanque, em que a vida social desaparece. E motim é a coletividade desprovida de normas, onde falta o senso de ordem social (Ramos, 1981:146-153).

Estudos de Casos

Figura 4
O paradigma paraeconômico

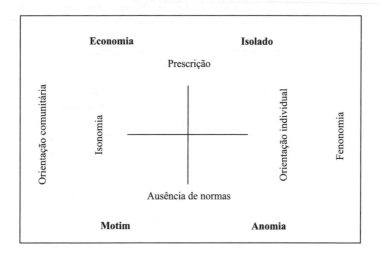

Fonte: Guerreiro Ramos, 1981:141.

Como explicado, trabalha-se neste capítulo com as categorias *isonomia* e *economia*. A *isonomia* é definida pelo autor como um contexto em que todos os membros são iguais. Este termo é utilizado para chamar a atenção para as possíveis formas de sistemas sociais igualitários. O sufixo *nomo* é indicativo do fato de que não há uma agência diretora exclusiva. As características de *isonomia* são (Ramos, 1981:150-151):

1. Seu objetivo essencial é permitir a atualização de seus membros, independentemente de prescrições impostas. Desse modo, as prescrições são mínimas e, quando inevitáveis, mesmo então se estabelecem por consenso. Espera-se dos indivíduos que se empenhem em relacionamentos interpessoais, desde que estes contribuam para a boa vida do conjunto.

2. É amplamente autogratificante, no sentido de que nela indivíduos livremente associados desempenham atividades compensadoras em si mesmas. As pessoas não ganham a vida numa isonomia; antes, participam de um tipo generoso de relacionamento social, no qual dão e recebem.

198 RESPONSABILIDADE SOCIAL EMPRESARIAL

3. Suas atividades são, sobretudo, promovidas como vocações, não como empregos. Nas isonomias, as pessoas se ocupam, não labutam. Em outras palavras, sua recompensa básica está na realização dos objetivos intrínsecos daquilo que fazem, não na renda eventualmente auferida por sua atividade. Dessa forma, a maximização da utilidade não tem importância para os interesses fundamentais do indivíduo.

4. Seu sistema de tomada de decisões e de fixação de diretrizes políticas é totalmente abrangente. Não há diferenciação entre a liderança ou gerência e os subordinados. Assim, uma isonomia perderia o seu caráter, se seus membros se dicotomizassem entre nós e eles, entendendo-se os últimos como aqueles que tomam decisões ou estabelecem políticas. A isonomia é concebida como uma verdadeira comunidade, onde a autoridade é atribuída por deliberação de todos. A autoridade passa, continuamente, de pessoa para pessoa, de acordo com a natureza dos assuntos, com os problemas em foco e com a qualificação dos indivíduos para lidar com eles. O sufixo *nomo* é particularmente indicativo do fato de que, nesse tipo de associação, não há uma agência diretora determinada e exclusiva — como os sufixos *arquia* e *cracia*, em monarquia, oligarquia e democracia poderiam sugerir. Uma isonomia não é uma democracia, e isto nos leva à sua quinta característica.

5. Sua eficácia exige que prevaleçam entre seus membros relações interpessoais primárias. Se ela aumentar de tamanho além de determinado ponto ótimo, de modo que surjam e se desenvolvam entre as pessoas relacionamentos secundários ou categóricos, a isonomia necessariamente declinará e, afinal, se transformará numa democracia, numa oligarquia ou numa burocracia.

A categoria *economia* é conceituada como um contexto organizacional altamente ordenado, estabelecido para a produção de bens e/ou prestação de serviços. As características da *economia* podem ser observadas pelos objetivos e atividades com relação aos seguintes itens, de acordo com Guerreiro Ramos (1981:147-150):

1. Prestação de serviços a clientes que, na melhor das hipóteses, têm influência direta no planejamento e execução de suas atividades.

2. A eficiência de uma *economia* pode ser objetivamente avaliada em termos de lucro e/ou relação custo benefício.

ESTUDOS DE CASOS

3. Tamanho: geralmente assume grandes dimensões e complexidade. As dimensões, em termos físicos, pelo conjunto de pessoas, instalações, escritórios, etc.; e a complexidade, expressa pela diversidade de operações, deveres, relacionamento com o ambiente e assim por diante.

4. Seus membros são detentores de emprego e são avaliados nessa qualidade. As qualificações profissionais para o desempenho dos cargos determinam a contratação, a dispensa, a manutenção no emprego, a promoção e as decisões sobre o progresso na carreira.

5. A informação circula de forma irregular entre seus membros, bem como entre a própria *economia*, como entidade e o público. As pessoas situadas nos diversos níveis da estrutura condicionam a prestação de informação aos seus interesses pessoais ou empresariais.

Além dessas explicações, alguns outros comentários são importantes para o contexto deste capítulo, especialmente, por um lado, por se afinarem com o trabalho em organizações do terceiro setor e, por outro, por tratarem de ações voluntárias.

Do ponto de vista da política paraeconômica, não apenas as economias que já constituem o enclave do mercado, mas também as isonomias e fenonomias e suas diversas formas mistas, devem ser consideradas agências, através das quais se deve efetivar a alocação de mão de obra e de recursos (...). Em outras palavras, da mesma forma que as economias, as isonomias e fenonomias devem também ser consideradas agências legítimas, necessárias à viabilidade da sociedade em seu conjunto.

(Ramos, 1981:178)

O autor explica que, em oposição ao enfoque centrado no mercado, o paradigma paraeconômico propõe uma sociedade diversificada, que permita relações mais substantivas. Nesse sentido, *isonomias* e *fenonomias* exigem novos conceitos teóricos de compreensão e gestão. Um desses conceitos diz respeito à qualidade e ao desenvolvimento de uma sociedade, que não devem resultar exclusivamente do padrão atual centrado no mercado. O que o autor enfatiza é que, atualmente, o mercado vem determinando o que deve ser considerado como recursos e como produção. Assim, não se considera formalmente fator

200 RESPONSABILIDADE SOCIAL EMPRESARIAL

da riqueza de uma nação aquilo que resulta da iniciativa de membros da sociedade, incluindo o voluntariado, que se dedicam a algum tipo de atividade sem remuneração. "O cidadão que, sem ser pago por isso, participa das reuniões da igreja local, de conjuntos artísticos e educacionais de vizinhança e de esforços de auxílio próprio de todo tipo, não é considerado como recurso" (Ramos, 1981:180).

Assim, a teoria da delimitação dos sistemas sociais parte do pressuposto de que o indivíduo tem natureza multidimensional e, portanto, não pode ficar preso às amarras do mercado, orientando sua vida unicamente pela razão instrumental. Ao contrário, deve participar de outros enclaves sociais, em múltiplas dimensões que proporcionam ao ser humano o desenvolvimento de capacidades que lhe sejam necessárias para realizar sua vida.

Nesse sentido, portanto, o trabalho voluntário configura-se, pelo menos conceitualmente, como uma nova dimensão na qual o indivíduo pode se inserir. Em princípio, ao dedicar parte do seu tempo a atividades voltadas para o bem-estar social, devido exclusivamente a seu interesse pessoal e seu espírito cívico, o voluntário estaria realizando um tipo de trabalho gerado pelo impulso solidário, atendendo tanto às necessidades do próximo quanto às suas próprias motivações pessoais. Assim, estaria dedicando-se a uma atividade isonômica, diferente do trabalho sob o rígido controle de normas e padrões, conforme existente nas empresas.

A pesquisa

Entre os sujeitos da pesquisa há um grupo de indivíduos que realizam atividades voluntárias em um asilo em Petrópolis, estado do Rio de Janeiro. Essas pessoas prestam serviços voluntários diretamente nessa instituição, através de alguma atividade profissional ou realizando atividades com os velhinhos, tais como almoços, aulas de artesanato e campanhas de arrecadação de fundos, roupas e comida. Não foram sujeitos da pesquisa os funcionários do asilo nem os que recebem qualquer tipo de remuneração financeira. Outro grupo de voluntários ligados a um centro espírita da cidade, que também realiza ações voluntárias no lar de idosos e em outras instituições na cidade, também respondeu ao questionário.

Também foram sujeitos da pesquisa funcionários de duas empresas de Petrópolis que se dedicam a ações voluntárias, no âmbito de projetos de responsabilidade social desenvolvidos por essas instituições. Um desses grupos traba-

ESTUDOS DE CASOS

lha numa companhia multinacional, que em Petrópolis mantém uma fábrica de manutenção de turbinas de aviões. O outro é formado por empregados numa tradicional fábrica de tecidos da cidade.

O questionário foi respondido por 42 pessoas, divididas pelos grupos, da seguinte forma: 11 voluntários do projeto da empresa multinacional, 11 funcionários da fábrica de tecidos, 11 integrantes do centro espírita e nove voluntários no asilo. Interessante observar que o fato de 11 pessoas responderem aos questionários em três grupos pesquisados foi, absolutamente, casual. Tanto na multinacional quanto no grupo espírita foram entregues 20 questionários. Já na fábrica de tecidos foram apresentados 17 questionários, pois essa é a população total de voluntários atuando na empresa. Também no asilo a população total de voluntários mais atuantes é de nove, exatamente o número de pessoas pesquisado.

Tal questionário foi baseado no padrão desenvolvido para escalas somatórias de Likert. De acordo com Selltiz (1965), uma escala somatória consiste em uma série de itens aos quais o indivíduo deve reagir. No entanto,

> não se faz qualquer tentativa para encontrar itens que sejam igualmente distribuídos numa escala de favorável-desfavorável (...). Cada resposta tem um valor numérico que indica o fato de ser favorável ou desfavorável; frequentemente as respostas favoráveis são contadas como mais, as desfavoráveis como menos. A soma algébrica dos resultados das respostas do indivíduo a todos os itens separados dá seu resultado total, que é interpretado como representação de sua posição numa escala de atitude favorável-desfavorável com relação ao objeto.

> (Selltiz, 1965:285)

O questionário

Com base no modelo do paradigma paraeconômico de Guerreiro Ramos, foi elaborado um questionário (do tipo concordo/não concordo), com o objetivo de avaliar como se organizam os diversos grupos voluntários estudados, o que almejam e como se relacionam ao realizarem suas atividades. O

202 RESPONSABILIDADE SOCIAL EMPRESARIAL

quadro 9 apresenta as premissas para se avaliar as categorias que as perguntas pretendem classificar.

Quadro 9

Comparativo para análise em função da distinção entre as categorias economia e isonomia, com base em Guerreiro Ramos (1981)

Categoria	Economia	Isonomia
1. CONTROLE	Controle organizacional	Controle pelo grupo
2. NORMAS	Normas impostas	Consenso
3. PRESCRIÇÕES	Prescrições impostas	Ausência de chefia
4. TIPO DE ATIVIDADE	Extensão do trabalho	Ocupação/Vocação
5. RECOMPENSAS	Objetivos almejados (instrumentais)	Recompensas pessoais (substantivas)
6. SUBORDINAÇÃO	Subordinação imposta	Liderança emerge (grupos pequenos)
7. TEMPO	Tempo serial	Tempo convivial

Três questões foram elaboradas para avaliar cada uma das sete categorias. Nas três primeiras categorias (*controle, normas* e *prescrições*) procurou-se descrever situações que demonstrassem a forma como as ações voluntárias são realizadas pelos grupos avaliados. De acordo com Guerreiro Ramos (1981), essas três categorias são características do espaço econômico. Na opinião do autor, o comportamento administrativo é uma categoria de conformidade a prescrições formais e impostas. Quanto mais a atividade humana é considerada administrativa, menos ela é uma expressão de realização pessoal, pois as exigências próprias das organizações econômicas não coincidem necessariamente com aquilo que é requerido pela boa qualidade da existência humana em geral.

Assim, o comportamento administrativo se contrapõe à ação individual plena, essa sim compatível com o desenvolvimento de toda a potencialidade humana. Para Guerreiro Ramos (1981), o ser humano — enquanto participante apenas do enclave econômico — é submetido a compulsões operacionais que o inibem de se tornar uma pessoa solidária. Nesse contexto, a imposição de normas e prescrições de comportamento, bem como o seu efetivo controle, são categorias fundamentais de todos os sistemas gerenciais, aparecendo como elemento central na ação moldada pela racionalidade instrumental.

Estudos de Casos 203

A quarta categoria, aqui denominada *tipos de atividade*, procura analisar até que ponto os indivíduos conseguem se desvencilhar do ambiente econômico ao realizar o trabalho voluntário. Mais uma vez, a categoria está sendo analisada do ponto de vista de Guerreiro Ramos (1981), para quem o mercado domina e sujeita toda a sociedade à sua própria dinâmica. Construídos sobre os pilares da razão instrumental, os princípios do mercado dificultam a realização de possíveis novos sistemas sociais, necessários à superação dos principais dilemas de nossa sociedade. Assim, as perguntas no questionário procuraram avaliar se o respondente encara a atividade voluntária como algo intimamente ligado à sua vida profissional, se ele somente realiza esse tipo de ação junto a seus colegas da empresa ou se acabou por envolver-se no voluntariado por causa do seu trabalho. O oposto a essas prerrogativas determina atividades realizadas em *isonomias*, de acordo com Guerreiro Ramos, por si só autogratificantes, na medida em que são desenvolvidas como vocações, e não como extensão do trabalho/emprego.

Na quinta categoria, avaliam-se as *recompensas* almejadas pelo indivíduo ao desenvolver ações voluntárias. Na paraeconomia de Guerreiro Ramos, o ser humano se ocupa com o ordenamento de sua existência conforme suas próprias necessidades de realização, não sendo obrigado a se conformar com o sistema de valores impostos pelo mercado. Assim, não precisa apenas se comportar de modo a corresponder a uma realidade com a qual convive, almejando recompensas que o destaquem perante os outros, sejam elas materiais ou sociais. Nesse sentido, foram colocadas no questionário situações que demonstrassem uma orientação relativa a fins específicos na realização do trabalho voluntário (e, portanto, mais de acordo com uma orientação econômica): a ação voluntária como elemento de desenvolvimento do relacionamento interpessoal; o ganho de maior *status* junto ao meio social e a própria recompensa extra (como promoção no trabalho) por causa do voluntariado.

Na sexta categoria, procurou-se avaliar como se processa a *subordinação* das pessoas na realização do trabalho voluntário. Aqui, as situações foram apresentadas de maneira a refletir a não diferenciação entre liderança e subordinados. Isso porque, de acordo com Guerreiro Ramos (1981), numa *isonomia*, seus membros não separam aqueles que tomam decisões ou estabelecem políticas daqueles que simplesmente acatam tais decisões. A *isonomia* é concebida como uma verdadeira comunidade, onde a autoridade é atribuída por deliberação de todos.

204 RESPONSABILIDADE SOCIAL EMPRESARIAL

Por último, avalia-se um elemento crucial no ambiente econômico, o *tempo serial*, tratado como mercadoria ou um aspecto da linearidade do comportamento organizacional, na ótica de Guerreiro Ramos (1981). Assim, foram apresentadas situações no questionário nas quais as atividades voluntárias também aparecem de maneira linear (ou serial), nos intervalos entre outras atividades, com horários específicos para serem exercidas. Em outras palavras, o tempo serial é apresentado em três situações diversas, a última delas demonstrando um total domínio do trabalho formal (profissional, como colocado na questão) sobre outras atividades, inclusive as ações voluntárias.

De acordo com a escala de Likert, estabeleceu-se a pontuação 5 para atitudes que mais se aproximassem de características vivenciadas em *isonomias* e a pontuação 1 para as que mais se aproximassem de vivências em uma *economia*. A soma total para cada categoria foi analisada da seguinte forma: pontuação mais próxima de 15 igual às características vividas em *isonomias*; pontuação mais próxima de 3 representando vivências de uma *economia*. A soma total da pontuação nos questionários, de todas as categorias, foi analisada da seguinte maneira: pontuação mais próxima de 105 (soma total se todas as respostas correspondessem ao número 5) igual às características de uma *isonomia*; pontuação total mais próxima de 21 (respostas com valor de um ponto para cada pergunta) igual à *economia*.

Tratamento dos dados

Após a análise dos questionários, separados por grupos, foram somadas as pontuações, levando-se em consideração tanto o total das respostas quanto a soma de cada categoria avaliada. Em seguida, tirou-se uma média da pontuação total e dos valores de cada categoria, seguida do desvio-padrão e dos referentes coeficientes de variação.

O gráfico da figura 5 apresenta as médias dos grupos pesquisados no âmbito do paradigma paraeconômico proposto por Guerreiro Ramos (1981). Trata-se de (apenas) uma interpretação, entre outras possíveis, já que o autor explica as dimensões da sua teoria em termos de extremos. Ou seja, ele deixa claro que o modelo proposto é heurístico, está delimitado por categorias perfeitas, que não existem integralmente na vida real. "As categorias do paradigma devem ser consideradas como elaborações heurísticas, no sentido weberiano. Não se espera de nenhuma situação existente na vida social que coincida com esses tipos ideais. No mundo concreto, só existem sistemas sociais mistos" (Ramos, 1981:140).

Figura 5

Localização de cada grupo pesquisado no modelo proposto por Guerreiro Ramos (1981)

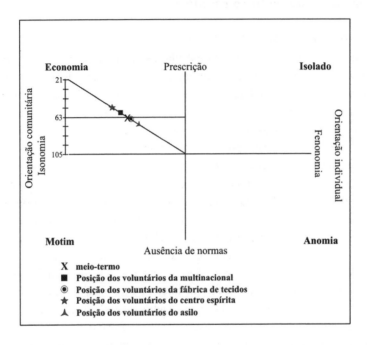

Dessa forma, optou-se por representar a situação de cada grupo (em função da média total de pontos) no interior do gráfico proposto pelo autor, ao invés de representá-las na extremidade, o que seria conceitualmente mais correto, já que as comparações foram feitas em termos do modelo ideal proposto por Guerreiro Ramos (1981). A representação aqui exposta parece mais de acordo com a realidade, ou seja, com um sistema misto entre *isonomia* e *economia*, até porque foi exatamente isso que o questionário e as entrevistas demonstraram.

Num comparativo entre as médias dos quatro grupos pesquisados observamos, portanto, que os voluntários do asilo foram os únicos a se encaixar nos parâmetros de uma *isonomia* (média de 75,44). No meio-termo temos o grupo de funcionários da fábrica de tecidos (média de 63,54), enquanto os grupos da

206 RESPONSABILIDADE SOCIAL EMPRESARIAL

multinacional (média de 59,72) e do centro espírita (57,9) se encaixam nos parâmetros de uma *economia*.

Considerações sobre o estudo

Controle, normas e prescrições

Os dados levantados a partir do trabalho de campo (observação empírica) e das respostas aos questionários serviram para confrontar determinados fatores que caracterizam o modelo de *isonomia* e *economia* proposto por Guerreiro Ramos (1981). Com isso, procurou-se identificar se, de fato, há interação entre eles e a realidade existente nas instituições pesquisadas e, finalmente, se o trabalho voluntário pode ser considerado uma atividade na qual o indivíduo encontra condições mais favoráveis ao seu desenvolvimento pessoal.

No caso das duas empresas, as ações voluntárias são desenvolvidas por indivíduos que se relacionam entre si num ambiente econômico, repleto de normas e controle. A tendência, portanto, ao partirem para o voluntariado, é de reproduzir esse ambiente, por mais informal que seja a organização dos grupos. Na multinacional há uma organização do trabalho voluntário muito bem estruturada, que traz, inclusive, um modelo de fora, que deve ser seguido pelos funcionários voluntários. Ou seja, há uma diretoria instituída, existe distinção entre tipos de funcionários, enfim, há normas e padrões que são reproduzidos.

O fato de essa organização estar mais bem estruturada parece ser diretamente ligado ao tempo de exercício da ação voluntária e ao tamanho/quantidade de pessoas envolvidas. Ou seja, quanto mais tempo e mais indivíduos participando, maior a necessidade de a organização se estruturar conforme as premissas de uma *economia*, exatamente como coloca Guerreiro Ramos (1981), para quem a *isonomia* só é possível se preservar um número pequeno de pessoas envolvidas. Em outras palavras, é difícil imaginar um ambiente eminentemente isonômico num projeto como o da multinacional, com 204 participantes.

Essa mesma distinção ocorre entre os voluntários do centro espírita e aqueles que se dedicam ao asilo. Enquanto o grupo do centro espírita faz parte de uma organização de 10 anos, completamente estruturada, o asilo tem a metade desse tempo de vida e só agora (último ano) começa a se organizar, em função muito mais de uma pressão do poder público do que da vontade de seus diretores. Mais uma vez, o maior tempo e maior número de pessoas determi-

Estudos de Casos 207

nam a necessidade de uma organização baseada em premissas econômicas, o que explica o fato de as pessoas no grupo espírita revelarem orientações mais para o lado da *economia* do que da *isonomia*.

A exemplo da multinacional, o grupo espírita é estruturado em diversas diretorias (financeira, social etc.). Alguns de seus projetos apresentam grupos de "auditores", como no caso da distribuição de cestas básicas, que somente são doadas para famílias que de fato necessitem. Isso é avaliado e fiscalizado por esse grupo de "auditores". Num outro projeto, o "vaca leiteira", as famílias que participam efetivamente se comprometem a doar um número certo de caixas de leite por mês. Assim, uma maior estrutura organizacional parece ampliar as obrigações das pessoas, no sentido do que ocorre nas empresas, como diz uma voluntária do centro espírita: "nossa organização é muito parecida com uma empresa (...) na realidade é uma empresa, porque temos que ter controle para atingirmos nossas metas".

No entanto, cabe aqui distinguir tais metas, já que existem empresas que objetivam o lucro, enquanto uma organização religiosa como o centro espírita tem objetivos mais voltados para o bem-estar dos semelhantes, a partir da caridade, além da própria divulgação de sua filosofia. Mesmo assim, a despeito dos objetivos diferentes, nada impede que a maneira pela qual se estruturam seja semelhante.

Em relação ao grupo de voluntários do asilo, suas ações não são tão programadas quanto a dos outros grupos pesquisados, nem tampouco há uma estrutura tão administrativa, digamos assim. Na realidade, a convivência entre eles é quase mínima, já que realizam seus trabalhos em momentos diversos, ao contrário do que ocorre nos outros grupos. A pouca organização e a falta de estrutura (não no sentido de bagunça, mas como diferenciação do modo de operar de uma empresa), aliadas ao tempo relativamente curto no exercício das ações e à forma, quase individual, como são realizadas, contribuem para uma aproximação maior com as premissas de uma *isonomia*, conforme revelam as respostas aos questionários.

Tipo de atividade, subordinação e recompensas

Nas perguntas sobre *tipo de atividade*, nas quais se buscou compreender até que ponto as ações voluntárias desenvolvidas pelos grupos são extensões da atividade profissional, observou-se um consenso nas respostas, tendendo à *isonomia*. Ou seja, os grupos foram unânimes em não considerar as atividades-

208 RESPONSABILIDADE SOCIAL EMPRESARIAL

des voluntárias algo unicamente ligado à atividade profissional, declarando também que tal envolvimento não aconteceu por causa do trabalho. Mais ainda: as respostas demonstram que os entrevistados não realizam ações voluntárias somente nesses grupos avaliados, tendo outras atividades, inclusive os que atuam nas empresas.

É importante ressaltar que a pesquisa não teve o objetivo de avaliar a motivação desses voluntários, nem o tempo total dedicado a ações desse tipo. No entanto, nas visitas e conversas com representantes dos grupos, observou-se que parte dos voluntários dedica-se a duas ou mais ações em outras instituições. No caso dos espíritas, por exemplo, a ajuda aos idosos partiu de dois integrantes do grupo, cujos pais também eram da mesma religião e levavam os filhos, quando crianças, para ações desse tipo. Esse foi um dos motivos apontados por eles para a realização do almoço no asilo e para o engajamento em outras ações voluntárias.

Também nas empresas foram encontrados funcionários que, além das ações com o grupo de colegas de trabalho, realizam outras atividades em associações de moradores, creches do bairro e demais instituições. Segundo depoimento da coordenadora de RH da fábrica de tecidos e da diretora de comunicação do projeto na multinacional, os funcionários que já realizavam algum tipo de ação voluntária fora da empresa foram os primeiros a se engajar e a contribuir para esse tipo de atividade junto aos colegas no trabalho.

Já na categoria *subordinação*, buscou-se avaliar se as ações voluntárias são realizadas, efetivamente, a partir da liderança de pessoas mais experientes, pelas quais o grupo sinta respeito e admiração. Uma alta pontuação nas três respostas significava maior proximidade com os parâmetros de uma *isonomia*, na qual, segundo Guerreiro Ramos (1981), a liderança emerge a partir do consenso entre o grupo, não gerando insatisfações em relação às ordens que devem ser cumpridas, fato mais comum em organizações econômicas.

Na análise das médias obtidas pelos grupos, observou-se que as respostas dos voluntários das duas empresas e do asilo tenderam para a *isonomia*, enquanto as do grupo espírita identificaram-se com uma *economia*. No asilo, a liderança da diretora da casa é evidente. Sua história de vida e ânimo para o trabalho são motivos de admiração para os voluntários entrevistados, o que justifica o resultado da pesquisa. Em relação aos voluntários das empresas, a despeito de um alto grau de subordinação existente no local de trabalho, as respostas indicam que, pelo menos durante a participação nas ações voluntárias, seus membros sentem-se menos pressionados por níveis hierárquicos e

ESTUDOS DE CASOS

normas de comportamento relativas ao cargo que ocupam, como revela o depoimento de um voluntário da fábrica de tecidos: "Ali não somos funcionários, mas pessoas trabalhando juntas para outras pessoas".

Os dados revelam, porém, que um dos grupos pesquisados (o do centro espírita) tem inclinações para uma *economia*, no que diz respeito a essa categoria. Isso revela uma certa obrigação para com as atividades voluntárias, em função não da admiração pela liderança na organização, mas sim de um compromisso já assumido, conforme mencionado anteriormente. Talvez o fato de o almoço no asilo ocorrer em datas constantes (todo mês), das bolsas de compras serem doadas como compromisso mensal, enfim, por causa de todo o aparato organizacional que o centro espírita montou, o grupo sinta-se mais obrigado a exercer atividades voluntárias do que os demais.

As respostas desse mesmo grupo, no entanto, indicaram uma identificação com a *isonomia*, no que diz respeito à categoria *recompensas*, na qual buscou-se avaliar as expectativas de cada componente dos grupos em relação às ações desenvolvidas. As perguntas, neste caso, buscavam identificar se a pessoa espera obter algum tipo de vantagem com o trabalho voluntário, voltada especialmente para um maior desempenho profissional, por exemplo, exercício do espírito de liderança e trabalho em equipe, promoções, *status*, respeito e mais consideração de outras pessoas.

O grupo espírita, portanto, demonstrou menor interesse nesses objetivos, talvez em função de uma motivação mais religiosa, bastante voltada para a caridade. Da mesma forma, as respostas dos voluntários da fábrica de tecidos também identificaram maior propensão a motivações isonômicas na categoria *recompensas*, demonstrando que os funcionários ainda não atentaram para tais fatores. Ou seja, ao participarem de campanhas de arrecadação junto aos colegas de trabalho, amigos e parentes e ao levarem o material arrecadado para as instituições, os funcionários têm principalmente a intenção de ajudar o próximo, obtendo vantagens mais recompensadoras para o crescimento individual.

Essa média pode ser explicada pelo pouco tempo de existência do grupo e o baixo número de participantes, o que de certa forma confere ao projeto um caráter de experiência, como disse uma funcionária do RH da empresa, organizadora das atividades: "ainda estamos 'engatinhando' com o projeto. As campanhas não têm frequência certa. A gente vai tendo as ideias, se reúne e vai fazendo as arrecadações".

Nessa mesma categoria, curiosamente, a média dos voluntários do asilo indicou maior proximidade com a *economia*, revelando que, ao exercer suas

210 RESPONSABILIDADE SOCIAL EMPRESARIAL

atividades junto aos idosos, o grupo pretende, sim, exercitar o espírito de liderança e o trabalho em equipe, além de obter maior *status*, consideração e respeito das pessoas com as quais convive. Essa pretensão, no entanto, não indica necessariamente que as pessoas almejem tais recompensas no ambiente do trabalho, exatamente porque suas atividades voluntárias não têm nenhuma relação com as empresas nas quais atuam como funcionários. Pode representar um anseio de mais *status* perante a sociedade como um todo, ou a constatação de que os entrevistados, na vida prática, veem pessoas se aproveitar do trabalho voluntário para obter vantagens individuais, especificamente no campo político, como declarado por uma voluntária do asilo: "A gente vê, o tempo todo, pessoas se aproximando da comunidade com segundas intenções, especialmente em épocas mais próximas das eleições".

Já na multinacional, também com média tendendo à *economia*, tais recompensas estão diretamente ligadas à situação dos funcionários na empresa, até porque tais objetivos são divulgados pela companhia como uma das vantagens do projeto de voluntariado.

Tempo: uma categoria econômica

Das categorias avaliadas o *tempo* foi outra que se apresentou com o mesmo padrão em todos os grupos pesquisados, só que (ao contrário da categoria *tipo de atividade*) manteve-se numa *economia*. Portanto (sempre em função das perguntas que foram feitas), fica evidente que o tempo serial domina por completo a existência das pessoas, mesmo quando procuram se dedicar a atividades mais compensadoras, como denuncia Guerreiro Ramos (1981:198):

> A sociedade centrada no mercado tende a serializar o tempo de seus membros, de acordo com sua orientação temporal, e sai-se muito bem nessa tarefa, dessa forma desenvolvendo neles uma dirigida incapacidade para se engajarem em esforços que requeiram outros tipos de orientação temporal.

O autor argumenta, ainda, que é possível que tal orientação temporal dominante seja o fator principal a dificultar o engajamento das pessoas em processos isonômicos (Guerreiro Ramos, 1981:168-169):

> A participação em cenários sociais que não sejam economias exige propensões psicológicas que, muito frequentemente, muitos indiví-

ESTUDOS DE CASOS   211

duos deixam de desenvolver. Exemplo extremamente expressivo
disso é a massa de aposentados, em nossa sociedade, que não sabe o
que fazer consigo mesma quando perde a condição de detentora de
emprego.

É claro que o fato de os empregados desenvolverem suas atividades voluntárias no âmbito de um projeto elaborado pelas empresas nas quais atuam faz
com que eles encarem sua participação de maneira serial. Em outras palavras,
foram unânimes em afirmar que tais atividades são exercidas em horários específicos, nos intervalos das atividades profissionais, de acordo com uma maior
conveniência, o que é absolutamente natural, de acordo com Guerreiro Ramos
(1981:170), para quem os modelos sociais do homem são sempre categorias de
conveniência:

> Mas a conveniência não é a única preocupação do conhecimento or-
> ganizacional: este deve ter sensibilidade para aquilo que, no ser hu-
> mano, não pode ser reduzido a termos sociais, de modo a impedir a
> fluidez da psique humana e sua deformação como simples espécime
> de episódica vida empresarial. Deve ser capaz de ajudar o indivíduo a
> manter um sadio equilíbrio entre as exigências exteriores de sua con-
> dição corporativa e sua vida interior. Dessa forma, o tempo serial pre-
> cisa ser reconhecido por aquilo que é, e não tomado erroneamente por
> tudo aquilo que o tempo significa.

A julgar pelos resultados das análises dos grupos, os indivíduos atualmente tendem, exatamente como afirma Guerreiro Ramos (1981), a tomar o
tempo serial como a única forma de orientação. Curioso observar que as
atividades voluntárias nas empresas, no âmbito de estratégias de responsabilidade social, têm o objetivo justamente de manter um equilíbrio sadio
entre as exigências do trabalho e a vida interior dos empregados, como deseja
o autor. É assim que tais ações são divulgadas pelos departamentos de
recursos humanos ou de marketing, geralmente os que assumem a liderança
de projetos desse tipo. No entanto, na prática, tais projetos são incapazes de
oferecer uma experiência temporal do tipo convivial, na forma ideal como
define Guerreiro Ramos.

Outras considerações sobre o estudo

A pesquisa junto aos quatro grupos de voluntários suscita outras questões
importantes, as quais se relacionam diretamente com o referencial teórico deste

212 RESPONSABILIDADE SOCIAL EMPRESARIAL

capítulo, que poderiam ser exploradas por novos estudos. Há, por exemplo, diversas outras formas de projetos de voluntariado desenvolvidos por empresas, que obviamente carecem de mais estudo. Em algumas delas, observa-se muito mais nitidamente um caráter de *economia*. Em alguns casos, por exemplo, não cabe nenhum poder de decisão aos funcionários em relação ao local onde prestarão serviços voluntários. Além disso, eles devem comprovar a presença nas entidades escolhidas pela empresa e a carga horária efetivamente gasta em ações desse tipo. Ou seja, o trabalho voluntário deixa de ser espontâneo — como conceitualmente deveria ser — para se tornar uma ação planejada.

Outra questão seria como as teorias organizacionais vêm tratando projetos desse tipo no âmbito dos programas realizados pelas empresas. Ou seja, até que ponto a literatura sobre responsabilidade social oferece um aparato conceitual que permita uma postura mais humanística, de fato, num contexto organizacional? Em outras palavras, não estariam as empresas valendo-se de um referencial voltado para a gestão administrativa, de caráter instrumental, e não mencionando conceitos ligados à cidadania, no sentido de promover uma gestão social mais efetiva?

Além disso, outros estudos poderiam continuar averiguando até que ponto a lógica de mercado cerceia o trabalho voluntário realizado fora do ambiente empresarial. Num dos grupos aqui analisados (o do centro espírita) as características de uma *economia* são mais evidentes. No outro, o grupo do lar de idosos, estão presentes as premissas de uma *isonomia*. Mesmo assim, nesse último grupo observa-se nitidamente um discurso mais próximo da linguagem econômica. Ou seja, termos como "eficiência", "desempenho", "análise de resultados", "organização e métodos", entre outros, são citados com frequência pelos voluntários. Tal fato parece evidenciar, também no voluntariado, um fenômeno que é observado no terceiro setor como um todo, que é a aproximação com a lógica de mercado, muito mais do que a lógica da cidadania, conforme denunciam Merege (1997) e Tenório (2002, parte 2). Parodiando esse último, seria o caso de também afirmar que "um espectro ronda o voluntariado: o espectro do mercado".

Conclusão

De maneira geral, observa-se que as ações voluntárias tendem mais para o quadrante da *economia*, na avaliação relativa ao paradigma paraeconômico

ESTUDOS DE CASOS   213

de Guerreiro Ramos (1981). Isso comprova um domínio maior da racionalidade instrumental nas relações entre os indivíduos no mundo atual, conforme
o referencial teórico no qual se baseou a pesquisa apresentada neste capítulo.
Mesmo atividades conceitualmente mais substantivas, como o trabalho voluntário, sucumbem a um tipo de ação estratégica.[45]

Essa conclusão não chega a surpreender, quando se avaliam organizações
econômicas que visam ao lucro, como no caso das duas empresas aqui estudadas. De fato, como observa Guerreiro Ramos (1981:108-109), é da natureza
das empresas a busca por fins específicos e quantificáveis, o que não condiz
com a realização e formação do indivíduo como um cidadão completo, capaz
de desenvolver outras manifestações não ligadas a atividades de mercado.

> Culpar as organizações de natureza econômica por serem incapazes de
> atender às necessidades do indivíduo como um ser singular é tão fútil
> quanto culpar o leão por ser carnívoro. Elas não podem agir de outra
> maneira e, já que sem as organizações econômicas a sociedade não
> poderia funcionar adequadamente, é preciso que as mesmas sejam re-
> alisticamente compreendidas conforme são. A comunicação substanti-
> va, isto é, aquela que visa desvendar a subjetividade de pessoas enga-
> jadas em permutas autogratificantes, é pouco tolerável em organizações
> econômicas. Nessa conformidade, admitir que a autoatualização pode
> ser estimulada nos contextos econômicos, como o fazem os humanistas
> organizacionais, é incorrer em política cognitiva.

Nesse sentido, as ações de voluntariado estimuladas pelas empresas, no
âmbito de projetos de responsabilidade social, tendem para o quadrante da
economia na pesquisa aqui apresentada, comprovando a natureza das empresas, conforme o parágrafo anterior. Assim, parecem aproximar-se mais de
uma "técnica ilusória" conforme coloca o autor, fora de contexto e sem um
referencial adequado. Tal fato é uma evidência de que as teorias organizacionais continuam a revelar uma atitude ingênua, corroborando um tipo de
raciocínio que contribui para a manutenção de uma estrutura controladora do

---

[45] O termo está sendo utilizado aqui no sentido que lhe dá Tenório (2002:123-124): "é um tipo de
ação social utilitarista, fundada no cálculo de meios e fins e implementada através da interação de duas
ou mais pessoas na qual uma delas tem autoridade formal sobre a(s) outra(s). Por extensão, este tipo
de ação gerencial é aquele no qual o sistema-empresa determina as suas condições de funcionamento e o Estado se impõe sobre a sociedade".

214 RESPONSABILIDADE SOCIAL EMPRESARIAL

indivíduo, sem oferecer aparato para uma crítica mais profunda às relações entre empresas e sujeitos. Já os grupos não empresariais analisados no estudo revelam sintonia com categorias distintas. O fato de o grupo espírita tender para uma *economia* é significativo da tendência à "intromissão" da lógica de mercado na estrutura organizacional de entidades sem fins lucrativos, questão debatida por Tenório (2002, parte 2). No entanto, é importante argumentar até que ponto a necessidade de organizar-se e de ampliar sua estrutura administrativa para obter melhores resultados e, com isso, mais recursos para suas atividades não induz organizações do terceiro setor a uma gestão *estratégica,* como diz Tenório (2002:133):

> Sob uma perspectiva macro, a deficiência gerencial na implementação de políticas públicas, agravado pela escassez crônica de recursos financeiros, fomenta o caráter competitivo das organizações do *terceiro setor* já que elas têm de concorrer por recursos junto ao *primeiro* e/ou ao *segundo setor.* Sob um enfoque micro, esta demanda por recursos pode provocar também o distanciamento de sua maneira de atuar com as questões sociais, de um gerenciamento centrado na intersubjetividade da pessoa humana para aquele determinado pelo cálculo egocêntrico de meios e fins. Adiciona-se a isto o fato que estas organizações da sociedade civil, na ânsia de "profissionalizarem-se", na "luta pela sobrevivência", passem a utilizar os mesmos mecanismo gerenciais daqueles empregados pelo setor privado nos seus processos de tomada de decisão.

Parece, portanto, ser exatamente esse o caso do grupo espírita pesquisado. Por outro lado, no asilo fica evidente a necessidade de melhor organização, como deve ser o caso de muitas outras instituições desse tipo no Brasil de hoje. Um exemplo foi o site elaborado por um estudante, de maneira voluntária, para o asilo, que acabou veiculado com o número errado da conta bancária da instituição. Embora percebessem o erro, ninguém tinha qualquer dado sobre o rapaz, a não ser o primeiro nome, para corrigir a situação. Ou seja, embora deva haver restrições às tecnologias gerenciais de mercado, principalmente no que diz respeito ao seu caráter instrumental, num outro aspecto as teorias organizacionais poderiam ser extremamente úteis para instituições desse tipo, incluindo as que se utilizam do trabalho voluntário. O próprio Tenório (2002:133) oferece uma solução:

ESTUDOS DE CASOS

Essa preocupação não significa desprezar, ingenuamente, as tecnologias gerenciais oriundas do primeiro setor quanto a políticas públicas e as do segundo setor quanto a produtividade, mas reconstruir, criticamente, a racionalidade de mercado de origem exclusivamente instrumental, apolítica, em prol de uma racionalidade que promova, politicamente, a intersubjetividade deliberativa das pessoas, alicerçada no potencial do sujeito social soberano na sociedade, isto é, na cidadania.

Nesse sentido, a ação voluntária deveria continuar como um tipo de atividade a que o indivíduo se dedica livre das amarras do mercado, exercitando valores mais profundos, em sintonia com os princípios de uma isonomia. Até mesmo para diminuir os efeitos contraditórios da socialização, na ótica de Guerreiro Ramos (1981:170): "sem ela o indivíduo não sobrevive como um membro da espécie, mas quando inteiramente dominado por ela, o ser humano — homem ou mulher — perde o caráter de pessoa".

Portanto, o ideal é que ações voluntárias se aproximem dos fundamentos de uma gestão social:[46] "a base epistemológica da gestão social deve ser a intersubjetividade-dialogicidade, como a política, como o bem comum, contemplando o envolvimento da cidadania no espaço público e do trabalhador no espaço privado" (Tenório, 2002:136).

---

[46] "Gestão social contrapõe-se à gestão estratégica à medida que tenta substituir a gestão tecnoburocrática, monológica, por um gerenciamento mais participativo, dialógico, no qual o processo decisório é exercido por meio de diferentes sujeitos sociais" (Tenório, 2002:125-126).

CAPÍTULO 10

Responsabilidade social: valor corporativo ou individual? O caso do Consórcio de Alumínio do Maranhão

As transformações sociais e econômicas ocorridas nas últimas décadas trouxeram à tona necessidades que vão além da ótica de satisfação de clientes ou de geração de lucro aos acionistas, suscitando na sociedade diversos questionamentos sobre o tema responsabilidade social corporativa.

Segundo Tenório e coautores (2004), a abordagem da atuação social empresarial surgiu no início do século XX, com o filantropismo. Entretanto, seu significado evoluiu, incorporando conceitos como voluntariado, cidadania corporativa, responsabilidade social corporativa e desenvolvimento sustentável.

O conceito de responsabilidade social pode ter as mais diversas interpretações, englobando desde o âmbito legal e fiduciário até padrões de comportamento mais altos que os do cidadão individual. Outros entendem o conceito como comportamento eticamente responsável ou doações que denotam caridade (Ashley, 2003).

A partir da década de 1980, o termo *cidadania* passou a fazer parte do discurso do empresariado com maior frequência (Goldberg, 2001), pois o sentimento geral era que o Estado não supria as necessidades na área social, fazendo com que surgisse nas empresas a compreensão de que o papel delas não se limitava apenas ao contexto mercadológico.

A crise trazida pelo Estado neoliberal fez com que surgissem organizações não governamentais para tentar prover a deficiência do Estado. A partir da década de 1990, a ideologia neoliberal continuou a conduzir o debate sobre responsabilidade social, reforçando a abordagem do desenvolvimento sustentá-

218   Responsabilidade Social Empresarial

vel, composto pelas dimensões econômica, ambiental e empresarial (Tenório et al., 2004:25). Dessa forma, as empresas contribuiriam para a melhoria da qualidade de vida da sociedade, garantindo sustentabilidade e perenidade aos negócios.

Em São Luís, capital do estado do Maranhão, cidade com 870.028 habitantes, dos quais 837.584 vivendo na área urbana e com taxa de alfabetização em torno de 93,1% (IBGE, Censo 2000), as necessidades não diferem do contexto nacional. Apesar de sua economia não estar voltada para o setor industrial, mas sim para os de comércio e serviços, a indústria representa novas oportunidades de emprego e renda, atraindo a população rural para a capital.

Com base na premissa de que as ações de responsabilidade social nas empresas são pautadas em valores corporativos e os funcionários são regidos por tais valores, este capítulo analisa as ações de responsabilidade social do Consórcio de Alumínio do Maranhão na comunidade local, verifica a existência de políticas e programas de responsabilidade social, bem como o engajamento dos empregados nos programas e campanhas de responsabilidade social, e avalia até que ponto os empregados praticam os preceitos de responsabilidade social na comunidade sob influência das ações da empresa.

Responsabilidade social empresarial: surgimento do conceito

Nos Estados Unidos e na Europa, a ética e responsabilidade social corporativa eram aceitas como doutrina até o século XIX, quando regras bastante rígidas ditavam como prerrogativa do Estado a forma corporativa de conduzir os negócios, negando o interesse econômico privado (Hood, 1998, segundo Ashley, 2003:18).

Pinto e Lara (2003:2) consideram o lançamento do livro *Responsibility of the businessman*, de Howard Bowen, em 1953 nos Estados Unidos, o marco no campo da responsabilidade social. Segundo esses autores, ali surgem as primeiras manifestações da ideia de inclusão de outros objetivos empresariais além do lucro.

Antes, porém, da filantropia corporativa, no século XVII nos EUA, os líderes empresariais faziam donativos, mas como pessoa física, e não como representantes das empresas. Não havia qualquer vínculo com os interesses corporativos, pois vigiam restrições legais (Rodrigues e Teixeira, 2003). Essas práticas individuais, entretanto, abriram caminho para a filantropia corporativa (Ventura, 2003).

Estudos de Casos 219

O altruísmo da filantropia empresarial pode ser visto a partir da ideia de que a qualidade de vida da sociedade depende da preocupação dos seus integrantes com o bem-estar do próximo (Martins, 2001). Dessa mesma forma Alberoni e Veca (1990) reforçam as proposições de Bentham sobre o utilitarismo como forma de buscar a felicidade coletiva, e não individual, sendo a sociedade a soma dos indivíduos que a compõem.

A filantropia empresarial vem crescendo a cada dia no Brasil. Entre as diversas formas de atuar, a preferência se dá pelas ações filantrópicas que destinam a renda procedente da venda de produtos de determinada empresa a instituições ou organizações assistencialistas (Lopez Parra, 2004). É cada vez maior o número de ações nessa linha, tornando necessário discutir e entender sua real motivação.

Melo Neto e Fróes (2001:26) também enfatizam que a filantropia baseia-se no "assistencialismo", no auxílio aos pobres, aos desvalidos, desfavorecidos, miseráveis, excluídos e enfermos. Vislumbram a filantropia como uma "simples doação" e a responsabilidade social como uma "ação transformadora", uma nova forma de inserção social e ação na busca efetiva da solução de problemas.

Melo Neto e Brennand (2004) afirmam que a filantropia e o assistencialismo têm consolidado nas empresas brasileiras a prática de ações de curto prazo, imediatas e pontuais. Geralmente essas ações privilegiam as pessoas que residem nas comunidades mais próximas das instalações da empresa e que, na maioria das vezes, pouco têm a ver com o foco de seus negócios, caracterizando o que esses autores denominam "externalidades econômicas de ações comunitárias".

A ação filantrópica empresarial ou corporativa deve ser vista com certa cautela, pois pode ser pano de fundo para intenções mercadológicas. Em sua essência, porém, essa forma inicial de responsabilidade social é praticada pelas organizações, que muitas vezes a combinam com outras formas, a serem discutidas mais adiante.

Cidadania empresarial

É necessário entender o que é cidadania antes de analisar as diversas formas de cidadania empresarial. Na Constituição Federal de 1988, o art. 5º do Capítulo I ("Dos direitos e deveres individuais e coletivos") registra:

220 — RESPONSABILIDADE SOCIAL EMPRESARIAL

Todos são iguais perante a lei, sem distinção de qualquer natureza, garantindo-se aos brasileiros e aos estrangeiros no país a inviolabilidade do direito à vida, à liberdade, à igualdade, à segurança e à propriedade.

Apesar da referência feita na Constituição brasileira, existe uma distância ainda muito grande entre o ideal e o real. O estado de carência de elevado percentual da população e a ausência de políticas públicas que garantam a efetividade de tais direitos contribuem para um distanciamento do que se configura como *cidadania*, aproximando-se da legitimação da *cidadania empresarial*.

As divergências sobre a conceituação de responsabilidade social são similares às que se apresentam para a adequação de um conceito para cidadania corporativa. Pinto e Lara (2003) chamam a atenção para o fato de alguns autores se referirem à cidadania empresarial como responsabilidade social corporativa, outros como ética corporativa e, mais recentemente, de a interação entre os negócios e o ambiente social darem a conotação necessária ao termo, que deve identificar uma série de comportamentos definindo o desempenho social dos negócios.

A cidadania empresarial que tem sido utilizada ultimamente para demonstrar o envolvimento da empresa em programas sociais de participação comunitária — incentivando o trabalho voluntário, compartilhando sua capacidade gerencial e investindo em projetos sociais — não pode ser confundida com o conceito de voluntariado empresarial. Segundo Szazi (2001b), a ação voluntária contribui para a cidadania empresarial.

Não há, entretanto, uniformidade no conceito de *cidadania corporativa*, assim como não há para a responsabilidade social. Carroll (1991) sugere significados para as diversas dimensões que a *cidadania corporativa* pode assumir, de acordo com as exigências dos *stakeholders*: econômica, legal, ética e filantrópica. Esse autor destaca as faces da *cidadania corporativa* com o construto denominado "pirâmide da responsabilidade social ou da cidadania corporativa" e, ao rever o construto dessas dimensões, enfatiza que as dimensões se relacionam intimamente, apesar do frequente conflito entre si. Ressalta também que uma dimensão não existe separadamente das outras e que, ao adotar o conjunto delas, a empresa estaria adotando a *cidadania corporativa* (Carroll, 1999).

A quem as ações sociais das empresas devem interessar e como se dá essa relação nos meios empresariais, envolvendo partes muitas vezes externas à organização? Para responder a essas questões é necessário entender o conceito de responsabilidade social do ponto de vista dos *stakeholders*.

A responsabilidade social sob a ótica dos stakeholders

A expressão *responsabilidade social*, apesar de muito difundida, é ainda algo cujo dinamismo e extensão requerem um estudo aprofundado. As empresas vivem em seu dia a dia o espectro da incerteza e precisam mitigar a influência desta em seus negócios.

As empresas estão ligadas direta ou indiretamente a diversas pessoas, grupos ou entidades. Há uma complexa rede de relacionamentos diretos ou implícitos entre os *stakeholders* e isso configura a necessidade de olhar a responsabilidade social sob outra ótica.

Para Freeman (1984) "*stakeholders* são qualquer grupo ou indivíduo que é afetado por ou pode afetar a realização dos objetivos de uma organização". Freeman explica que até a década de 1980, as relações entre as empresas e o ambiente externo não foram abordadas, sendo alguns *stakeholders* ignorados ou marginalizados. Essa forma de administração estratégica era perfeitamente aceitável em ambientes de relativa estabilidade, mas não em um mundo de turbulências.

O autor propõe a divisão dos *stakeholders* em dois grupos (primários e secundários), de acordo com os direitos estabelecidos nos recursos organizacionais. Os *stakeholders* primários são os que possuem direitos legais sobre os recursos organizacionais (acionistas e credores). Os secundários são aqueles cujo direito sobre os recursos organizacionais está de alguma forma baseado em critérios éticos (comunidade, consumidores, funcionários).

Esta é uma abordagem estratégica, que integra a análise econômica, política e moral, planejando ativamente a direção da empresa para o futuro, sem omitir nem segregar qualquer parte interessada, nem mesmo as que estejam em conflito ou concorrência. A separação em partes ou grupos mais ou menos importantes não deve existir, e a empresa tem de questionar seu propósito, encorajando os gerentes a articular a criação e o compartilhamento de valores que aproximem seus *stakeholders*.

Clarkson (1995) afirma que *stakeholders* são pessoas ou grupos que têm ou reivindicam posse, direitos ou interesses em uma organização. Quando têm interesses e reivindicações similares, podem ser classificados como pertencentes ao mesmo grupo (empregados, acionistas, clientes, fornecedores etc.). Frombrun e colaboradores (2000) inserem no conjunto de *stakeholders* proposto por Freeman os agentes reguladores, a mídia, os ativistas e os parceiros comerciais, asseverando que as empresas podem ter oportunidades de ganhos e minimização

222 RESPONSABILIDADE SOCIAL EMPRESARIAL

de riscos a partir das ações de responsabilidade social e sua relação com esses *stakeholders*.

Para Wright e coautores (2000:99), os vários *stakeholders* têm objetivos gerais diferentes para a empresa e cada um deles a enxerga de uma perspectiva diferente. Discorre a alta administração que tem a árdua tarefa de conciliar e satisfazer cada *stakeholder* e ao mesmo tempo manter o foco em seu próprio conjunto de objetivos. Existe, entretanto a visão tradicional da empresa focada no acionista e, desta forma, a alta administração e o conselho de administração estariam comprometidos primeiramente com os proprietários. Segundo Wright e colaboradores (2000), uma visão mais ampla revela a complexidade das empresas e sua dependência dos recursos ambientais, não se podendo maximizar apenas os interesses de um único *stakeholder*.

Alguns autores, por sua, vez demonstram certo cuidado com relação à perspectiva de maximização equilibrada dos *stakeholders* citada por Wright e coautores e por Freeman e McVea. Child (1969, apud Wright et al., 2000) propõe que os planos de opções de ações e os altos salários aproximam mais os interesses da alta administração e os dos acionistas. Jensen (2000) contrapõe-se à teoria dos *stakeholders* argumentando que a lógica da empresa é seguir apenas uma função-objetivo, ou seja, a busca da maximização do valor de mercado da empresa, em concordância com Friedman (1970, apud Wrigth et al., 2000). Ele ressalta que os aspectos propostos por Freeman (1984) são apenas de estratégia e tática empresariais que não perdem de vista a função de criação de valor para a empresa.

Para Ashley (2003:37), há diversas orientações estratégicas das empresas quanto à responsabilidade social e algumas alternativas para o foco necessário na relação da empresa com cada grupo de *stakeholders*, podendo essas estratégias ser combinadas entre si.

As empresas, em consonância com o mercado, que a cada dia que passa demonstra instabilidade quanto à forma de reagir aos estímulos empresariais, têm buscado o ambiente estratégico para fazer valer seu princípio natural de existência, a continuidade, identificando e implantando formas de manterem-se competitivas, independentemente do contexto onde atuam.

A responsabilidade social como diferencial competitivo

A pressão exercida pela sociedade sobre as organizações para que sejam socialmente mais justas e responsáveis faz com que a responsabilidade social avance à medida que a competição se torna mais globalizada, exigindo que as empresas se diferenciem entre si.

ESTUDOS DE CASOS   223

Para Tenório e colaboradores (2004:24), na década de 1980, com a retomada da ideologia liberal e com a globalização, o conceito de responsabilidade social empresarial se transformou, revestindo-se de argumentos a favor do mercado. Assim, torna-se responsável pela regulação e fiscalização das práticas empresariais. Além do Estado, o consumidor passa a ser agente das mudanças necessárias, por meio de protestos ou boicotes aos produtos das empresas que de alguma forma desrespeitam direitos legítimos ou causem danos ao meio ambiente.

Cheibub e Locke (2002) propõem duas dimensões, cada qual com dois modelos básicos das diferentes formas de as empresas se inserirem em seu meio social de maneira responsável. Esses modelos possuem duas dimensões. A primeira dimensão possui um modelo voltado para os acionistas ou donos (modelo dos *stockholders*) e outro para os grupos que têm uma relação com a empresa e que podem se beneficiar, mediata ou imediatamente, de suas ações. Considera-se neste último, além de outros possíveis grupos sociais, a comunidade em que a empresa se localiza, seus acionistas e, até mesmo, seus trabalhadores (modelo dos *stakeholders*).

A segunda dimensão trata dos motivos das ações sociais empresariais, possuindo também dois modelos: um que trata das ações que tenham objetivos mais amplos que os imediatamente ligados aos interesses da empresa (motivações de ordem moral, valorativa) e outro que lida com as ações que atendam aos interesses imediatos das empresas (motivos instrumentais). O último modelo denota a ausência de responsabilidade social, constituindo, para alguns, a essência da responsabilidade social empresarial tratada por Milton Friedman: maximização dos objetivos produtivos e retornos.

Na discussão sobre a questão das formas de responsabilidade social, no Brasil há uma tendência a privilegiar a filantropia e o idealismo ético, ressaltando a dimensão valorativa e ética da responsabilidade social (Cheibub e Locke, 2002). A posição progressista se baseia no interesse da própria empresa, mas vai além das atividades produtivas, muitas vezes inserindo atores não ligados a elas.

O compromisso dos atores empresariais não deve estar voltado apenas aos interesses de maximização dos retornos, mas também para a continuidade da empresa no ambiente em que está inserida, primando pelas relações e interação com a comunidade e caracterizando uma estratégia que a mantenha competitiva a partir da dimensão social. Assim, torna-se necessário incluir valores empresariais na forma de administrar.

Valor corporativo

A necessidade primordial de manter a competitividade e as mudanças impelidas pelo contexto globalizado têm forçado as empresas a adotar o compromisso com a sustentabilidade (Mancini et al., 2003). Atualmente, sustentabilidade é relacionada com o meio ambiente, mas esse termo tem sido associado aos valores empresariais como condição de sobrevivência e prerrogativa ética.

Essa visão de mundo contribui para a adoção de novos valores e práticas de gestão que integram os interesses organizacionais mais diversos, como: crescimento econômico, desenvolvimento social e proteção do meio ambiente (Mancini et al., 2003).

Segundo Tamayo e Porto (2005:22) quando falamos de valores pensamos no que é importante para nossas vidas, e cada um possui diversos valores com importância também variada. Para Schwartz (apud Tamayo e Porto, 2005), valores são crenças, são um construto motivacional, transcendem situações e ações específicas, guiam a seleção e avaliação de ações, políticas, pessoas e eventos, e são ordenados pela importância relativa dos demais. A distinção de um valor para outro se dá por meio do tipo de objetivo ou motivação que esse valor expressa. Mancini e colaboradores (2003) propõem que a ética e os valores estão ligados com a cultura das organizações e, de certa forma, a associação de um novo valor remete à necessidade de mudança. Mintzberg e coautores (2000) consideram a cultura um elemento de mudança organizacional e asseveram não ser coerente a mudança isolada. Destarte, a cultura deve estar ligada às demais mudanças na organização.

Os valores individuais possuem características próprias do que é importante para o indivíduo e diferenciam-se dos valores organizacionais na medida em que o indivíduo, mesmo não concordando pessoalmente, considera importante os valores da organização em que trabalha. Esses valores organizacionais possuem uma hierarquia e são os princípios ou crenças relativos à estrutura e às formas de comportamento desejáveis pela organização, orientando a vida da empresa a serviço dos interesses individuais e coletivos (Tamayo e Godim, 1996).

A importância dada aos valores pelo indivíduo está atrelada aos hábitos, cultura e motivações pessoais, podendo ter certa congruência com os valores organizacionais. Estes últimos implicam necessariamente preferência, distinção entre o importante e o secundário, entre o que tem valor e o que não tem.

A perspectiva futura do negócio, as questões de sustentabilidade e o enfoque estratégico passaram a ser o tema em voga para os acionistas e para a sociedade, auferindo à responsabilidade socioambiental um título atual, na forma de evi-

Estudos de Casos

225

denciar na prática atitudes e comportamentos em relação a essas questões. Essas atitudes e comportamentos refletem posturas individuais e organizacionais suportados por padrões éticos que norteiam a forma de governar da organização.

A dimensão ética

A linha ética que a evolução do conceito *responsabilidade social* vem seguindo tem mudado a forma de pensar de dirigentes e acionistas, assim como de toda a sociedade. Pode-se dizer que há uma institucionalização da sensibilidade para os problemas sociais (Ventura, 2003). As organizações têm sido pressionadas a participar e a se tornar mais solidárias com a sociedade, sob a ameaça de abandono por parte dos seus consumidores.

Ao longo dos últimos anos, as empresas têm buscado estabelecer padrões de ética e responsabilidade social em suas atividades e formas de gestão, mas em muitos casos têm se limitado a criar códigos de ética (Ashley, 2003). As abordagens sobre a questão ética e de responsabilidade social são as mais diversas, desde os aspectos morais até os culturais.

Segundo Srour (2003:31), "a ética diz respeito à disciplina teórica, ao estudo sistemático, as morais correspondem às representações imaginárias que dizem aos agentes sociais o que se espera deles, quais comportamentos são bem-vindos e quais não". Ao adotarem códigos de conduta e regras de comportamento, as coletividades adotam morais, definindo o que é correto ou incorreto; entretanto, há múltiplas coletividades e, por conseguinte, múltiplas morais. Em sua análise, Srour (2003) ressalta que a ética empresarial significa estudar e tornar inteligível a moral vigente nas empresas capitalistas contemporâneas. O ponto de partida ético empresarial está em uma premissa altruísta, tendo como objeto de estudo as morais, altruísta ou egoísta, sendo essas o norte que justifica o discurso empresarial.

Para Pena (2003), no caminho de construção da ética nos negócios há, por um lado, uma tendência a valorizar a dimensão do negócio, fazendo da ética uma mera variável do processo administrativo, e, por outro, uma propensão a valorizar a dimensão ética criando certa distância entre o discurso e prática exercida no interior das organizações. Ashley (2003) afirma que as tentativas das organizações em estabelecer padrões de ética e responsabilidade social em suas atividades e formas de gerir os negócios têm se limitado a criar códigos de ética. Verifica-se a partir do proposto por Srour (2003) a preocupação com o particular, e não com o universal, demonstrando certa ênfase no aspecto instrumental.

226 RESPONSABILIDADE SOCIAL EMPRESARIAL

A racionalidade da responsabilidade social é algo que necessita maior entendimento. Para Weber (1964:5, apud Lopez Parra, 2004:78), a ação social pode ser classificada conforme a racionalidade que a motive:

- ajustada pelos fins (racionalidade instrumental) — determinada por comportamentos esperados tanto dos objetos do mundo exterior quanto dos outros homens;
- ajustada pelos valores (racionalidade substantiva) — determinada pela crença consciente em valores (éticos, estéticos, religiosos etc.) próprios e absolutos de uma conduta, sem relação alguma com o resultado;
- afetiva — especialmente orientada por afetos e estados sentimentais do momento;
- tradicional — determinada por um costume arraigado.

Na perspectiva de Weber, o ideal seria que a racionalidade da responsabilidade social fosse pautada em valores sem uma relação com os resultados, do ponto de vista da sociedade. Entretanto, a própria ênfase dada à competitividade contrapõe-se a tal perspectiva, demonstrando que empiricamente a racionalidade empresarial aproxima-se da instrumental. Lopez Parra (2004:124) propõe que desejável, portanto, seria:

> Entender que responsabilidade social pode ser permeada e constituída por três tipos de racionalidade: a corporativa, espelho da weberiana; a racionalidade regulada, focada em regulamentar o movimento; e a racionalidade substantiva, em que se valoriza a dimensão humana e social. Esse espaço de interseção entre as racionalidades abrigaria a responsabilidade social em suas múltiplas motivações.

É nesse contexto que as organizações, para legitimar sua atuação, têm elaborado, a partir dos valores morais de um grupo e da própria empresa, os códigos de ética a serem seguidos para que não sejam feridos os valores morais preestabelecidos. Entretanto, as pressões exercidas pela sociedade vão além dos códigos de ética e o papel das empresas na sociedade torna-se cada vez mais amplo e complexo, ameaçando, inclusive, funções que *a priori* seriam do Estado.

As relações entre o terceiro setor e as empresas

As demandas sociais vêm evoluindo sistematicamente ao longo dos tempos. O terceiro setor, caracterizado por um paralelo entre o governo (primeiro setor) e

ESTUDOS DE CASOS   227

as empresas privadas (segundo setor), tem buscado suprir as necessidades não atendidas por estes dois segmentos. Constituído por iniciativas privadas e voluntários em torno de um sentido ou enfoque público, o terceiro setor prioriza os objetivos sociais em vez de econômicos (Franco et al., 2003).

A postura proativa adotada pela sociedade, de não ficar apática ao descaso do Estado e às ações de mercado que não se preocupam com a coletividade, fez surgir as entidades sem fins lucrativos, provedoras de ações muito abrangentes, tendo como uma de suas principais funções a de ser uma extensão do Estado (Camargo et al., 2001:20).

No entanto, a responsabilidade para solucionar os problemas da sociedade não pode ser exigida somente do terceiro setor, e há uma preocupação inquietante para que não sejam corrompidos os papéis e responsabilidades tanto do primeiro quanto do segundo setor.

Para Salomon (1998), o crescimento das ONGs acontece em virtude das dificuldades do Estado, da crise ambiental global e do aumento do nível de pobreza mundial, podendo-se verificar empiricamente a influência que as mesmas exercem no Estado e nas empresas. Para Tenório (2004:50), o enfraquecimento do setor público, sob a proposta do "Estado mínimo", gerou como solução a "delegação e/ou descentralização" das ações de minimização das mazelas sociais para o setor público não estatal.

As organizações não governamentais são extremamente importantes para a melhoria e o desenvolvimento social. Herbert de Souza dizia que as ONGs no Brasil, na década de 1990, tinham como papel propor à sociedade brasileira, a partir da sociedade civil, uma sociedade democrática, dos pontos de vista político, social, econômico e cultural. O desafio não se exauriu — ao contrário, encontra-se vívido — e Tenório (2001:14) acrescenta ainda o desafio de estabelecer o diálogo entre os setores governamental e empresarial.

As empresas privadas têm buscado cada vez mais parcerias com entidades do terceiro setor, para a realização de ações sociais conjuntas ou para delegarem a responsabilidade pela execução dessas ações a essas entidades. Assim, não desviam o foco de sua atividade principal e, ao mesmo tempo, pelo crescimento e respeitabilidade do terceiro setor junto à sociedade, respaldam suas parcerias.

Tais parcerias constituem uma nova forma de congregar recursos e esforços do governo, empresas privadas, comunidades, ONGs e demais entidades para atender às demandas sociais existentes. Essa abrangência se faz necessária pelos segmentos que constituem o terceiro setor (Melo Neto e Fróes,

228 RESPONSABILIDADE SOCIAL EMPRESARIAL

1999:20): cultura e recreação, assistência social, educação, saúde, desenvolvimento e defesa dos direitos, religião, ambientalismo etc.

As ONGs operacionalizam as ações e projetos que melhoram o desenvolvimento e situação social de determinada comunidade, países ou até mesmo do mundo. Mas, para isso, elas precisam se preocupar com os aspectos econômicos e financeiros e com o resultado de suas ações, enfatizando a avaliação e aferição destes, pois as organizações parceiras e os provedores de recursos exigem organização e eficiência administrativa (Tenório, 2001:14). À medida que proliferam as ONGs, os recursos provenientes da cooperação internacional, do governo e das empresas privadas tornam-se escassos e o que se vê na prática é uma transferência da forma de gestão empresarial dos recursos e da própria cultura organizacional para as essas entidades (Franco et al., 2003).

As organizações do terceiro setor têm buscado suprir as carências da sociedade, contingenciando ações que, muitas vezes, estão além de suas responsabilidades e possibilidades, desvirtuando seu papel, que é de *agente social* e não de *agente estratégico*. Em contrapartida, o descaso do primeiro setor e a necessidade de acumulação de capital do segundo podem gerar anseios e expectativas para o terceiro setor, levando-o à disfunção. Tenório (2004:31) expõe uma inquietação pertinente ao contexto brasileiro: o processo de gestão do *terceiro setor* não pode também estar sendo pautado pela lógica do mercado — da *gestão estratégica* — ao invés da lógica da solidariedade comunitária — da *gestão social?*

Essa reflexão é necessária na medida em que cada vez mais as empresas e a sociedade civil realizam ações em parceria em prol da sociedade, e as ações e responsabilidades voltadas para o bem-estar necessitam de um maior entendimento.

Aspectos metodológicos da pesquisa

Quanto aos fins, a pesquisa foi descritiva e explicativa; quanto aos meios, foi bibliográfica, documental, de campo e estudo de caso (Vergara, 2004).

O estudo restringiu-se ao Consórcio de Alumínio do Maranhão S.A., localizado na cidade de São Luís.

O universo de pesquisa foi composto dos empregados que participaram diretamente de algum tipo de programa ou ação social da empresa no período de 1º de janeiro de 2003 a 31 de dezembro de 2004. O tamanho foi definido de acordo com o critério acessibilidade, consistindo em 600 pesquisados. Dos

Estudos de Casos   229

600 questionários aplicados, ao final foram obtidos 560; os 40 restantes foram considerados inapropriados para a pesquisa, por terem sido devolvidos sem preenchimento ou com erros nas questões que tinham ligação direta com o objeto de estudo. Como o preenchimento dos questionários foi espontâneo, considerou-se satisfatória a amostra validada.

O questionário foi formatado de maneira a demonstrar a percepção individual de cada pesquisado, as perguntas do tipo escala foram por intervalo (Likert, 1967; Malhotra, 2005) e todas variáveis qualitativas e dispostas da seguinte forma: 1 — discordo muito; 2 — discordo; 3 — não concordo nem discordo; 4 — concordo; 5 — concordo muito.

O leiaute do questionário foi organizado de forma a facilitar a tabulação e tratamento dos dados, sendo dividido em sete partes caracterizadas por letras de *A* a *G* (Malhotra, 2005). A distribuição foi efetuada da seguinte forma:

- seis questões pré-codificadas pela letra *A* referem-se aos dados de perfil do respondente, sendo uma questão aberta, a de número 2, referente ao motivo de não participação em ações sociais promovidas pela empresa — o objetivo dessa questão foi de checar a veracidade das informações obtidas na intranet da empresa quanto ao número de pessoas que participaram de ações, pois esse foi o critério de escolha dos respondentes;
- quatro questões pré-codificadas pela letra *B* referem-se a conhecimento e entendimento de políticas e programas de relações comunitárias da empresa;
- quatro questões pré-codificadas pela letra *C* referem-se a conhecimento e entendimento de políticas e programas ambientais da empresa;
- quatro questões pré-codificadas pela letra *D* referem-se à percepção quanto às diversas formas de responsabilidade social;
- cinco questões pré-codificadas pela letra *E* referem-se à percepção da participação e do comprometimento dos atores envolvidos com relação à responsabilidade social;
- quatro questões pré-codificadas pela letra *F* referem-se à percepção do interesse da empresa em praticar ações sociais, relacionado à imagem e à forma como as ações sociais deve ser praticada;
- oito questões pré-codificadas pela letra *G* referem-se às motivações e relação do empregado com os valores corporativos quanto à prática de ações de responsabilidade social; estas questões foram consideradas centrais para elucidar o problema de pesquisa.

230 RESPONSABILIDADE SOCIAL EMPRESARIAL

Duas análises foram feitas: uma qualitativa, que demonstra, à luz do referencial teórico, o resultado de cada questão e sua influência na prática de ações de responsabilidade social espontâneas pelos empregados da empresa estudada; e outra quantitativa, demonstrando o quanto cada variável influencia a variável dependente G.

A partir das hipóteses:

□ H_0 — *as ações de responsabilidade social pautada em valores influenciam a prática espontânea de ações sociais pelos empregados;*

□ H_1 — *as ações de responsabilidade social pautada em valores não influenciam a prática espontânea de ações sociais pelos empregados.*

buscou-se verificar se a variável G que trata das questões centrais ao problema de pesquisa apresenta coerência estatística para afirmar a hipótese H_0, demonstrando-se a média da variável e seu coeficiente de variação. Para cálculo das médias da variável G e demais variáveis utilizou-se como critério de escolha apenas as respostas que apresentassem notação 4 e/ou 5 dos questionários aplicados, visto que objetivava-se afirmar a hipótese nula H_0. Portanto, as notações discordo (1), discordo muito (2) e não concordo nem discordo (3) não foram consideradas significância para a análise quantitativa.

A variável dependente G considerada foi analisada também com cada variável independente (B a F) e o critério para afirmar que cada variável independente influencia a variável G foi se a diferença das médias de G e cada variável independente era significativamente menor que 10% da média de G, que caracteriza o intervalo em que se confirma tal afirmação. O resultado da diferença entre a variável G e cada uma das outras variáveis deve apresentar valores inferiores a 10% da média de G e, quanto mais esse resultado tende para zero, mais a variável independente influencia a variável G.

O *coeficiente de variação*, dado pela fórmula $CV = DesvPad/média$, indica o grau de variação da distribuição, ou seja, se a mesma apresenta homogeneidade ou não, considerando-se homogênea a distribuição com até 20% de coeficiente de variação.

A limitação da pesquisa em apenas uma empresa limita a capacidade de generalização estatística das conclusões do estudo. A representatividade dos atores sociais selecionados para aplicação de questionários pode não representar significância para as conclusões requeridas à pesquisa.

Estudos de Casos   231

Resultados e discussão das questões

Análise qualitativa

Conhecimento de políticas e programas de
relações comunitárias (variável B)

☐ A partir da coleta de dados documentais da empresa estudada observou-se a
existência de um programa de relações comunitárias que possui diretrizes
organizacionais. Há um conhecimento significativo do programa, com
aproximadamente 95,8% dos respondentes na faixa da escala entre 4 e 5
pontos, o que demonstra não só possíveis aspectos de comunicação forte no
ambiente, mas uma correlação com a participação das ações sociais promovidas pela empresa.

☐ Em se tratando de responsabilidade social, a empresa estudada possui estabelecida uma política de relações comunitárias que busca de certa forma
organizar as ações das pessoas com foco em um objetivo social. Entre os
empregados participantes em ações sociais 95,4% afirmam existir tal política
e reconhecem seu papel na relação com a comunidade.

☐ As pessoas demonstraram um nível de conhecimento da política de relações comunitárias bastante elevado, observando-se 94,9% de respondentes
na faixa de 4 a 5 da escala Likert, tendo-se ainda 4,1% de neutralidade nas
respostas.

☐ Para a maioria dos respondentes, 88,7%, a política ajuda a beneficiar a
comunidade de forma mais justa, inferindo-se que, na ausência de políticas
e diretrizes, poderiam ser priorizadas entidades ou mesmo empregados
com algum tipo de interesse particular que tornaria as ações injustas.

Conhecimento de políticas e programas ambientais (variável C)

☐ A abordagem ambiental da responsabilidade social, conotação recente
enfatizada pela globalização do mercado e crescente competitividade entre
as organizações, traz à tona a necessidade de as empresas buscarem a
sustentabilidade de seus negócios e a conservação ambiental. É interessante ressaltar que o foco dado a esse aspecto não é visto como único no
tocante à responsabilidade social, e o conhecimento da existência de um
programa de conservação ambiental por parte dos empregados da empresa, em
96,6% dos respondentes, demonstra a anuência aos valores estabelecidos.

232 Responsabilidade Social Empresarial

☐ Os empregados concordam, em sua maioria (93,9%), que existe uma política de conservação ambiental e esta os direciona para preservar o meio ambiente. Esse aspecto é relevante também do ponto de vista da cultura organizacional, pois, apesar da instrumentalização implícita na cultura, os empregados acabam despertando para a preservação e praticando ações de interesse público ou comunitário.

☐ Há ênfase na divulgação da política de conservação ambiental — 93,2% dos empregados participantes concordam que há divulgação da política de conservação ambiental na empresa.

☐ Observou-se que o nível de concordância com o direcionamento dado pela política de conservação ambiental para a preservação do meio ambiente é significativo, 93,8%.

Percepção das formas de responsabilidade social (variável D)

☐ Muitas divergências podem surgir a partir das diversas ideologias ou morais, mas observa-se que 93,7% dos participantes da pesquisa concordam ou concordam muito que as dimensões cidadania e meio ambiente são percebidas como responsabilidade social.

☐ Os empregados pesquisados acreditam em uma relação verdadeira da empresa com a comunidade: 88% afirmaram concordar ou concordar muito com isso, mas 9,5% responderam de forma neutra, não concordando nem discordando.

☐ Observou-se que as ações de preservação ambiental são corretas para 92,3% dos empregados, consubstanciado uma relação de valores empresariais e individuais próximos.

☐ Verificou-se que 84,6% dos respondentes concordam ou concordam muito com essas dimensões e o que poderia ser visto como um paradoxo demonstra que o conceito em construção passa por um processo de aglutinação de formas e valores associados ao que os teóricos asseveram ser responsabilidade social empresarial.

Participação e comprometimento dos atores envolvidos (variável E)

☐ A percepção dos empregados quanto ao voluntariado é a de que há uma preocupação na empresa em ajudar a comunidade. Os respondentes que

ESTUDOS DE CASOS

concordam ou concordam muito com isso são 75,5% dos pesquisados, mas há 19,3% que se posicionaram de forma neutra em relação à questão.

☐ Quanto à participação e ao comprometimento com o meio ambiente, observou-se que há um equilíbrio na ação conforme os valores empresariais relativos a esse vetor: 83,4% concordam ou concordam muito que isso ocorre e 13,5% mantiveram-se neutros.

☐ Geralmente, quando o comprometimento das pessoas está associado a objetivos empresariais, pode ocorrer certa imposição, mesmo que implícita, para que os empregados participem de ações sociais e isso desvirtua o significado da palavra voluntário, criando uma conotação instrumental: 84,4% dos respondentes acreditam que a participação é voluntária, concordando ou concordando muito com isso.

☐ Verificou-se que 91,8% dos empregados concordam ou concordam muito que a preservação ambiental é obrigatória na empresa e 5,9% demonstraram neutralidade.

☐ Quando duas dimensões de responsabilidade social — a ambiental e a cidadã — foram tratadas, observou-se que a aglutinação dos conceitos expressa maior significado: 97,1% dos empregados acreditam que há uma relação causal entre a preservação ambiental e a ajuda à comunidade e a eles, demonstrando uma associação de valores absorvidos de forma não excludente.

Imagem empresarial e forma de praticar ações sociais (variável F)

☐ Alguns autores defendem que a imagem da empresa socialmente responsável pode ser utilizada como diferencial competitivo e estratégico sob o ponto de vista de valorização da empresa no mercado. Entre os empregados, 81,0% concordam ou concordam muito que as ações praticadas pela empresa e seus empregados não visam apenas a divulgação da imagem, mesmo sendo esta considerada importante. Mantiveram-se neutros 14,6% dos empregados pesquisados e 4,3% não concordaram com a assertiva.

☐ A divulgação como catalizador de novas ações pode contribuir para que haja uma melhor e maior distribuição de condições sociais favoráveis à humanidade, independentemente da dimensão da responsabilidade social; entretanto, o acirramento da competitividade pelo fator "ações de respon-

234 RESPONSABILIDADE SOCIAL EMPRESARIAL

sabilidade social praticadas" pode ser um problema, pois se acentua o foco instrumental da motivação. Observou-se grande concordância com a assertiva, 88,9% dos respondentes, e 9,5% demonstraram neutralidade. Apenas 1,7% dos empregados discordam da necessidade de divulgação.

❑ Apesar de a maioria dos empregados concordar ou concordar muito que a ajuda sob a forma de bens ou recursos financeiros é melhor para a comunidade, 68,4%, a materialidade dessa forma de ajuda a coloca em uma instância de responsabilidade imediatista, pontual e incapaz de gerar benefícios no longo prazo. Há um percentual elevado de neutralidade, 18,9%, e 12,6% dos respondentes não concordam que isso é melhor para a comunidade.

❑ Observa-se que as ações possivelmente vinculadas ao assistencialismo, ações pontuais, podem demonstrar o oposto do que o conhecimento pode oferecer à comunidade: 88,1% dos empregados pesquisados acreditam que obter conhecimentos é também vantajoso para a comunidade, percepção que denota foco no longo prazo. O número de respostas neutras foi bem menor que na questão anterior, 9,9%, e de discordantes 2,0%.

Motivação do funcionário e relação com valores corporativos quanto à prática de ações de responsabilidade social (variável G)

❑ Observou-se que 85,8% dos empregados praticam ações sociais nas comunidades de São Luís, 9,2% mantiveram neutralidade quanto a essa questão e 5,0% discordam quanto a praticar ações nessas comunidades.

❑ A dimensão voltada para a cidadania é acentuadamente percebida como importante para os empregados participantes da pesquisa. Notou-se que 93,8% concordam ou concordam muito que é dever do cidadão ajudar a comunidade, 4,9% mantiveram-se neutros e 1,3% manifestaram-se contrários a essa assertiva.

❑ Observou-se o caráter de espontaneidade e prática de ações não associadas à empresa em 59,6% dos empregados pesquisados e 18,8% mantiveram-se neutros; 21,6% dos respondentes não concordaram que as ações praticadas por eles na comunidade não possuem vínculo com a empresa. Há um grande número de práticas espontâneas de responsabilidade social pelos empregados.

❑ As ações sociais praticadas na empresa representam um valor para o funcionário e esse valor incorpora-se à moral do indivíduo e influencia a prática

ESTUDOS DE CASOS

235

espontânea de ações sociais pelo funcionário: 86,4% dos empregados acreditam que o exercício de ações sociais na empresa influencia as ações espontâneas praticadas por eles. Demonstraram neutralidade quanto à questão 10,1% dos empregados e 3,4% não concordam que haja influência.

❑ Observou-se que 85,5% dos empregados concordam que as ações praticadas por eles os incentivaram a participar espontaneamente na comunidade. O número de empregados que demonstraram neutralidade quanto à questão também foi muito próximo ao da questão anterior, 10,5%, e 3,9% não concordaram que tenha representado um incentivo.

❑ Há participação nas ações com o interesse em resultados voltados para a carreira do empregado: 66,8% afirmam ser importante para a carreira participar de ações e programas dessa natureza, 20,9% mantiveram-se neutros e 12,2% discordam dessa premissa.

❑ Novamente observa-se a cadeia de implicações relativas à ótica dos *stakeholders*, em que a relação de interesse do empregado na empresa o faz perceber a participação em ações e programas de responsabilidade social como importante para a empresa: 71,2% acreditam nessa premissa, tendo 20,9% manifestado posição neutra e 7,9% discordado da assertiva.

❑ Ainda sob a ótica asseverada por Freeman (1984), a relação de interesses do empregado e da comunidade está próxima, pois em vários casos o primeiro está inserido na comunidade. Com isso, observa-se um aumento dos empregados que concordam com a assertiva, 94,2%, diminuindo a manifestação de neutralidade para 4,7% e discordância para 1,0%.

Análise quantitativa

A análise quantitativa dos resultados discutirá o quanto cada variável influencia a variável dependente G. A tabela 2 apresenta a distribuição da amostra e as médias obtidas em cada variável.

Nota-se que o coeficiente de variação da distribuição é comum a todas as variáveis e representa 11%, sendo a distribuição considerada homogênea.

A tabela 3 demonstra a diferença das médias da variável dependente e as demais variáveis e o intervalo em que a distribuição se encontra a partir do proposto na metodologia.

Tabela 2
Dados da distribuição

	B	C	D	E	F	G
			Variável			
Média	4,53	4,60	4,52	4,54	4,46	4,49
DesvPad	0,50	0,49	0,50	0,50	0,50	0,50
CV	0,11	0,11	0,11	0,11	0,11	0,11

Tabela 3
Diferença das médias e intervalo da distribuição

Diferença das médias

G–B	4,5 –4,5	=	0
G–C	4,5 –4,6	=	–0,1
G–D	4,5 –4,5	=	0
G–E	4,5 –4,5	=	0
G–F	4,5 –4,5	=	0
10% média de G		**=**	**0,45**
Intervalo	**4,0 –4,9**		

Tabela 4
Posição das variáveis no intervalo

	B	C	D	E	F	G
	4,5	4,6	4,5	4,5	4,5	4,5
10% G	0,4	0,4	0,4	0,4	0,4	0,4
Resultado	4,1	4,2	4,1	4,1	4,1	4,1

Estudos de Casos 237

Observou-se que a diferença das médias tende a zero e que todas as variáveis estão no intervalo encontrado. Portanto, as variáveis independentes influenciam significativamente a variável G, ou seja, confirma-se a hipótese H_0, *As ações de responsabilidade social pautada em valores influenciam a prática espontânea de ações sociais pelos empregados.*

Conclusões

Os conceitos e dimensões da responsabilidade social em construção remetem a dúvidas e, às vezes, a contradições quanto ao significado da expressão. A pesquisa deu ênfase às dimensões e aos conceitos que de certa forma se alinham à ótica da organização voltada para todas as partes interessadas, ou seja, os *stakeholders* (Freeman, 1984). As formas de atuar das organizações com relação à responsabilidade social são diversas e, no caso estudado, observou-se mais de uma forma. A comunidade e os empregados possuem linhas de interesses muito próximas, pois geralmente as comunidades beneficiadas por ações sociais têm empregados nela inseridos, o que facilita a identificação de necessidades e a sensibilização para a questão social.

A pesquisa demonstrou a influência das ações corporativas pautadas em um sistema de valores empresariais sobre as ações praticadas pelos empregados, gerando um sistema de valores próprios de cunho social que, apesar de influenciado pela razão instrumental, pode ser visto como um início de uma sociedade civil mais justa e equânime por meio da ação social espontânea do indivíduo. Na discussão dos resultados observou-se que nas questões-chave, caracterizadas pela variável G, é notória a influência das ações sociais corporativas sobre os empregados. A hipótese *"As ações de responsabilidade social pautada em valores influenciam a prática espontânea de ações sociais pelos empregados"* pôde ser comprovada.

Observou-se que os sistemas de valores empresariais direcionam as ações dos empregados nas mais diversas abordagens de responsabilidade social. O sentimento ético proporcionado por esses sistemas de valores propicia aos funcionários uma linha de conduta que não necessariamente tem a ver com responsabilidade social, mas com os tipos de moral, altruísta ou egoísta (Srour, 2003), justificando tanto o discurso empresarial quanto o individual.

Verificou-se também a existência de diversas práticas organizacionais que, a partir de um sistema de valores estruturado, direcionam os empregados a práticas sociais empresariais que servem como experiência para ações sociais

238 RESPONSABILIDADE SOCIAL EMPRESARIAL

espontânea, não vinculadas à empresa ou à sua imagem. O conceito de *responsabilidade* social, apesar de estar em construção, tem uma abrangência muito grande, incorporando diversos elementos para a frutificação de resultados futuros e o bem-estar da sociedade.

Assim, considera-se responsabilidade social corporativa toda ação empresarial que, pautada em valores éticos, objetive atender às necessidades dos *stakeholders*, priorizando o bem-estar da sociedade e do ambiente em que a empresa esteja inserida.

Algumas sugestões de pesquisas futuras são:

- comparar a influência de valores corporativos na prática de ações sociais espontâneas pelos empregados de empresas de diferentes setores e portes;
- verificar até que ponto a comunidade valoriza as ações sociais praticadas por empregados de empresas sem auxílio das mesmas;
- verificar como as ações de responsabilidade social corporativa influenciam a gestão das entidades beneficiadas;
- verificar se organizações do terceiro setor, quando se associam às empresas para ações sociais, utilizam a lógica social ou a lógica estratégica.

As diversas dimensões que o termo responsabilidade social pode ter não o inviabilizam do ponto de vista prático. Ao contrário, trazem soluções mais próximas de cada contexto, mesmo que em um estágio inicial possam caracterizar-se como algo pontual. Acredita-se que os valores empresariais que sustentam as ações de responsabilidade social servem de base para que os empregados possam percebê-los como corretos e utilizáveis em sua experiência individual e espontânea em ações em prol da sociedade ou do ambiente em que se encontram.

Referências bibliográficas

ACCOUNTABILITY (THE INSTITUTE OF SOCIAL AND ETHICAL ACCOUNTABILITY). *AA1000 series*. London, 2000. Disponível em: <www.accountability.org.uk/aa1000/default.asp>. Acesso em: 1 jun. 2004.

ALBALA, Luis Bertrand. *Cidadania e educação*. Brasília: Unesco, 1999.

ALBERONI, Francesco; VECA, Salvatore. *O altruísmo e a moral*. Rio de Janeiro: Rocco, 1990.

ALMEIDA, Fernando. Empresa e responsabilidade social. *Gazeta Mercantil*, São Paulo, 15 jun. 1999. Caderno A.

ALVES-MAZOTTI, Alda Judith; GEWANDSZNAJDER, Fernando. *O método nas ciências naturais e sociais: pesquisa quantitativa e qualitativa*. São Paulo: Pioneira, 1998.

ALVESSON, Mats; DEETZ, Stanley. Teoria crítica e abordagens pós-modernas para estudos organizacionais. In: CLEGG, Stewart R. et al. (Orgs.). *Handbook de estudos organizacionais*. São Paulo: Atlas, 1998. v. 1, p. 227-266.

AMATO, Mário. Terceirizar o social. *Folha de S. Paulo*, São Paulo, 13 jan. 2000.

ARAÚJO, Anna Gabriela. A hora e a vez do marketing social. *Revista Marketing*, São Paulo, n. 331, p. 42-51, ago. 2000.

240 RESPONSABILIDADE SOCIAL EMPRESARIAL

ARBIX, Glauco; ZILLAVÍCIUS, Mauro; ABRAMOVAY, Ricardo (Orgs.). *Razões e funções do desenvolvimento.* São Paulo: Edusp, 2000.

ASHLEY, Patrícia Almeida (Coord.). A responsabilidade social corporativa em um contexto de fusões, aquisições e alianças. *O & S,* v. 16, n. 16, set./dez. 1999.

_____. *Ética e responsabilidade social nos negócios.* São Paulo: Saraiva, 2003.

_____; MACEDO-SOARES, T. Diana L. v. de. *Um modelo conceitual para a incorporação da responsabilidade social à governança das relações negócio--sociedade.* Rio de Janeiro: Enanpad, 2001.

AZAMBUJA, Marcos. O Brasil e a cidadania empresarial. *Valor Econômico,* Rio de Janeiro, 20 abr. 2001. Disponível em <www.valoronline.com.br/valor economico/materia.asp?id=585486>. Acesso em: 23 mar. 2002.

BALLOU, Ronald H. *Logística empresarial.* São Paulo: Atlas, 1993.

BARBOSA, Gustavo; RABAÇA, Carlos Alberto. Ética e credibilidade sob uma nova ótica. *Valor Econômico,* Rio de Janeiro, 11 out. 2001. Disponível em <www.valoronline.com.br/valoreconomico/materia.asp?id=877148>. Acesso em: 23 mar. 2002.

BERIAIN, Josexto. *Representaciones colectivas y proyecto de modernidad.* Barcelona: Anthropos, 1990.

BETTO, Frei. Responsabilidade social das empresas. *Valor Econômico,* Rio de Janeiro, 25 abr. 2001. Disponível em <www.valoronline.com.br/valoreconomico/materia.asp?id=593561>. Acesso em: 23 mar. 2002.

BORBA, Elisabete Regina de Lima; BORSA, Lenyr Rodrigues; ANDREATTA, Roldite. *Terceiro setor: responsabilidade social e voluntariado.* Curitiba: Champagnat, 2001.

BORGES, Fernanda Gabriela. *Reponsabilidade social: efeitos da atuação social na dinâmica empresarial.* 2001. Tese (Doutorado) — USP, São Paulo, 2001.

BRASIL. *Constituição Federal*. São Paulo: Revista dos Tribunais, 2000.

_____. *Constituição da República Federativa do Brasil promulgada em 5 de outubro 1988*. 25. ed. São Paulo: Saraiva, 2000.

_____. *Lei nº 8.069, de 13 de julho de 1990*. Estatuto da Criança e do Adolescente. Disponível em: <www.planalto.gov.br/ccivil_03/Leis/L8069.htm>. Acesso em: 1 jun. 2004.

_____. *Lei nº 8.313, de 23 de dezembro de 1991*. Restabelece princípios da Lei nº 7.505, de 2 de julho de 1986, institui o Programa Nacional de Apoio à Cultura — Pronac e dá outras providências. Disponível em: <www.cultura.gov.br/legislacao/docs/L-008313.htm>. Acesso em: 1 jun. 2004.

_____. *Lei nº 8.159, de 8 de janeiro de 1991*. Dispõe sobre a política nacional de arquivos públicos e privados e dá outras providências. Disponível em: <www.planalto.gov.br/ccivil_03/Leis/L8159.htm>. Acesso em: 1 jun. 2004.

_____. *Lei nº 9.440, de 14 de março de 1997*. Estabelece incentivos fiscais para o desenvolvimento regional e dá outras providências. Disponível em: <www.planalto.gov.br/ccivil_03/Leis/L9440.htm>. Acesso em: 1 jun. 2004.

_____. *Projeto de Lei nº 3.116 de 1997*. (Das sras. Marta Suplicy, Maria da Conceição Tavares e Sandra Starling). Cria o balanço social para as empresas que menciona e dá outras providências. Disponível em: <www.balancosocial.org.br/media/PL_3116-97.doc>. Acesso em: 1 jun. 2004.

BROCCHIERI, Giovanna Scarpitti. Jungk: o homem do milênio. In: DE MASI, Domenico (Org.). *A sociedade pós-industrial*. São Paulo: Senac/SP, 1999. p. 425-436.

BRUNDTLAND, Gro Harlem. *Our common future*. London: Oxford University Press, 1987.

CAMARGO, Mariângela Franco; UEDA, Mery; SUZUKY, Fabiana Mayumi; SAKIMA, Ricardo Yuzo; GHOBRIL, Alexandre Nabil. *Gestão do terceiro setor no Brasil*. São Paulo: Futura, 2001.

242   RESPONSABILIDADE SOCIAL EMPRESARIAL

CAMPOS, Lauro. *A crise completa: a economia política do não*. São Paulo: Boitempo, 2001.

CANUTO, Otaviano. O valor da responsabilidade social das empresas. *Valor Econômico*, Rio de Janeiro, 28 ago. 2001. Disponível em <www.valoronline. com.br/valoreconomico/materia.asp?id=802819>. Acesso em: 23 mar. 2002.

CAPPELLIN, Paola; GIULIANI, Gian Mario. Compromisso social no mundo dos negócios. *Boletim do Ibase*, v. 6, n. 11, p. 10-11, fev. 1999.

CARDOSO, Adalberto Moreira. *Trabalhar, verbo intransitivo: destinos profissionais dos deserdados da indústria automobilística*. Rio de Janeiro: FGV, 2000.

CARROLL, Archie B. The pyramid of corporate social responsability: toward the moral management of organizational stakeholders. *Business Horizons*, v. 34, n. 4, p. 39-48, July/Aug. 1991.

_____. Corporate social responsibility: evolution of a definitional construct. *Business & Society*, v. 38, n. 3, p. 268-295, Sept. 1999.

CAVANHA FILHO, Armando Oscar. *Logística: novos modelos*. Rio de Janeiro: Qualitymark, 2001.

CEPAA (THE COUNCIL ON ECONOMIC PRIORITIES ACCREDITATION AGENCY). *Social accountability 8000 (SA 8000)*. New York, 1997. Disponível em: <www.cepaa.org>. Acesso em: 23 mar. 2002.

CHEIBUB, Zairo B.; LOCKE, Richard M. Valores ou interesses? Reflexões sobre a responsabilidade social das empresas. In: KIRSCHINER, A. M.; GOMES, E.; CAPPELIN, P. (Orgs.). *Empresa, empresários e globalização*. Rio de Janeiro: Relume-Dumará, Faperj, 2002.

CHIAVENATO, Idalberto. *Introdução à teoria geral da administração*. 2. ed. Rio de Janeiro: Campus, 1999.

CHURCHIL JR., Gilbert A.; PETER, J. Paul. *Marketing: criando valor para o cliente*. São Paulo: Saraiva, 2000.

REFERÊNCIAS BIBLIOGRÁFICAS 243

CLARKSON, Max B. E. A stakeholder framework for analysing and evaluation corporate social performance. *Academy of Management Review*, v. 20, n. 1, p. 92-117, Jan. 1995.

COELHO, Simone de Castro Tavares. *Terceiro setor.* São Paulo: Senac, 2000a.

_____. *Terceiro setor: um estudo comparativo entre Brasil e Estados Unidos.* São Paulo: Senac, 2000b.

CONTANDRIOPOULOS, André Pierre et al. *Saber preparar uma pesquisa: definição, estrutura e financiamento.* 3. ed. Rio de Janeiro: Hucitec/Abrasco, 1999.

CORULLÓN, Mónica Beatriz Galiano. *Voluntariado na empresa: gestão eficiente da participação cidadã.* São Paulo: Peirópolis, 2002.

COSTA, Maria Alice Nunes. Além do socialmente responsável. *Valor Econômico*, Rio de Janeiro, 22 ago. 2001. Disponível em: <www.valoronline. com.br/valoreconomico/materia.asp?id=793140>. Acesso em: 23 mar. 2002.

COSTA NETO, Pedro Luiz; BEKMAN, Otto R. *Análise estatística da decisão.* São Paulo: Edgar Blücher, 1980.

CRUZ, R. M. A relação homem-trabalho e os (des)caminhos da formação profissional na modernidade. In: AUED, Bernadete W. (Org.). *Educação para o (des)emprego.* Petrópolis: Vozes, 1999. p. 175-190.

CURADO, Miguel Torres. *Gerir para o 3º milênio: SA8000 — da qualidade total à qualidade social.* Lisboa: Instituto Superior Técnico, 2000. Disponível em: <www.curado.com>.

D'AMBRÓSIO, D.; MELLO, P. C. A responsabilidade que dá retorno social. *Gazeta Mercantil*, São Paulo, 10 nov. 1998.

DE MASI, Domenico (Coord.). *A sociedade pós-industrial.* 2. ed. São Paulo: Senac, 1999.

_____ (Coord.). *O ócio criativo; entrevista a Maria Serena Palieri.* Rio de Janeiro: Sextante, 2000.

244 RESPONSABILIDADE SOCIAL EMPRESARIAL

DEJOURS, Christophe. *O fator humano*. Rio de Janeiro: FGV, 1997.

DELACAMPAGNE, Christian et al. *A Escola de Frankfurt*. São Paulo: Ática, 1990.

DI NALLO, Egeria. *Meeting points*. São Paulo: Marcos Cobra, 1999.

DIMENSTEIN, Gilberto. *Aprendiz do futuro: cidadania hoje e amanhã*. São Paulo: Ática, 2000.

DINIZ, Eli. *Globalização, reformas econômicas e elites empresariais*. Rio de Janeiro: FGV, 2000.

DRUCKER, Peter F. *Administração de organizações sem fins lucrativos*. 4. ed. São Paulo: Pioneira, 1997.

_____. *Sociedade pós-capitalista*. São Paulo: Publifolha, 1999a.

_____. *Desafios gerenciais para o século XXI*. São Paulo: Pioneira, 1999b.

_____. O futuro já chegou. *Exame Digital*, São Paulo, 22 mar. 2000.

DUNN, Robert. Quer uma vantagem competitiva? *Exame*, v. 32, n. 18, 26 ago. 1998.

DUPAS, Gilberto. O lugar vazio do espaço público. *O Estado de S. Paulo*, São Paulo, 12 jan. 2002. Caderno Espaço Aberto, p. 1.

EASTERBY-SIMITH, Mark; THORPE, Richard; LOWE, Andy. *Pesquisa gerencial em administração: um guia para monografias, dissertações, pesquisas internas e trabalhos em consultoria*. São Paulo: Pioneira, 1999.

ECO, Umberto. *Como se faz uma tese*. São Paulo: Perspectiva, 2000.

ESTEVES, Iônio. Ajudar o outro já é um diferencial na carreira. *Valor Econômico*, Rio de Janeiro, 23 out. 2001. Disponível em: <www.valoronline. com. br/valoreconomico/materia.asp?id=893404>. Acesso em: 23 mar. 2002.

ESTEVES, Sérgio A. P. (Org.). *O dragão e a borboleta: sustentabilidade e responsabilidade social nos negócios*. São Paulo: Axis Mundi, 2000.

REFERÊNCIAS BIBLIOGRÁFICAS

FERRAZ, Viviane N. *Organizações humanizadas — o caso do Brasil 500 anos*. Rio de Janeiro: FGV, 2000.

FERREIRA, Ademir Antônio; REIS, Ana Carla Fonseca; PEREIRA, Maria Isabel. *Gestão empresarial: de Taylor aos nossos dias*. São Paulo: Pioneira, 1997.

FERREL, O. C.; FERREL, Linda; FRAEDRICH, John. *Ética empresarial*. Rio de Janeiro: Reichmann & Affonso, 2001.

FIORI, José Luís; TAVARES, Maria da Conceição. *(Des)ajuste global e modernização conservadora*. Rio de Janeiro: Paz e Terra, 1993.

FISCHER, Tania; SCHOMMER, Paula Chies. Cidadania empresarial no Brasil: os dilemas conceituais e a ação de três organizações baianas. *O&S*, v. 7, n. 19, 2000.

FONTANA, Alessandra; DE MARI, Juliana. Você é do bem? *Revista Você S.A.*, São Paulo, n. 30, p. 24-35, dez. 2000.

FRAEDRICH, John; FERREL, O. C.; FERREL, Linda. *Ética empresarial: dilemas, tomadas de decisões e casos*. Rio de Janeiro: Reishmann & Afonso, 2001.

FRANCO, Juliana; PEREIRA, Marcelo Farid; SARTORI, Rejane. Captação de recursos para o terceiro setor: um estudo na cidade de Maraingá-PR. In: ENCONTRO ANUAL DA ANPAD — ENANPAD, 27., 2003. *Anais eletrônicos...* Atibaia, 2003.

FREEMAN, R. Edward. *Strategic management: a stakeholder approach*. Boston: Pitman, 1984.

_____. MCVEA, John. *A stakeholder approach to strategic management*. Charlottesville: Darden Graduate School of Business Administration, University of Virginia, 1991. (Working Paper n. 1-2).

FRIEDMAN, Milton. *Capitalismo e liberdade*. 2. ed. São Paulo: Nova Cultural, 1985.

246 RESPONSABILIDADE SOCIAL EMPRESARIAL

FROMBRUN, Charles et al. Opportunity platforms and safety nets: corporate citizenship and reputation risk. *Business and Society Review*, v. 105, n. 1, p. 85-106, 2000.

GALBRAITH, John Kenneth. *O novo Estado industrial*. São Paulo: Abril Cultural, 1982.

GALLO, Sílvia. *Ética e cidadania: caminhos da filosofia*. Campinas: Papirus, 1997.

GIL, Antonio Carlos. *Como elaborar projetos de pesquisa*. São Paulo: Atlas, 1996.

GOLDBERG, Ruth. *Como as empresas podem implementar programas de voluntariado*. São Paulo: Instituto Ethos de Empresas e Responsabilidade Social, 2001.

GOLDENBERG, Mirian. *A arte de pesquisar: como fazer pesquisa qualitativa em ciências sociais*. 5. ed. Rio de Janeiro: Record, 2001.

GRAJEW, Oded. O futuro está em nossas mãos. Guia para fazer o bem. *Veja*, São Paulo, n. 51, p. 30, dez. 2001a.

_____. Responsabilidade social é vital para a sobrevivência das empresas. *Valor Econômico*, Rio de Janeiro, 7 jun. 2001b. Disponível em: <www.valoronline. com. br/valoreconomico/materia.asp?id=665371>. Acesso em: 23 mar. 2002.

_____. Coerência entre discurso e ação. *Valor Econômico*, Rio de Janeiro, 4 set. 2001c. Disponível em: <www.valoronline.com.br/valoreconomico/materia.asp?id =814540>. Acesso em: 23 mar. 2002.

_____. A responsabilidade social e as incertezas. *Valor Econômico*, Rio de Janeiro, 8 jan. 2002a. Disponível em: <www.valoronline.com.br/valoreconomico/ materia.asp?id=1012030>. Acesso em: 23 mar. 2002.

_____. Custos e ganhos da responsabilidade social. *Valor Econômico*, Rio de Janeiro, 29 jan. 2002b. Disponível em: <www.valoronline.com.br/valoreconomico/ materia.asp?id=1047610>. Acesso em: 23 mar. 2002.

REFERÊNCIAS BIBLIOGRÁFICAS

HALBERT, M. *The meaning and sources of marketing theory.* New York: McGraw-Hill, 1985.

HARVARD BUSINESS REVIEW. *Medindo o desempenho empresarial.* Rio de Janeiro: Campus, 2000.

HAYEK, Friedrich. *O caminho da servidão.* 5. ed. Rio de Janeiro: Instituto Liberal, 1990.

HENDERSON, David. Misguided virtue: false notions of corporate social responsability. *IEA Hobart Paper*, London, n. 142, 5 nov. 2001.

IBGE (INSTITUTO BRASILEIRO DE GEOGRAFIA E ESTATÍSTICA). *Indicadores de volume e valores correntes — quadro 8.* Rio de Janeiro, 2002. Disponível em: <www.ibge.gov.br/home/estatistica/indicadores/pib/cntvolval4t01 quadro8.shtm>. Acesso em: 23 abr. 2002.

ÍBIDE, Mário. Vale a pena investir nos projetos sociais e cativar o público. *Valor Econômico*, São Paulo, n. 412, 20 dez. 2001. Caderno Empresa & Comunidade. Disponível em: <www.valoronline.com.br/valoreconomico/materia.asp? id=988191>. Acesso em: 25 jan. 2002.

INSTITUTO ETHOS DE EMPRESAS E RESPONSABILIDADE SOCIAL. *O que as empresas podem fazer pela educação.* São Paulo: Cenpec, 1999.

_____. *Indicadores Ethos de responsabilidade social.* São Paulo, 2000.

_____. *Guia de elaboração de relatório e balanço anual de responsabilidade social empresarial.* São Paulo: Cenpec, 2001.

IPEA (INSTITUTO DE PESQUISA ECONÔMICA APLICADA). *A iniciativa privada e o espírito público: um retrato da ação social das empresas do Sudeste brasileiro.* Brasília: Ipea, 2000.

PFEIFER, Ismael. Shering gasta milhões para reconstruir imagem. *Gazeta Mercantil*, Rio de Janeiro, 27 ago. 1998.

JAGUARIBE, Hélio. *Introdução ao desenvolvimento social.* São Paulo: Círculo do Livro, 1978.

248   Responsabilidade Social Empresarial

JENSEN, Michael. *Value maximization, stakeholder theory and the corporate objective function.* Boston: Harvard Business School, 2000. (Working Paper n. 00-058).

KANITZ, Stephen. O importante é começar: uma sociedade somente será de fato cidadã se seus participantes forem atuantes na área social. *Veja*, n. 51, dez. 2001a. p. 23.

_____. O manual da cidadania. Guia da cidadania. In: *Almanaque Abril*. São Paulo, 2001b. p. 74-75.

KAPAZ, Emerson. A comunhão entre o público e o privado. In: BANCO ARBI. *O empresário e o espelho da sociedade.* Rio de Janeiro: Banco Arbi, 1995. p. 7-11.

KEYNES, John Maynard. Força própria. *Valor Econômico*, Rio de Janeiro, 14 nov. 2002. Caderno Eu&, p. 20.

KOTLER, Philip. *Administração de marketing: a edição do novo milênio.* São Paulo: Prentice Hall, 2000.

_____; ARMSTRONG, Gary. *Princípios de marketing.* Rio de Janeiro: LTC, 1995.

_____; ROBERTO, Eduardo L. *Marketing social: estratégias para alterar o comportamento público.* Rio de Janeiro: Campus, 1992.

KROETZ, César Eduardo Stevens. *Balanço social: teoria e prática.* São Paulo: Atlas, 2000.

KUMAR, Krishan. *Da sociedade pós-industrial à pós-moderna: novas teorias sobre o mundo contemporâneo.* Rio de Janeiro: J. Zahar, 1997.

LAKATOS, Eva Maria; MARCONI, Marina de Andrade. *Metodologia científica.* São Paulo: Atlas, 1986.

LAMBIN, Jean J. *Market-driven management strategic & operational marketing.* Macmillan Business, 2000.

REFERÊNCIAS BIBLIOGRÁFICAS

LEIPZIGER, Deborah. *SA 8000: the definitive guide to the new social standard.* London: Pearson Education, 2001.

LESSA, Ricardo. Marketing social melhora a imagem e aumenta o lucro. *Gazeta Mercantil*, São Paulo, 7 fev. 2002. p. 22.

LEVITT, Theodore. Marketing myopia. Business classics: fifteen key concepts for managerial success. *Harvard Business Review*, Boston, p. 1-12, 1991.

LEWIS, Barbara R.; LITTLER, Dale (Orgs.). *Dicionário enciclopédico de marketing.* São Paulo: Atlas, 2001.

LIKERT, Rensis. *The human organization: it's management and value.* New York: McGraw-Hill, 1967.

LOPEZ PARRA, Marcelo Fernando. *Responsabilidade corporativa: entre o social e o regulado, estudo de um setor da siderurgia brasileira.* Tese (Doutorado) — Ebape/FGV, Rio de Janeiro, 2004.

LOVELOCK, Christopher; WRIGHT, Lauren. *Serviços: marketing e gestão.* São Paulo: Saraiva, 2001.

MALHOTRA, Naresh K. el al. Introdução à pesquisa de marketing. São Paulo: Prentice Hall, 2005.

MANCINI, Sérgio; MURITIBA, Sérgio Nunes; OLIVEIRA, Patrícia Morilha; KRUGLIANSKAS, Isak. *Valores organizacionais na gestão com responsabilidade socioambiental.* In: ENCONTRO ANUAL DA ANPAD — ENANPAD, 27., 2003. *Anais eletrônicos...* Atibaia, 2003.

MARTINELLI, A. C. Empresa cidadã: uma visão inovadora para uma ação transformadora. In: IOSCHPE, Evelyn Berg (Org.). *3º setor: desenvolvimento social sustentado.* Rio de Janeiro: Paz e Terra, 1997.

_____. Empresa cidadã: uma visão inovadora para uma ação transformadora. *Integração — a revista eletrônica do terceiro setor,* set. 2000. Disponível em: <http://Integracao.Fgvsp/3/Administ.html>. Acesso em: 18 ago. 2005.

250 RESPONSABILIDADE SOCIAL EMPRESARIAL

MARTINS, Eliseu. Balanço social: ideia que deve permanecer. *Gazeta Mercantil*, Brasília, DF. 18 set 1997. A-3.

MARTINS, Petrônio Garcia; LAUGENI, Fernando Piero. *Administração da produção*. São Paulo: Saraiva, 1999.

MARTINS, Wellington Newton Felix. Responsabilidade social: apoio das empresas privadas brasileiras à comunidade e os desafios da parceria entre estas e o terceiro setor. *Valor Econômico*, Rio de Janeiro, 2001. Disponível em: <www.valoronline.com.br/parceiros/ethos/trabalho_12.html>. Acesso em: 23 mar. 2002.

MATIAS, Antônio Jacinto. A responsabilidade das empresas. *Gazeta Mercantil*, São Paulo, 30 set. 1999. Opinião, p. A-2.

McINTOSH, M. et al. *Corporate citizenship: succesful strategies for responsible companies*. London: Financial Times Pitman, 1998.

_____ et al. *Cidadania corporativa: estratégias bem-sucedidas para empresas responsáveis*. Rio de Janeiro: Qualitymark, 2001.

MEDEIROS, Elio; MEDEIROS, Ermes. *Matemática e estatística aplicada*. São Paulo: Atlas, 1999.

MEIN, John Edwin. Estímulo à cidadania empresarial. *Valor Econômico*, Rio de Janeiro, 9 ago. 2001. Disponível em: <www.valoronline.com.br/valoreconomico/materia.asp?id=771355>. Acesso em: 23 mar. 2002.

MELO NETO, Francisco Paulo de; BRENNAND, Jorgiana Melo. *Empresas socialmente sustentáveis: o novo desafio da gestão moderna*. Rio de Janeiro: Qualitymark, 2004.

_____; FRÓES, César. *Responsabilidade social e cidadania: a administração do 3º setor*. Rio de Janeiro: Qualitymark, 1999.

_____; _____. *Gestão da responsabilidade social coorporativa: o caso brasileiro*. Rio de Janeiro: Qualitymark, 2001.

REFERÊNCIAS BIBLIOGRÁFICAS

MEREGE, Luiz Carlos. Empresa social. *Revista de Administração Pública,* v. 31, n. 5, set./out. 1997.

MINTZBERG, H.; AHLSTRAND, B.; LAMPEL, J. *Safári de estratégia: um roteiro pela selva do planejamento estratégico.* Porto Alegre: Bookman, 2000.

MONTORO FILHO, André Franco et al. *Manual de economia — equipe de professores da USP.* 3. ed. São Paulo: Saraiva, 2001.

MOREIRA, Jeanne. *Balanço social e demonstração do valor adicionado como instrumentos gerenciais.* Disponível em: <www.eac.fea.usp.br/eac/seminario/arquivos/html/trab_T-067.htm>. Acesso em: 23 mar. 2002.

MORGAN, Gareth. *Imagens da organização.* São Paulo: Atlas, 1996.

NASSIF, Luiz. Ética na economia. In: BANCO ARBI. *O empresário e o espelho da sociedade.* Rio de Janeiro: Banco Arbi, 1995. p. 41-49.

NIGEL SLACK et al. *Administração da produção.* São Paulo: Atlas, 1999.

NOVAES, Antônio Galvão. *Logística e gerenciamento da cadeia de distribuição.* Rio de Janeiro: Campus, 2001.

NONAKA, Ikujiro; TAKEUCHI, Hirotara. *Criação de conhecimento na empresa.* Rio de Janeiro: Campus, 1997.

OIT (ORGANIZAÇÃO INTERNACIONAL DO TRABALHO). *Child labour: targeting the intolerable.* Geneve, 1998. Disponível em: <www.ilo.org>. Acesso em: jul. 2002.

_____. *Convention 29: convention on forced and bonded labour.* Geneve, 1929. Disponível em: <www.ilo.org>. Acesso em: jul. 2002.

_____. *Convention 87: convention concerning freedom of association and protection of the rigth to organize.* Geneve, 1948. Disponível em: <www.ilo.org>. Acesso em: jul. 2002.

_____. *Convention 98: the right to organize and collective bargaining convention.* Geneve, 1949. Disponível em: <www.ilo.org>. Acesso em: jul. 2002.

_____. *Convention 100: convention concerning equal remuneration.* Geneve, 1951. Disponível em: <www.ilo.org>. Acesso em: jul. 2002.

_____. *Convention 105: convention concerning abolition of forced labour.* Geneve, 1957. Disponível em: <www.ilo.org>. Acesso em: jul. 2002.

_____. *Convention 111: convention concerning discrimination (employment and occupation).* Geneve, 1958. Disponível em: <www.ilo.org>. Acesso em: jul. 2002.

_____. *Convention 135: convention on workers representatives.* Geneve, 1971. Disponível em: <www.ilo.org>. Acesso em: jul. 2002.

_____. *Convention 138: convention concerning minimum age.* Geneve, 1973. Disponível em: <www.ilo.org>. Acesso em: jul. 2002.

_____. *Convention 155: occupational safety and health convention.* Geneve, 1981. Disponível em: <www.ilo.org>. Acesso em: jul. 2002.

_____. *Convention 159: vocational rehabilitation and employment (disabled persons) convention.* Geneve, 1983. Disponível em: <www.ilo.org>. Acesso em: jul. 2002.

_____. *Convention 177: home work convention.* Geneve, 1996. Disponível em: <www.ilo.org>. Acesso em: jul. 2002.

_____. *Recommendation 146: recommendation on minimum age.* Geneve, 1973. Disponível em: <www.ilo.org>. Acesso em: jul. 2002.

_____. *Recomendation 164: occupational safety and health recommendation.* Geneve, 1981. Disponível em: <www.ilo.org>. Acesso em: jul. 2002.

PACHECO, Odete. O selo da cidadania. *Exame*, n. 754, p. 34, 2001.

PENA, Roberto Patrus Mundim. Responsabilidade social da empresa e business ethics: uma relação necessária? In: ENCONTRO ANUAL DA ANPAD — ENANPAD, 27., 2003. *Anais eletrônicos...* Atibaia, 2003.

PINSKY, Jaime. *Cidadania e globalização.* São Paulo: Contexto, 1999.

REFERÊNCIAS BIBLIOGRÁFICAS

PINTO, Christina Carvalho. Valor ou modismo? O marketing social deve ser um reflexo da personalidade da empresa. *Exame*, São Paulo, n. 754, p. 28, 29 nov. 2000.

PINTO, Marcelo de Rezende, LARA, José Edson. A cidadania corporativa como um instrumento de marketing: um estudo empírico do setor varejista. In: ENCONTRO ANUAL DA ANPAD — ENANPAD, 27., 2003. *Anais eletrônicos...* Atibaia, 2003.

PIOVESAN, Flávia. Cidadania no Brasil: o que diz a lei. In: *Guia da cidadania*. São Paulo: Almanaque Abril, 2001. p. 12-13.

PRINGLE, Hamish; THOMPSON, Marjorie. *Marketing social — marketing para causas sociais e a construção das marcas*. São Paulo: Makron, 2000.

RAMOS, Alberto Guerreiro. *A redução sociológica (introdução ao estudo da razão sociológica)*. 2. ed. Rio de Janeiro: Tempo Brasileiro, 1965.

_____. *A nova ciência das organizações: uma reconceituação da riqueza das nações*. Rio de Janeiro: FGV, 1981.

REINERT, Helô. Vale a pena investir nos projetos sociais e cativar o público. *Valor Econômico*, São Paulo, n. 412, 20 dez. 2001. Caderno Empresa & Comunidade. Disponível em: <www.valoronline.com.br/valoreconomico/materia. asp?id=988191>. Acesso em: 25 jan. 2002.

RIBEIRO, Maíra; LISBOA, Lázaro Plácido. Balanço Social. *Revista Brasileira de Contabilidade*, Brasília, n. 115, jan./fev. 1999.

RIFKIN, Jeremy. *O fim dos empregos*. São Paulo: Markron, 1995.

RODRIGUES, Alberto Tosi. *Neoliberalismo: gênese, retórica e prática*. 1995. Disponível em: <www.politica.pro.br/arquivos/art_tosi_neolib.rtf>. Acesso em: 24 jun. 2002.

RODRIGUES, Maria Cecília Prates; TEIXEIRA, Sonia Maria Fleury. Ação social das empresas privadas: eficácia e complexidade da interação empresa/ comunidade. O caso da Xerox. In: ENCONTRO ANUAL DA ANPAD — ENANPAD, 27., 2003. *Anais eletrônicos...* Atibaia, 2003.

254 RESPONSABILIDADE SOCIAL EMPRESARIAL

ROSEMBLUM, Célia. Imagem social da empresa influencia na hora da compra. *Valor Econômico*, São Paulo, n. 31, p. 1, 13 jun. 2000. Caderno Especial Empresa & Comunidade.

SAFATLE, Amália. Bonitinhos, mas ordinários. *Carta Capital*, São Paulo, n. 186, p. 50-51, 24 abr. 2002.

SAI (SOCIAL ACCOUNTABILITY INTERNATIONAL). *Guidance Document for Social Accountability*. New York, SAI, 1999.

_____. *Responsabilidade Social 8000: Norma internacional SA 8000*. Disponível em: <www.sai-intl.org>.

_____. *Social Accountability International and SA 8000: the global humane workplace standard*. New York, SAI, 2001.

SALOMON, Lester. A emergência do terceiro setor: uma revolução associativa global. *Revista de Administração da Universidade de São Paulo*, v. 33, n. 1, p. 5-11, jan./mar. 1998.

SANTOS, Boaventura de Sousa. *Pela mão de Alice: o social e o político na pós-modernidade*. 5. ed. São Paulo: Cortez, 1999.

SANTOS, Milton et al. (Orgs.). *O novo mapa do mundo: fim de século e globalização*. São Paulo: Hucitec, 1997.

SCHIAVO, Marcio Ruiz. Conceito e evolução do marketing social. *Conjuntura Social*, São Paulo, v. 1, n. 1, p. 25-29, maio 1999.

SCHOMMER, Paula Chies. Investimento social das empresas: cooperação organizacional num espaço compartilhado. In: ENCONTRO DA ASSOCIAÇÃO NACIONAL DOS PROGRAMAS DE PÓS-GRADUAÇÃO EM ADMINISTRAÇÃO, 24., 2000. Florianópolis. *Anais...* Enanpad, 2000.

SCHWEIZER, Peter José. Uma nova arquitetura das organizações para o século XXI. *Revista de Administração Pública,* v. 31, n. 5, set./out. 1997.

SELLTIZ, Claire (Org.). *Métodos de pesquisa das relações sociais*. São Paulo: Hereler, 1965.

REFERÊNCIAS BIBLIOGRÁFICAS

SEN, Amartya Kumar. *Sobre ética e economia*. São Paulo: Cia. das Letras, 1999.

SENNET, Richard. *A corrosão do caráter: as consequências pessoais do trabalho no novo capitalismo*. Rio de Janeiro: Record, 1999.

SEVERINO, Antônio Joaquim. *Metodologia do trabalho científico*. 21. ed. São Paulo: Cortez, 2000.

SHETH, Jagdish N. et al. (Orgs.). *Marketing theory evolution and evaluation*. 1988.

SICÍLIA, David B.; CRUIKSHAND, Jeffrey L. *O efeito Greenspan*. São Paulo: Makron, 2000.

SILVA, João Martins da. *5S: o ambiente da qualidade*. Belo Horizonte: Fundação Christiano Ottoni, 1994.

SILVEIRA, Mauro. Uma nova profissão à vista. *Revista Você S.A.*, São Paulo, n. 20, p. 54-59, fev. 2000.

SILVER, Mick. *Estatística para administração*. São Paulo: Atlas, 2000.

SIMONSEN, Mário Henrique. A missão de multiplicar dinheiro. In: BANCO ARBI. *O empresário e o espelho da sociedade*. Rio de Janeiro: Banco Arbi, 1995. p. 59-64.

SINA, Amalia; SOUZA, Paulo Sérgio Baptista de. *Marketing social: uma oportunidade para atuar e contribuir socialmente no terceiro setor*. São Paulo: Crescente, 1999.

SINGER, Paul. A atualidade de Keynes. *Valor Econômico,* Rio de Janeiro, 14 nov. 2002. Caderno Eu&, p. 14.

SLACK et al. *Administração da produção*. São Paulo: Atlas, 1997.

SOARES, Maria do Carmo F. *Redação de trabalhos científicos*. São Paulo: Cabral, 1995.

256 RESPONSABILIDADE SOCIAL EMPRESARIAL

SOROS, George. *A crise no capitalismo global — os perigos da sociedade globalizada: uma versão crítica do mercado financeiro internacional*. Rio de Janeiro: Campus, 2001.

SOUZA, Herbert de. O empresário cidadão. In: BANCO ARBI. *O empresário e o espelho da sociedade*. Rio de Janeiro: Banco Arbi, 1995. p. 21-27.

_____. Empresa pública e cidadã. *Folha de S. Paulo*, São Paulo, 27 mar. 1997a.

_____. Balanço social: voluntário ou obrigatório? *Folha de S. Paulo*, São Paulo, 7 abr. 1997b.

SROUR, Robert Henry. *Poder, cultura e ética nas organizações*. Rio de Janeiro: Campus, 1998.

_____. *Ética empresarial: posturas responsáveis nos negócios, na política e nas relações pessoais*. Rio de Janeiro: Campus, 2000.

_____. *Ética empresarial: a gestão da reputação*. Rio de Janeiro: Elsevier, 2003.

SUCUPIRA, João. A responsabilidade social das empresas. *Boletim do Ibase*, v. 6, n. 9, 1999. Disponível em: <www.balancosocial.org.br/bib05.html>. Acesso em: 14 fev. 2002.

SZAZI, Eduardo. *Terceiro setor: regulação no Brasil*. 2. ed. São Paulo: Petrópolis, 2001a.

_____. Visão legal do voluntariado empresarial. *Valor Econômico*, Rio de Janeiro, 13 set. 2001b. Disponível em: <www.valoronline.com.br/valoreconomico/materia.asp?id=828058>. Acesso em: jul. 2005.

TAMAYO, Álvaro; GODIM, Maria das Graças Catunda. Escala de valores organizacionais. *Revista de Administração*, v. 31, n. 2, p. 62-72, abr./jun. 1996.

_____; PORTO, Juliana Barreiros (Orgs.). *Valores e comportamentos nas organizações*. Petrópolis: Vozes, 2005.

TAUILE, José Ricardo. *Novos padrões tecnológicos, competitividade industrial e bem-estar social: perspectivas brasileiras*. Rio de Janeiro: IEI/UFRJ, 1989.

REFERÊNCIAS BIBLIOGRÁFICAS

257

TAYLOR, F. W. *Princípios da administração científica.* São Paulo: Atlas, 1960.

TENÓRIO, Fernando Guilherme. O *mythos* da razão administrativa. *Revista de Administração Pública,* v. 27, n. 5, p. 5-14, jul./set. 1993.

_____. Gestão social: uma perspectiva conceitual. *Revista de Administração Pública,* v. 32, n. 5, set./out. 1998.

_____. *Flexibilização organizacional: mito ou realidade?* Rio de Janeiro: FGV, 2000a.

_____. Aliança e parceria: uma estratégia em Alves & Cia. *Revista de Administração Pública,* n. 34, maio/jun, 2000b.

_____. *Gestão de ONGs: principais funções gerenciais.* Rio de Janeiro: FGV, 2001.

_____. *Tem razão a administração?* Ensaios de teoria organizacional e gestão social. Ijuí: Unijuí, 2002.

_____. *Um espectro ronda o terceiro setor, o espectro do mercado: ensaios de gestão social.* 2. ed. rev. Ijuí: Unijuí, 2004.

_____ et al. *Responsabilidade social empresarial: teoria e prática.* Rio de Janeiro: FGV, 2004.

THUROW, Lester C. *O futuro do capitalismo.* Rio de Janeiro, Rocco, 1997.

TITZE, Rudolf. *Ketalog zu der jubiläums-Ausstellung.* Stuttgart, 1996.

TOFFLER, Alvin. *A empresa flexível.* Rio de Janeiro: Record, 1995.

TORRES, Ciro. Responsabilidade social e transparência. *Boletim do Ibase,* v. 6, n. 10, 1999. Disponível em: <www.balancosocial.org.br/bib06.html>. Acesso em: 14 fev. 2002.

UN (UNITED NATIONS). *Universal Declaration of Human Rights.* New York, 1948. Disponível em: <www.un.org>. Acesso em: jul. 2002.

_____. *United Nations Convention on the Rights of the Child.* New York, 1989. Disponível em: <www.un.org>. Acesso em: jul. 2002.

(UNDP) UNITED NATIONS DEVELOPMENT PROGRAMME. *Human development report 2001.* New York, 2001. Disponível em: <www.undp.org/hdr2001/>. Acesso em: 23 abr. 2002.

258 RESPONSABILIDADE SOCIAL EMPRESARIAL

_____. *Human development report 2002.* New York, 2002. Disponível em: <www.undp.org/hdr2002/>. Acesso em: 1 ago. 2002.

VALLE, Rogério. A crise do taylorismo. *Revista de Administração Pública*, n. 27, p. 5-10, out./dez. 1993.

VASQUEZ, Adolfo Sanchez. *Ética.* Rio de Janeiro: Civilização Brasileira, 1997.

VASSALO, Cláudia. Um novo modelo de negócios. *Exame*, São Paulo, n. 728, p. 8-11, 29 nov. 2000.

VELLOSO, João Paulo dos Reis. *Inovação e sociedade: uma estratégia de desenvolvimento com equidade para o Brasil.* Rio de Janeiro: J. Olympio, 1994.

VENTURA, Elvira Cruvinel Ferreira. *Responsabilidade social das organizações públicas: estudo de caso no Banco Central do Brasil.* Dissertação (Mestrado) — Escola Brasileira de Administração Pública, Rio de Janeiro, 1999.

_____. Responsabilidade social das empresa sob a ótica do "novo espírito do capitalismo". In: ENCONTRO ANUAL DA ANPAD — ENANPAD, 27., 2003. *Anais eletrônicos...* Atibaia, 2003.

VERGARA, Sylvia Constant. *Projetos e relatórios de pesquisa em administração.* 3. ed. São Paulo: Atlas, 2000.

_____. *Projetos e relatórios de pesquisa em administração.* São Paulo: Atlas, 2004.

VERÍSSIMO, Luís Fernando. Empreendedores para si mesmos. In: BANCO ARBI. *O empresário e o espelho da sociedade.* Rio de Janeiro: Banco Arbi, 1995. p. 37-40.

VIEIRA, Liszt. *Cidadania e globalização.* Rio de Janeiro: Record, 1999.

VIEIRA, Sônia. *Estatística para a qualidade.* Rio de Janeiro: Campus, 1999.

WEBER, Max. *Economia e sociedade: fundamentos da sociologia compreensiva.* 3. ed. Brasília: UnB, 2000. v. 1.

WIEN, Byron; KOENEN, Krisztina. *George Soros.* Rio de Janeiro: Nova Fronteira, 1996.

WILKIE, William L.; MOORE, Elizabeth S. Marketing's contributions to society. *Journal of Marketing*, v. 63, p. 198-218, 1999.

WRIGHT, Peter et al. *Administração estratégica: conceitos.* São Paulo: Atlas, 2000.

YIN, Robert K. *Estudo de caso: planejamento e métodos.* 2. ed. Porto Alegre: Bookman, 2001.

Web site

INSTITUTO ETHOS DE RESPONSABILIDADE SOCIAL. Disponível em: <www.ethos.org.br>.

Esta obra foi produzida nas
oficinas da Imos Gráfica e Editora na
cidade do Rio de Janeiro